Líbero Badaró
Samuel Wainer
Trajano Coelho Neto
Edmar Morel
Carlos Lacerda
Odylo Costa Filho
Otto Lara Resende
João Calmon
Luiz Beltrão
Mário Erbolato
Juarez Bahia
Alberto André
Herbert Levy
Monteiro Lobato
Arnon de Mello
Vitorino Prata Castelo Branco
Amaral Raposo
Landell de Moura

# Imprensa Brasileira

## Personagens Que Fizeram História

vol. 2

Líbero Badaró
Samuel Wainer
Trajano Coelho Neto
Edmar Morel
Carlos Lacerda
Odylo Costa Filho
Otto Lara Resende
João Calmon
Luiz Beltrão
Mário Erbolato
Juarez Bahia
Alberto André
Herbert Levy
Monteiro Lobato
Arnon de Mello
Vitorino Prata Castelo Branco
Amaral Raposo
Landell de Moura

# Imprensa Brasileira

## Personagens Que Fizeram História

vol. 2

José Marques de Melo
(organizador)

Universidade Metodista de São Paulo
imprensaoficial

São Paulo, 2005

Co-autores

Antonio Hohlfeldt (Rio Grande do Sul)
Antonio Teixeira Barros (Brasília)
Aurielly Painkow (Tocantins)
Benalva da Silva Vitório (São Paulo)
Boanerges Lopes (Alagoas)
Eliana Martins Marcolino (Espírito Santo)
Guilherme Rezende (Minas Gerais)
Jorge Duarte (Brasília)
José Marques de Melo (São Paulo)
Juçara Brittes (Espírito Santo)
Lailton Alves da Costa (Tocantins)
Marcelo Pimentel (São Paulo)
Marco Morel (Rio de Janeiro)
Osni Dias (São Paulo)
Paula Casari Cundari (Rio Grande do Sul)
Rachel Silva (Espírito Santo)
Renata Sturm (Rio Grande do Sul)
Rosângela Marçolla (São Paulo)
Rossana Gaia (Alagoas)
Samantha Castelo Branco (São Paulo)
Sebastião Jorge (Maranhão)
Suzane Caroline Gil Frutuoso (São Paulo)

**Dados Internacionais de Catalogação na Publicação (CIP)**
**(Câmara Brasileira do Livro, SP, Brasil)**

Imprensa brasileira : personagens que fizeram história,
vol. 2 / José Marques de Melo, (organizador). - - São Paulo : Imprensa Oficial do Estado de São Paulo ; São Bernardo do Campo, SP : Universidade Metodista de São Paulo, 2005.

Vários autores.
Bibliografia.
ISBN 85-7060-304-5 (Imprensa Oficial do Estado de São Paulo)

1. Imprensa – Brasil – História 2. Jornalismo – Brasil – História 3. Jornalistas – Brasil I. Melo, José Marques de.

05-3085 CDD – 079.81

Índices para catálogo sistemático:
1. Brasil : Imprensa : Jornais e jornalismo : História 079.81

Foi feito o depósito legal na Biblioteca Nacional (Lei nº 1.825, de 20-12-1907)


**Universidade Metodista de São Paulo (Umesp)**
Rua do Sacramento, 230 – Rudge Ramos
09640-000 – São Bernardo do Campo – SP
Tel. (11) 4366-5537
Fax (11) 4366-5728
http://editora.metodista.br
editora@metodista.br

**Imprensa Oficial do Estado de São Paulo**
Rua da Mooca, 1.921 – Mooca
03103-902 – São Paulo – SP
Tel. (11) 6099-9800
Fax (11) 6099-9674
www.imprensaoficial.com.br
livros@imprensaoficial.com.br
SAC 0800-123 401

# Sumário

# Prefácio

José Marques de Melo
Professor Emérito da Universidade de São Paulo e
Diretor da Cátedra Unesco de Comunicação
da Universidade Metodista de São Paulo

Há quase 100 anos, o Brasil testemunhava iniciativa emblemática no sentido de resgatar a memória da nossa imprensa.

O historiador pernambucano Alfredo de Carvalho, que, no anoitecer do século 19, havia feito pesquisas essenciais para desvendar enigmas persistentes no itinerário da mídia impressa brasileira, propõe-se, na alvorada do século 20, a uma nova e difícil empreitada. Ele inspira um mutirão intelectual destinado a inventariar o panorama dos jornais e revistas publicados no país, durante o primeiro século da sua vigência em território nacional.

A idéia de Alfredo de Carvalho, imediatamente acolhida e endossada por Max Fleuiss, então secretário perpétuo do Instituto Histórico e Geográfico Brasileiro (IHGB)[1], transforma-se em projeto coletivo, respaldado pelo governo nacional, gerando uma exposição jornalística, aberta ao público na capital republicana e em outros estados da federação brasileira em 1908.

Como resultado desse esforço incomensurável, do qual participaram ilustres historiadores e hemerógrafos de várias províncias, são editados dois volumes da revista do IHGB, reproduzindo os catálogos elaborados pelos pesquisadores estaduais das Regiões Norte-Nordeste, bem como o ensaio monográfico escrito magnificamente por Alfredo de Carvalho[2].

**1** A comunicação desse projeto foi efetuada aos sócios do IHGB pelo secretário perpétuo em sessão realizada na 13ª sessão ordinária da instituição, no dia 29 de julho de 1907. FLEUISS, Max – Apresentação, *Revista do Instituto Histórico e Geográfico Brasileiro*, Tomo consagrado à Exposição Comemorativa do Primeiro Centenário da Imprensa Periódica no Brasil, Tomo I, Rio de Janeiro, 1908, p. V-XIII.

**2** CARVALHO, Alfredo de – Gênese e Progressos da Imprensa Periódica no Brasil, *Revista do Instituto Histórico e Geográfico Brasileiro*, Tomo consagrado à Exposição Comemorativa do Primeiro Centenário da Imprensa Periódica no Brasil, Tomo I, Rio de Janeiro, 1908, p.1-89.

Infelizmente os catálogos referentes às regiões situadas ao sul do território nacional, tendo como divisor geopolítico a Bahia, desapareceram em função do incêndio que, naquela ocasião, destruiu preciosos originais depositados nos prelos da Imprensa Nacional. Esse episódio sinaliza a maldição que se projetaria sobre a memória da nossa imprensa, penalizada pela incúria institucional e desprezada pelas nossas vanguardas intelectuais.

Não fosse a ação preservacionista da Biblioteca Nacional e de algumas bibliotecas estaduais/municipais ou a dedicação laboriosa de alguns colecionadores particulares, o itinerário percorrido pela nossa imprensa no século 20 teria sido apagado definitivamente da memória brasileira. Todo esse acervo foi mapeado e em seguida microfilmado, graças à cruzada documental liderada quixotescamente por Esther Bertoletti[3], que acalenta o sonho de ver instalado em nosso país uma hemeroteca nacional, a exemplo do que ocorre em outros países europeus ou norte-americanos.

**3** BERTOLETTI, Esther – Nota Prévia, *Periódicos Brasileiros em Microforma, Catálogo Coletivo*, Rio de Janeiro, Biblioteca Nacional, 1985, p. 13-16.

Esse descaso em relação à memória da imprensa traduz em certo sentido a atitude pátria referente à própria memória nacional, principalmente no âmbito da cultura não erudita, condenando ao esquecimento as instituições, os fatos e os personagens que também fizeram história. Tanto assim que as novas gerações de profissionais midiáticos – jornalistas, publicitários, radialistas ou teledifusores – formados pelas nossas universidades mostram escasso conhecimento sobre a trajetória midiática brasileira.

Isso os transforma em reféns involuntários dos gêneros e formatos alienígenas, reproduzindo contínuamente modelos oriundos das matrizes geradoras da cultura pós-moderna, quase sempre à margem da nossa realidade. Trata-se de fenômeno determinado pela ignorância em relação aos padrões midiáticos já testados em território nacional, ausentes das lições que tiveram dos seus mestres, tanto na academia quanto na indústria.

Foi precisamente com a intenção de neutralizar essa lacuna cognitiva que tomamos a iniciativa de encetar um novo movimento cultural, buscando ao mesmo tempo preservar a memória da imprensa e construir a história midiática nacional. Nossa meta é desenvolver ações voluntárias e independentes, embora metodologicamente articuladas, no sentido de completar o inventário desencadeado há um século e ao mesmo tempo tecer a malha que dá sentido ao complexo midiático brasileiro[4].

**4** MARQUES DE MELO, José – O pragmatismo utópico da Rede Alfredo de Carvalho, In: PONTES TAVARES, Luis Guilherme, org. – *Rumo ao Bicentenário da Imprensa Brasileira*, Salvador, NEHIB / Editora da UFBA, 2002, p. 9-32.

Nada mais justo do que homenagear o precursor desse mutirão, atribuindo o nome de Alfredo de Carvalho à rede nacional que se constitui no ano 2000, tendo a adesão inicial da revista *Imprensa*.

O descortino que vem caracterizando a trajetória jornalística de Sinval de Itacarambi Leão e a imensa generosidade que o qualifica como ser humano singular o motivaram a acolher a idéia que lhe apresentei na ocasião, franqueando 8 páginas da sua revista mensal para o desenvolvimento do projeto destinado a biografar personalidades que se destacaram na história da mídia brasileira[5].

Tais encartes foram sendo produzidos regularmente, com a participação voluntária de pesquisadores situados em diferentes quadrantes do território nacional, identificando figuras emblemáticas cujo desempenho profissional, empresarial ou cívico pode servir de parâmetro às novas gerações que vão diligenciar os conteúdos a serem difundidos pela mídia nacional no século 21.

**5** No editorial em que apresenta a série aos leitores da revista, ele diz textualmente: "Esta edição nº 149 de IMPRENSA tem (...) um caderno de oito páginas sobre o novo dia da imprensa... (...) O prof. José Marques de Melo conta-nos (...) a história de Hipólito da Costa. (...) A partir deste caderno, surgiu o Projeto 200 anos da imprensa brasileira, 1808-2008, pelo qual a revista *Imprensa* vai preparar, com textos resgatados e novos, uma expectativa proveitosa dessas futuras comemorações".

Os colaboradores deste projeto conformaram o núcleo seminal da Rede Alfredo de Carvalho, que começou a institucionalizar-se no ano seguinte, em cerimônia realizada na Sala Barbosa Lima Sobrinho da Associação Brasileira de Imprensa – ABI, na cidade do Rio de Janeiro. Desde então, a Rede Alcar vem se ampliando, com a criação de núcleos regionais, bem como a realização de encontros nacionais preparatórios para o Congresso Brasileiro de História Midiática previsto para 2008, destinado a celebrar o bicentenário da implantação da nossa imprensa.

A adesão de instituições publicamente legitimadas, além da ABI, como o Instituto Histórico e Geográfico Brasileiro – IHGB -, a Academia Brasileira de Letras – ABL, a Sociedade Brasileira de Estudos Interdisciplinares da Comunicação – Intercom, bem como as Cátedras Unesco de Comunicação (Universidade Metodista de São Paulo) e Fenaj de Jornalismo (Universidade Federal de Santa Catarina), significa o fortalecimento da Rede Alcar e sua projeção em todo o território nacional.

Esse reconhecimento institucional completa-se, agora, com a participação da Imprensa Oficial do Estado de São Paulo, que assume o compromisso de editar os 6 volumes da série "Imprensa Brasileira: Personagens que fizeram história."Desta maneira, os perfis biográficos originalmente publicados pela revista *Imprensa*, desde junho do ano 2000 até outubro de 2003, enfeixados nos dois primeiros volumes da série, ganham difusão ampla nas universidades brasileiras, bem como nas empresas midiáticas e nos centros culturais de todo o país.

É importante ressalvar que esta série idealizada pela Rede Alfredo de Carvalho foi conscientemente prevista como ação de divulgação científica, destinada a difundir perfis biográficos e sumarizar idéias que marcaram a trajetória das indústrias midiáticas brasileiras, indicando fontes que podem servir de referência para os que desejam aprofundar conhecimentos.

Nela está implícita também a ambição de motivar jovens pesquisadores para a retomada das hipóteses e roteiros aqui esboçados, dando continuidade ao plano fundamental. Ou seja, construir a história midiática brasileira, resgatando os dois séculos já palmilhados e ao mesmo tempo iluminando as ações a serem empreendidas nesta conjuntura em que alimentamos a utopia de fincar a bandeira nacional no novo mapa do mundo.

# Apresentação

Hubert Alquéres
Diretor-presidente da Imprensa Oficial
do Estado de São Paulo

## A MÍDIA E SEUS CONSTRUTORES

O jornalista é, antes de tudo, um repórter. Cabe-lhe a árdua tarefa de sair em busca da notícia fresca, da entrevista inédita, do acidente que acabou de ocorrer, da pesquisa que ainda será divulgada. Reconstruindo os novos acontecimentos e registrando opiniões e depoimentos relevantes, escreve a história imediata, mantendo os leitores atualizados e legando, aos autores da historiografia de longo prazo, fontes informativas de valor inestimável.

A reportagem não esgota, porém, os gêneros jornalísticos. Por mais importante que seja, principalmente na imprensa moderna, ela não substitui os editoriais orientadores, os artigos de opinião, as colunas analíticas, as críticas de arte, ou as deliciosas crônicas de costumes, infelizmente cada vez mais raras. E nenhuma dessas informações, análises e apreciações críticas chegaria aos leitores sem a liderança e a ousadia dos empreendedores que lançam e mantêm os veículos de todos esses gêneros.

Esta obra coletiva, organizada pelo professor José Marques de Melo, oferece uma introdução acessível e cativante à trajetória diversificada da mídia brasileira. Concentrando-se nos perfis biográficos de alguns realizadores da imprensa nacional, amplia o conhecimento dessa história já longa, mas ainda pouco pesquisada e difundida. O capítulo sobre Carlos Drummond de Andrade, que, além de poeta, foi cronista de vários jornais e revistas, poderia servir de exemplo: sintetiza os dados biográficos do escritor mineiro, inclui uma bibliografia de suas coletâneas de crônicas e reproduz dois textos do biografado, saborosos e muito bem escolhidos.

Este volume abre uma série idealizada pela Rede Alfredo de Carvalho com o propósito de construir gradativamente, com a participação de jovens pesquisadores, uma história da mídia brasileira. A Imprensa Oficial do Estado de São Paulo associa-se com satisfação a esse projeto meritório, empenhado em levar ao conhecimento de um público mais amplo os talentosos e muitas vezes esquecidos profissionais, responsáveis pela vitalidade da orquestra de muitos instrumentos que tem sido a mídia brasileira.

Líbero Badaró
Samuel Wainer
Trajano Coelho Neto
Edmar Morel
Carlos Lacerda
Odylo Costa Filho
Otto Lara Resende
João Calmon
Luiz Beltrão
Mário Erbolato
Juarez Bahia
Alberto André
Herbert Levy
Monteiro Lobato
Arnon de Mello
Vitorino Prata Castelo Branco
Amaral Raposo
Landell de Moura

---

# I

# LÍBERO BADARÓ
## O mártir do jornalismo brasileiro

José Marques de Melo

Ensaio publicado na revista *Imprensa*, nº 154, novembro de 2000, p. 59-66.

**José Marques de Melo** - Bacharel em Jornalismo e doutor em Ciências da Comunicação. Professor Emérito da Escola de Comunicações e Artes da Universidade de São Paulo. Idealizador da Rede Alfredo de Carvalho para a Preservação da Memória e a Construção da História da Imprensa no Brasil.

*"Aos amigos que o cercavam, aos colegas que o procuravam iludir acerca da gravidade do ferimento (ruptura por uma bala de um ramo importante da artéria ilíaca) ele respondeu tranqüilo: Não me iludem, eu sei que vou morrer, não importa! MORRE UM LIBERAL, MAS NÃO MORRE A LIBERDADE!"* *

A imprensa brasileira nasce atrelada à censura. O ato de criação da Imprensa Régia foi assinado por D. João VI, em 13 de maio de 1808. Mas logo no dia 24 de junho ele determinava: "nada se imprima contra a religião, governo e bons costumes." O Brasil podia se orgulhar da sua tipografia, mas não do exercício da liberdade de imprensa.

Essa restrição perdurou até 1820, quando a Corte já havia retornado a Portugal e as tropas napoleônicas foram dali expulsas. No bojo do episódio conhecido historicamente como Revolução do Porto, os liberais portugueses assumem o poder, declarando livre a imprensa da metrópole.

A notícia dessa liberalização chegou rapidamente ao Brasil. Os liberais brasileiros não deixam escapar a oportunidade e logo começam a editar jornais sem pedir licença. Esse aluvião impresso, robustecido pelos sentimentos que brotavam nas ruas, desaguou no Grito do Ipiranga e na coroação de Pedro I. O jovem imperador logo demonstrou sua intolerância em relação à autonomia da imprensa, cerceando a liberdade de informação e opinião.

*Depoimento do Dr. Joaquim Antônio Pinto Júnior, então jovem acadêmico, filho do médico que socorreu o ferido, testemunhando a cena do crime.

Contra o autoritarismo em ascensão insurgem-se os jornalistas liberais residentes na corte do novo império luso-brasileiro. Nessa conjuntura chega a São Paulo o médico italiano Giovanni Battista Líbero Badaró. Procedente do Rio de Janeiro, trazia na sua bagagem a experiência do desabrochar do jornal *Aurora Fluminense*, fundado por seu amigo, o publicista Evaristo da Veiga.

Na capital paulista, Líbero Badaró decide criar um jornal do mesmo porte, intitulando-o *Observador Constitucional*. Sua primeira edição circulou no dia 23 de outubro de 1829, adotando uma linha editorial que privilegia o "liberalismo progressista." A iniciativa encontra receptividade favorável na sociedade paulista. Líbero Badaró endossa as críticas ao imperador Pedro I, acossado pelos federalistas radicais vitoriosos nas eleições de 1830 e pela imprensa oposicionista do Rio de Janeiro.

Desde o seu aparecimento, o jornal faz a defesa firme da liberdade de imprensa. E logo saiu em socorro do jornal pioneiro *O Farol Paulistano*, processado pelo Ouvidor Cândido Ladislau Japiassu, que o acusava de abuso ao direito de crítica.

As autoridades federais acantonadas em São Paulo expressam descontentamento público em relação ao jornalismo independente por ele praticado. Não logrando dissuadi-lo pelos argumentos, recorrem a ameaças que só estimulavam a sua combatividade. Líbero Badaró tinha o apoio entusiástico da juventude, especialmente dos acadêmicos da Faculdade de Direito do Largo de São Francisco.

O desfecho desse enfrentamento político de 1830: Líbero Badaró retornava de um encontro social, sem atentar para as advertências dos amigos, que o desaconselhavam a andar sozinho nas ruas escuras do centro da cidade. Ao se aproximar da residência, na antiga Rua de São José, foi alvejado à queima roupa. Seus gritos de socorro alertaram a vizinhança, assustando os assassinos, que fugiram rapidamente.

Produziu-se uma enorme comoção em São Paulo, repercutindo nas demais regiões do país. O funeral de Líbero Badaró foi marcado por intensos protestos contra o governo imperial. A opinião pública imediatamente o glorificou como o primeiro mártir da liberdade de imprensa do Brasil.

Esse episódio iria selar o destino político de Pedro I como imperador do Brasil, obrigado a renunciar ao trono em 7 de abril de 1831. Passou a Regência, veio o Segundo Império. Mas o mito de Líbero Badaró persistiu na memória brasileira.

Tempos depois, quando a República foi proclamada, os paulistas resgataram o sentido histórico desses acontecimentos. Proclamaram Líbero Badaró como patrono da liberdade de imprensa. Perpetuaram seu nome, que passou a designar a rua onde foi assassinado. Da mesma forma, construíram um monumento para abrigar os restos mortais, inaugurado solenemente no cemitério da Consolação no dia 24 de novembro de 1889.

Desde sua fundação, a revista *Imprensa* elegeu como seu símbolo a figura de Líbero Badaró, cujo nome atribuiu a um dos mais importantes prêmios de jornalismo do Brasil. Relembrando aqui sua legenda cívica, pretende estimular as novas gerações de jornalistas para que continuem a batalhar pela liberdade de imprensa, com o mesmo ardor que ele demonstrou há 170 anos.

# O jornalismo combativo de Líbero Badaró

*Freitas Nobre**

"O OBSERVADOR CONSTITUCIONAL, segundo jornal impresso em São Paulo, iniciou a sua publicação no dia 23 de outubro de 1829, tendo sido fundado por Giovanni Baptista Líbero Badaró ...(...)

No Rio de Janeiro, Líbero Badaró travou amizade com o fundador José da Costa Carvalho, então deputado federal de São Paulo e que o recomendou aos seus inúmeros amigos, nesta capital.

A atividade política de Líbero Badaró a todos impressionou, na Paulicéia, onde chegou em princípio de 1828.(...) Por influência de seus amigos e, provavelmente, estimulado por José da Costa Carvalho, que pôs à sua disposição as oficinas de sua propriedade, Líbero Badaró resolveu lançar um jornal de caráter liberal em São Paulo.

E foi assim que surgiu O OBSERVADOR CONSTITUCIONAL, impresso na tipografia d'O FAROL PAULISTANO, de propriedade de Costa Carvalho e que, no seu primeiro número assim fixou a sua orientação.

> *"Espectadores não interessados, fora das lutas das paixões locais, procuraremos de justificar o título de Observador Constitucional, usando da imparcialidade a mais severa no apresentarmos as reflexões, que nos tiveram ocasionado os fatos que vimos praticar.*
> *A qualidade de estrangeiro nos põe na melhor situação possível pra desempenharmos honrosamente e como exatidão a nossa tarefa.*
> *Sobre os atos do governo diremos mui francamente o nosso parecer, tanto em louvor, com em contrário, sem por isso darmos nossas palavras por Evangelhos, ficando cada um livre de combater a nossa maneira de pensar, sendo que cada um pensa como sabe e como pode.*
> *Mas, se por uma parte entendemos falar com toda franqueza, sem medo, sem receio e sem paixão, por outra evitaremos com o maior cuidado expressões indecentes, que não deturparão a nossa folha."(...)*

O jornal fundado por Líbero Badaró, de tal maneira revolucionou a pacata cidade de Piratininga, que chegou a colocar-se em oposição, ao mesmo tempo, ao bispo Manoel Joaquim Gonçalves de Andrade, vice-presidente que governava São Paulo e, a Cândido Ladislau Japiassu Figueiredo de Mello, Ouvidor da Comarca. (...)

Estudando o jornal de Líbero Badaró, conhecido historiador patrício, acentuou que O OBSERVADOR CONSTITUCIONAL usava de uma linguagem, às vezes, violenta, pregando suas idéias liberais e atacando até mesmo o próprio imperador Pedro I.(...)

O assassinato do fundador do segundo jornal impresso de São Paulo, Líbero Badaró, constitui um marco para a história da imprensa paulista, pois é o primeiro jornalista sacrificado em defesa de uma causa popular.

*Foi jornalista profissional, líder sindicalista da sua categoria, além de professor de História da Imprensa na ECA-USP e Faculdade Cásper Líbero.

# A defesa intransigente da liberdade de imprensa

*Líbero Badaró*

## Alma do Governo

*"Muitos já disseram e muitos repetiram que a liberdade de imprensa era a alma de qualquer governo fundado sobre direitos e não sobre força; mas também muitos não o entenderam ou fizeram mostrar de não entender e continuaram a vociferar, que tudo se não devia dizer, que ninguém se devia meter nos negócios do governo, que os empregados bons e maus, se deviam respeitar por causa da boa ordem e do sossego, e mil outras coisas tão mesquinhas como estas, que descobrem o fraco destes tais e confirmam admiravelmente o ditado "que o pior surdo é aquele que não quer ouvir.""*

## O Grito dos Oprimidos

*"E se não é a liberdade de imprensa que fará chegar ao ouvido dos imperantes os gemidos dos oprimidos, qual será o outro meio? Se é do maior interesse, que o trono seja rodeado de luzes, que o soberano não ignore nada do que pode concorrer a formar a felicidade dos seus súditos, ou pelo menos aliviar os seus padecimentos, deixemos que a liberdade de imprensa dissipe as tenebrosidades com que ordinariamente os reis são cercados, e que retardam inevitavelmente a prática dos desejos, que os bons reis têm a favor dos seus povos."*

Fonte: SILVA, Nicolao Duarte – Líbero Badaró, 1830-1930 – contribuição para a biografia do jornalista mártir da liberdade. São Paulo, Edição do Autor, 1930, p. 110-116.

## Salvaguarda das Liberdades

*"De todas as garantias que o pacto social concede aos cidadãos, parece-nos que a liberdade inteira de publicar os seus pensamentos (salvo responder pelos abusos) seja aquela a quem menos se deve atacar; por isso que, em certa maneira, é o guarda de todas as outras. Um governo que queira o bem dos povos, já temos indicado quanto precisava desta liberdade, principalmente em um país onde tudo há que se fazer ou modificar, e onde as leis para serem eficazes, devem ser não somente boas, mas também conforme ao voto geral."*

**O Largo de São Francisco no século XIX**

## Insultos e Baixarias

*"Nada há de mais baixo, de mais vil, de mais criminoso, que mereça mais todo o peso do público opróbrio, do que aquele que prostitui a sua pena com sátiras indecentes, vitupérios insultantes, expressões vergonhosas, que, alguns, tendo pejo de proferir em companhias polidas, têm a imprudência de imprimir."*

## Abusos da Imprensa

*"Incapazes de resistir à evidência dos argumentos positivos sobre o que se apóia a necessidade da imprensa, os amigos das trevas se vestem da capa da moral e do sossego público, apontam os abusos desta liberdade, a calúnia, a difamação, as provocações diárias, os achincalhes continuados, que tornam a vida um suplício. É, meu Deus! Os abusos? E do que não se abusa neste mundo ! Forte raciocínio! E porque se abusa de uma qualquer coisa, já, já, suprima-se? E aonde iríamos com essas supressões? Um mau juiz abusa de seu ministério: suprima-se a magistratura; um mau sacerdote abusa da religião : suprima-se a religião; um mau marido abusa do matrimônio: suprima-se o matrimônio ! Forte raciocínio ! Forte raciocínio, dizemos outra vez! Suprimam-se os abusos que será melhor."*

## Vigilância Pública

*"A publicação da prevaricação tira a máscara; a hipocrisia excita a atenção geral: todos os olhos são fixos sobre o criminoso, todos os seus passos são indagados, enquanto ele, cercado pela pública vigilância, não pode afastar-se outra vez dos deveres, que a lei lhe impõe. A hipocrisia é uma homenagem, que o vício rende à virtude, diz La Rochefoucauld; nenhum homem, por pior que seja, quer ser tido como tal; cada um faz todos os esforços ao seu alcance para convencer a opinião dos seus concidadãos, e quando alguém diz, que não lhe importa do que se possa dizer dele, mente, e não fala em consciência; ora, pois, que a punição terrível não será para o malvado a falta desta opinião?"*

Rua Líbero Badaró, em São Paulo

## Punição aos Infratores

*"A lei contra abuso existe; sirvam-se dela; e se não é boa; faça-se outra; e liberdade a todos de esclarecerem os legisladores pela imprensa livre...*

# Gênese do corporativismo jornalístico brasileiro

J. Armitage*

*"No meio dos rigosijos públicos na Cidade de S. Paulo, pelas notícias da última revolução de França, um grande concurso de povo, dirigido pelos estudantes do Curso Jurídico, havia percorrido as ruas em procissão, o que desagradou sobremaneira ao Ouvidor, que, sob pretexto de ser esta uma reunião tumultuária, processou alguns jovens que dela faziam parte."*

## Conflito

*"O Observador Constitucional tomou a defesa dos processados e presos. Era este periódico redigido por um médico italiano de nome Badaró, que, tendo sido obrigado a deixar o seu país natal por opiniões políticas, se refugiara no Brasil, onde dedicava as horas vagas, parte ao estudo da história natural, e parte à redação do precitado jornal.*

*Transluziam nesta publicação alguns conhecimentos científicos, e entusiasmo pela liberdade política, de sorte que era de um merecimento real, não obstante alguns defeitos de linguagem, bem perdoáveis em um estrangeiro."*

## Agonia e Morte

*"Na noite de 20 de novembro, quando alemães esperaram por Badaró à porta da sua residência, e quando se recolhia, aproximaram-se dele, e lhe disseram que desejavam a publicação de uma correspondência contra o Ouvidor: respondeu-lhes que talvez o fizesse, e que voltassem no dia seguinte. Neste momento, um dos alemães descarregou uma pistola nas entranhas daquele desgraçado. Sentindo-se ferido exclamou que era o Ouvidor que o mandara assassinar e logo caiu sem sentidos. Acudiram alguns estudantes, que lhe procuraram socorros cirúrgicos.*

*No dia seguinte, um mesmo concurso de povo, inclusive todos os facultativos da cidade vieram visitá-lo, e então se conheceu que a ferida era mortal. O moribundo recebeu esta notícia com toda a presença de espírito, e rogou que se abstivessem de toda a idéia de vingança: as últimas palavras que proferiu; Morre um liberal, mas não morre a liberdade, foram inscritas sobre o seu féretro.*

*O Ouvidor foi depois preso e remetido ao Rio de Janeiro, onde, por falta de provas, foi absolvido por uma sentença da Relação composta de magistrados seus colegas. Nenhuma acusação por tanto lhe pode ser feita; todavia, não foi fácil persuadir a sua inocência aos ultra-liberais.(...)"*

*O autor exerceu o cargo de representante comercial da empresa Philips, Wood & Co. no Rio de Janeiro, no período de 1808 a 1831. Foi assim, uma espécie de testemunha ocular da cena pública brasileira no início do século 19. Retornando a Londres, escreveu um livro em dois volumes, relatando a História do Brasil naquela conjuntura singular.

Fonte: História do Brasil, Londres, Smith, Elder e Co. 1836 (3ª ed. Brasileira, trad. De Eugênio Egas, Rio de Janeiro, Zélio Valverde, 1943, p. 287-293).

## Exaltação Jornalística

*"A morte de Badaró suscitou a simpatia de todos os jornalistas liberais. Seu espírito de corporação se ressentiu e o resultado foi uma reação que se manifestou em linguagem violenta. Daí em diante, o partido exaltado, ou ultra-liberal, não reconheceu mais limites: outro jornal, a Luz Brasileira, começou, assim como o Repúblico, a pregar a doutrina da federação, como sendo o único sistema mais apropriado às circunstâncias atuais do Brasil, e a sustentar que o código fundamental existente só havia servido de capa a traidores e absolutistas.*

Badaró morto por ordem do Ouvidor Japiassu

*O redator do Repúblico, Antônio Borges da Fonseca, foi finalmente acusado perante o júri, por ter usado de linguagem anti-constitucional, mas foi absolvido por unanimidade de votos, e seguiu-se desta circunstância que a sua linguagem, assim como a dos seus colegas, se tornou ainda mais virulenta.*

*Não contentes com os ataques que dirigiam contra a constituição a respeito da unidade do Império, queriam também que se emendassem outros artigos segundo suas teorias. Um deles era o veto suspensivo do Imperador, cuja abolição exigiam, outro, era o direito de propriedade que deveria ter certas restrições, um tanto discordes com as idéias de economia social agora admitidas: e finalmente outro jornal, o Tribuno, declarou que era indispensável acabar de uma vez com a monarquia hereditária, e substituí-lo por um governo eletivo. (...)*

## O Protesto dos Mineiros

*"Na Província de Minas Gerais, uma das mais importantes e populosas do Império, o descontentamento tinha aumentado ainda mais do que no Rio de Janeiro.*

*O Imperador determinou-se a visitar aquela província, a fim de reprimir, com a sua presença, o desenvolvimento do grito de federação (...)*

*Conta-se que tão exaltados estavam os ânimos que D. Pedro, ao entrar em território mineiro, sentiu logo pela frieza da recepção (os sinos das igrejas dobravam anunciando as exéquias de Badaró) que toda a opinião pública, mau grado a vassalagem de alguns áulicos (...), se revoltava contra a sua atitude..."*

A casa dos Badaró, em Gênova, Itália

# Família Badaró, o ramo brasileiro: hipótese de Duarte Silva

## Italianos

"João Baptista Badaró ou, como querem outros, João Baptista Líbero Badaró, nasceu em Laigueglia, pequena cidade vila marítima da ribeira ocidental da atual cidade de Genova, então formando a República Ligura, no decorrer de 1798.(...)

Os seus conterrâneos descendiam dos famosos lígures, que fundaram Genova no século VIII antes de Cristo e que se tornaram poderosos na Idade Média. Chegaram a rivalizar francamente com Pisa e Veneza, tendo mesmo vencido a primeira batalha da Melória, em 1828. No seu território, processaram-se diversas formas de governo. Foram-lhes desastrosas as descobertas dos portugueses e dos espanhóis, as conquistas dos turcos, assim como as sucessivas guerras da Itália.

Era filho do ilustre médico e conceituado cidadão Dr. Antônio Badaró, cujo prestígio contribuíra para que desempenhasse, por diversas vezes, cargos públicos de alta consideração na referida República, inclusive o de membro do Corpo Legislativo."

Sabe-se que, ao tempo do assassínio de Badaró, ainda vivia o seu pai. Não se ignora também que, ao publicar o seu trabalho, em 1890, dizia Argemiro da Silveira: "Em Laigueglia existem ainda descendentes da família Badaró" (Alguns Apontamentos Biográficos de Líbero Badaró, a crônica do seu assassinato, Revista do Instituto Histórico e Geográfico Brasileiro, vol. 53, 2ª Parte, p. 315)

## Brasileiros

"Muito bem. Mas de onde surgiu o ramo Badaró que existiu no Brasil, e é um tanto conhecido em São Paulo?

Aí fica essa pergunta aos genealogistas...

E, quem sabe, a resposta deve partir da seguinte notícia, que encontrei num exemplar bem estragado do "O Observador Constitucional" de 1831, cuja página parece ser a de nº 525: No Correio Constitucional Campista vem uma Correspondência, em que vê-se (sic) o acto phuilantrophico, que os Campistas praticarão em memória do ilustre Badaró. Fizeram subscripção que já montava a 700$ rs., e o Cidadão Thomaz Pinheiro lembrou, que era sobremaneira honroso designar-se aquela quantia para o casamento de uma Órfã, obrigando-se esta e seu marido a tomarem entre nós, o sempre respeitável apelido BADARÓ – e de o passarem a seus descendentes. Foi por todos aplaudida a lembrança.

**Bilhete com reprodução de um autógrafo de Líbero Badaró**

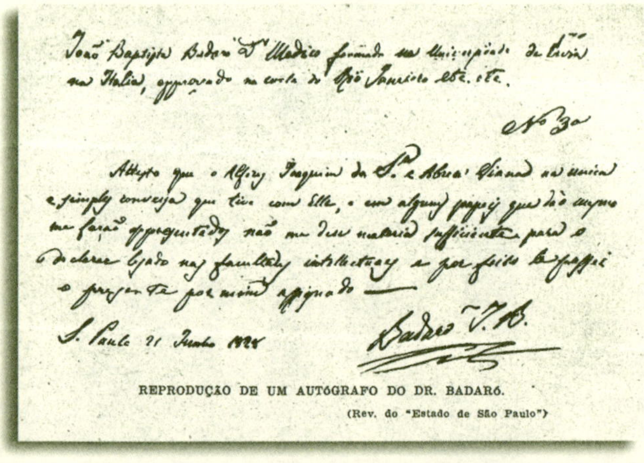
REPRODUCÇÃO DE UM AUTÓGRAFO DO DR. BADARÓ.
(Rev. do "Estado de São Paulo")

Fonte: *Nicolas Duarte Líbero Badaró, 1830-190 – contribuição para a biografia do jornalista mártir da liberdade.* São Paulo, Edição do Autor, 1930, p. 9/10-54.

Líbero Badaró
Samuel Wainer
Trajano Coelho Neto
Edmar Morel
Carlos Lacerda
Odylo Costa Filho
Otto Lara Resende
João Calmon
Luiz Beltrão
Mário Erbolato
Juarez Bahia
Alberto André
Herbert Levy
Monteiro Lobato
Arnon de Mello
Vitorino Prata Castelo Branco
Amaral Raposo
Landell de Moura

---

II

# SAMUEL WAINER
## A aventura gaúcha

Antonio Hohlfeldt

Ensaio publicado na revista *Imprensa* nº 170, abril/2002, p. 87-94.

**Antonio Hohlfeldt** - Jornalista, professor universitário e ficcionista. Doutor em Letras, professor de Teoria da Comunicação na PUCRS, onde coordena o Programa de Pós-Graduação em Comunicação Social.

Os mais radicais acreditam que Getúlio Vargas jamais teve qualquer projeto específico para o País. Foi um ditador que se acobertou num discurso populista, rodeado, de um lado, por grandes capitalistas que o financiaram e, de outro, por lideranças sindicais corporativistas, cooptadas por seus discursos populistas, montando uma grande máquina governamental garantida por agentes policiais que cobriam sua ditadura.

Do mesmo modo, os mais críticos descrêem na possibilidade de que Samuel Wainer tenha compreendido e aderido, verdadeiramente, ao projeto reformista e nacionalista de Getúlio Vargas. Para estes, Wainer apenas viu uma grande oportunidade de ganhar de graça um jornal, ser financiado por pressões do governo, a quem apoiava abertamente, e que se dirigia às classes populares não por identificação, mas com o único objetivo de ganhar ainda mais dinheiro.

No entanto, essas duas figuras contraditórias e polêmicas, que normalmente impedem avaliações eqüidistantes e objetivas, viveram duas das experiências mais significativas do Brasil: de um lado, a tentativa de um governo popular e nacionalista, ao mesmo tempo caracterizado por uma ferrenha ditadura amparada na violência da repressão, da tortura, da morte e da censura (numa primeira etapa) e um conjunto de iniciativas inovadoras que buscou tirar partido do contexto internacional da 2ª Grande Guerra para ampliar o parque fabril nacional; por outro, a gênese de uma imprensa, gráfica e textualmente inovadora, resultado de novas perspectivas do jornalismo mundial que encontraram na década de 50 do século 20 terreno propício para a sua instalação e desenvolvimento.

Wainer e Alzira Vargas, filha de Getúlio Vargas

## Da pampa para o Catete

O político Getúlio Vargas revelou-se na pampa do Rio Grande do Sul. Numa província onde havia apenas dois partidos políticos, e ambos se digladiavam constantemente pelo poder, ele foi capaz de alcançar a pacificação entre eles. Até 1926, quando Vargas assume a Presidência da província, chimangos (republicanos e positivistas) e maragatos (federalistas e liberais) disputavam o poder quase sempre pela força. Republicanos e liberais armavam-se até os dentes e periodicamente encontravam espaço para uma revolução. Entre 1893 e 1895, ocorreu a primeira delas, caracterizada pela chamada degola. Não se sabe qual dos lados começou com tal prática. Dizem que não havia tortura. Os prisioneiros eram simplesmente degolados: uma afiada adaga cortava-lhes a jugular, bem no pescoço. Nova revolta ocorreu entre 1923 e 1924, chegando à chamada paz de Pedras Altas, quando o então presidente da província, que se eternizara no cargo ao longo dos últimos 18 anos, Borges de Medeiros, graças a falsificações e artimanhas eleitorais, assumiu o compromisso de não mais se reeleger.

Substituiu-o Getúlio Vargas, jovem político oriundo das hostes republicanas, mas que foi capaz de estabelecer diálogo com seus opositores. A província foi pacificada, e evidenciou-se a preocupação com sua modernização.

Enquanto isso, na política brasileira, as coisas não iam muito diferentes. A chamada política café-com-leite garantia a alternância na Presidência da República apenas de candidatos oriundos de São Paulo ou de Minas Gerais. Havia discordâncias quanto a isso, porque influenciava a política financeira e de industrialização brasileira, marcada pelo latifúndio, levando o país a uma crescente dívida interna e externa.

Nas eleições de 1930, para a substituição de Washington Luís, Getúlio Vargas concorria pelos liberais contra Júlio Prestes, que foi o vencedor. Descoberta a fraude, a rebelião se instaurou. Getúlio Vargas no sul, João Pessoa e depois Juarez Távora, no norte, comandaram um movimento que em poucos dias derrubou o governo e instalou uma nova administração. Começava a República Nova, caracterizada sobretudo pela urbanização e sua conseqüente industrialização.

Mas Vargas enfrentou contínuas resistências ao seu governo, quer a partir de São Paulo, quer a partir de grupos ideológicos que disputavam a opinião pública e pretendiam também chegar ao poder. Com razões verdadeiras ou não, por isso mesmo, Getúlio Vargas demorava em definir uma nova Constituição para o país. Ocorre o movimento sedicioso de 1932, culminando na edição de uma nova Carta Magna, em 1934. Em 1935 acontece a mobilização da Aliança Nacional Libertadora, por muitos conhecida como "Intentona comunista", por ser liderada por alguns conhecidos líderes daquele movimento, e em 1937 uma agitação de extrema-direita, liderada pelos integralistas. Com tudo isso, Vargas decretou o Estado Novo, que se estendeu até 1945. O fim da Segunda Grande Guerra evidenciou a contradição brasileira: era impossível lutar na Europa contra o fascismo e o nazismo, mas manter no país uma ditadura de características semelhantes.

## O encontro com Samuel Wainer

Vargas afasta-se do poder para retornar em 1950, pelas urnas. É então que ele encontra o jovem jornalista Samuel Wainer, e ali começará uma aventura que faz parte de nossa história.

Wainer era um judeu oriundo de família pobre. Morava nos bairros industriais de São Paulo. Dirigiu uma revista combativa durante o Estado Novo, chamada *Diretrizes.* Tornou-se correspondente internacional e, como Carlos Lacerda, Dantom Jobim e Alberto Dines, dentre outros, conheceu o novo jornalismo norte-americano. De volta ao Brasil, resolveu que se tornaria dono de um jornal.

O projeto era difícil, quase impossível. Na década de 50, como ainda hoje, os meios de comunicação eram propriedade de umas poucas famílias, os chamados *barões da imprensa*, que não permitiam a chegada de qualquer novato, a que logo batizavam de arrivista. E Getúlio Vargas, por certo, não tinha o apoio desses empresários para o seu projeto de retorno ao Palácio do Catete, no Rio de Janeiro, então sede do governo federal.

Um pouco de acaso, um pouco de audácia, um pouco de interesse, um pouco de necessidade, e eis a conjuntura favorável aos projetos de Vargas e Wainer: Samuel Wainer consegue fazer o que nenhum jornalista conseguira. Entrevista Vargas em sua fazenda, no município de São Borja, no interior do Rio Grande do Sul, antes das eleições de 1949. Viajando num teco-teco, desce na fazenda, conversa com o então ainda não-candidato e publica a entrevista no diário mais importante do grupo de Assis Chateaubriand que, mais tarde, tornar-se-ia um de seus maiores inimigos.

A entrevista estoura como uma bomba. Getúlio se elege. Wainer vai procurá-lo. O projeto é simples: Vargas necessita de uma imprensa que o apóie. Wainer quer um jornal para si. O novo Presidente indica alguns industrialistas que podem financiar o jornal. No dia 12 de junho de 1950, nasce um novo jornal no Rio de Janeiro. Chama-se *Última Hora,* vai enfrentar os poderosos, apoiar decisivamente os projetos de Getúlio Vargas e desenvolver um tipo de jornalismo que, criado nos Estados Unidos por alguns dos principais estruturadores da indústria de comunicação daquele país, Joseph Pullitzer e William Randolph Hearst, ganhara o apelido de *imprensa amarela,* aqui também conhecida como *imprensa marrom,* também chamada de *jornalismo populista* ou *sensacionalista.* Suas características: grandes manchetes de frases curtas, textos enxutos, usos de apelidos e iniciais para designar os personagens envolvidos, destaque para escândalos da vida privada de figuras públicas ou acontecimentos policiais, valorização da fotografia, publicação de histórias em quadrinhos, uso de linguagem popular, inclusive com gírias, diagramação cuidada, de modo a valorizar o espaço disponível.

## Uma *Última Hora* em cada capital

Vendida avulsa, por equipes de meninos que saíam às ruas gritando as manchetes do jornal, *Última Hora* acabou se afirmando, para desespero de seus adversários, especialmente Carlos Lacerda e o grupo dos Diários Associados, liderado por Assis Chateaubriand, que passaram a vida toda a perseguir Samuel Wainer.

Wainer passou então à segunta etapa de seu projeto. Se os Diários Associados, de Assis Chateaubriand, haviam se expandido mediante a aquisição de jornais falidos nos diferentes estados brasileiros, mas sem criar uma identidade própria para o conjunto de suas publicações, Samuel pensou exatamente o contrário: criar uma cadeia nacional de jornais que tivesse uma única linha editorial, centralizada no Rio de Janeiro, com redações regionalizadas, mas com características sempre idênticas. Assim nasceram os jornais *Última Hora* de São Paulo, Porto Alegre, Curitiba e Recife, dentre outras.

## Inovações gráficas e editoriais

Vamos, aqui, falar da *Última Hora* de Porto Alegre.

Costuma-se dizer que o moderno jornalismo do Rio Grande do Sul começa em 1895, com a fundação do *Correio do Povo,* graças à iniciativa de Francisco Antonio Vieira Caldas Júnior, um sergipano que, descontente com a imprensa partidária e dicotomizada que a província sulina possuía, resolveu inovar. De fato, assim como o Rio Grande do Sul só conhecia dois partidos políticos, também só tinha dois grandes jornais, cada um ligado a uma linha ideológica. Os jornais, pois, eram mais boletins de pregação partidária do que propriamente informativos. O surgimento do *Correio do Povo* (1895), também chamado *róseo,* por ser impresso em papel cor-de-rosa em determinado momento, pretendia realizar um jornalismo imparcial, fixando sua atenção no noticiário.

O sucesso foi imediato. A empresa jornalística de Caldas Júnior cresceu e, na década de 50 do século 20, possuía ainda o jornal *Folha da Tarde*, um tablóide vespertino - dupla inovação, trazida de Buenos Aires, que convivia com a bonomia do *standard* dos associados *Diário de Notícias* e o velho periódico católico Jornal do Dia, além da *Folha Esportiva*, também da Caldas Júnior, mais dedicada aos esportes.

Foi quando um grupo de empresários resolveu inovar algo: valendo-se das experiências da *Última Hora* carioca, criou-se *A Hora*, jornal que mudou o panorama do jornalismo sul-rio-grandense, introduzindo a diagramação, a fotografia editorializada, trazendo mulheres jornalistas para a redação, criando colunas e comentaristas, etc. Aproveitava-se a crise enfrentada pelo *Diário de Notícias,* do grupo de Chateaubriand, que fôra depredado pela população após o suicídio de Getúlio Vargas, em 24 de agosto de 1954. Parte da equipe idealizadora de *A Hora* veio da carioca *Última Hora* para lhe dar assessoria, inclusive o diagramador paraguaio André Guevara. Mas foi um diagramador argentino, Aníbal Bendatti, quem aqui ficaria respondendo pelo jornal e que, depois, idealizaria o projeto da *Última Hora* gaúcha.

A partir de 30 de novembro de 1954, até 15 de março de 1962, *A Hora* revitalizou o jornalismo sul-rio-grandense e revelou novos talentos. Foi a partir de alguns desses profissionais que o projeto da *Última Hora* gaúcha se viabilizou. Na verdade, a *Última Hora* carioca mantinha em Porto Alegre uma espécie de sucursal *sui-generis*: não tinha sede e se restringia a três jornalistas que, trabalhando em outros periódicos, não eram pagos pela *Última Hora*, ainda que tivessem o compromisso de enviar-lhe matérias todos os dias.

Foi quando nasceu o projeto da descentralização. Capitaneados por Neu Reinert, Floriano Correa, Nestor Fedrizzi e João Aveline, dentre outros, montou-se uma precária redação que nem oficinas próprias possuía: o jornal era rodado nas oficinas do *Jornal do Dia*, que ficavam ociosas.

Diferentemente da *Última Hora* carioca, e da própria *A Hora* porto-alegrense, que eram matutinos e de tamanho *standard*, para poder encontrar espaço próprio, a *Última Hora* sul-rio-grandense foi pensada desde logo enquanto tablóide e vespertina, para competir com a *Folha da Tarde*. Isso obrigou a alguns acertos no projeto gráfico original, o que foi alcançado por Bendatti.

A equipe reunida compreendia repórteres, como Flávio Tavares, repórteres fotográficos, como Assis Hoffmann, copidesques - uma novidade na época – como Ibsen Pinheiro, diagramadores como Aníbal Bendatti e, sobretudo, um projeto absolutamente inovador para a época. O jornal estava pensado como uma linha de montagem industrial: cada página tinha editores próprios, copidescagem obrigatória, valorização do arquivo fotográfico, horário de fechamento pré-fixado, entrada na oficina para rodagem e garantia de circulação no horário previsto. A competição com a *Folha da Tarde*, desde logo estabelecida, fez com que o jornal, gradualmente, fosse antecipando seu horário de circulação das 17 horas para às 16, depois às 15 e, enfim, já estava saindo às ruas por volta do meio dia.

A vida do jornal não foi longa: iniciada dia 15 de fevereiro de 1960, foi interrompida dia 25 de abril de 1964, depois do golpe militar que derrubou João Goulart. Mas se foi pequena sua história, foi profunda a sua influência. Costuma-se dividir a história contemporânea da imprensa do Rio Grande do Sul em *antes e depois* de *A Hora/ Última Hora*.

Wainer e filhos com João Goulart e filhos

## Uma edição de *Última Hora*

Uma edição comum de *Última Hora* tinha 24 páginas, podendo excepcionalmente chegar às 32 páginas, do mesmo modo que não foi raro se ter uma edição extra do jornal, conforme o episódio o exigisse, como foi o caso da Legalidade, em 1962, após a renúncia de Jânio Quadros e a tentativa de impedimento de posse do vice-presidente, João Goulart, herdeiro político direto de Getúlio Vargas.

Além do preto – cor básica da edição – o logotipo do jornal era azul, cor também presente em cabeçalhos de algumas seções e sempre que o logotipo do jornal aparecesse, nas páginas internas. Se a *Última Hora* carioca estreou com uma carta do próprio Getúlio Vargas transformada em editorial de primeira página, a *Última Hora* sul-rio-grandense começou a circular com uma carta de Samuel Wainer, dirigida ao povo gaúcho, igualmente transformada em editorial de primeira página. Neste documento, afirmava Wainer, dentre outras coisas:

> *Jornal sem compromissos com governo ou oposição, com partidos políticos ou grupos econômicos, só temos um compromisso, aquele pelo qual um dos maiores brasileiros de todos os tempos, Getúlio Vargas, ofereceu sua vida e o seu sangue: defender os direitos do povo riograndense [sic] a uma vida mais feliz e mais alegre, apoiar as justas reivindicações de suas classes trabalhadoras, estimular o espírito de desenvolvimento de suas classes produtoras.*

O jornal rodava nas oficinas alugadas do *Jornal do Dia,* valendo-se de matérias em corpo 10, para as principais reportagens. Sua capa era cuidadosamente diagramada, valorizando o logotipo do jornal e pelo menos uma grande manchete que se tornava a matéria das duas páginas centrais, com preferências pela política nacional ou regional, esporte ou informação policial. As demais matérias eram compostas em corpo 8 e 6. Valorizava-se muito a fotografia, o que as oficinas antigas do *Jornal do Dia* prejudicavam, levando a editoria a assumir a prática do retoque da fotografia, afim de melhor destacar fundo e figura. O emprego do copidesque, além do mais, garantia uma unidade de texto e de linha editorial que dispensava qualquer acompanhamento interno maior dos responsáveis pelo jornal, valendo, por isso mesmo, falar-se, até hoje, naquilo que jornalistas remanescentes daquela equipe designam como *espírito de UH. Última Hora* adotou igualmente a prática da *pirâmide invertida*, trazida do jornalismo norte-americano, de modo a facilitar a leitura do jornal.

A capa de cada edição, assim, abria com uma grande fotografia, seguida de outras duas menores: eram as matérias-chave daquela edição. Uma manchete principal e outras assessórias remetiam o leitor para as páginas internas do jornal. Costumava-se destacar, também, em rápidas chamadas, eventuais novidades editoriais que o jornal tivesse promovido, como repaginação, troca de equipe, publicação de séries ou matérias especiais, etc.

As páginas seguintes estavam assim divididas: na página 2, matérias de opinião, do próprio jornal, artigos de colaboração e colunas variadas dos jornalistas da própria equipe, além do logotipo do jornal e seu expediente. As páginas 3 a 5 apresentavam noticiário local, sobre educação e economia; a página 6 destacava a política local e a 7 o noticiário internacional. Das páginas 8 à 11 os assuntos eram variados, indo da agricultura à gastronomia. A criação do Segundo Caderno, mais tarde, puxaria essas matérias para outro setor do jornal. As páginas 12 e 13 – as centrais – desdobravam a matéria principal do dia, com amplas fotografias, matérias variadas, *boxes* em um tempo em que tal prática era desconhecida no jornalismo brasileiro; nas páginas 14 a 16 retomava-se o noticiário político; as páginas 18 e 19 ficavam dedicadas ao sindicalismo; a página 20 apresentava informações sobre a programação da nascente televisão, além de noticiário de *fait divers* e entretenimento, como palavras cruzadas e horóscopo. Das páginas 21 à 24 o espaço estava dedicado ao esporte, com ênfase no futebol. Mas *Última Hora* deu especial atenção também ao turfe e ao automobilismo, de que foi vanguardeira no jornalismo gráfico.

Um levantamento exaustivo que fizemos, junto com a aluna bolsista Carolina Buckup, de suas 1.270 edições, eliminadas aquelas cujos exemplares não encontramos na pesquisa do Museu de Comunicação Social Hipólito José da Costa, em Porto Alegre, mostrou-nos que, tematicamente, as manchetes de *Última Hora* ficaram assim distribuídas: *Política* – 308 manchetes; Polícia – 180 manchetes; *Noticiário Internacional* – 167 manchetes; *Economia* – 105 manchetes; *Sindical* – 70 manchetes; *Acidentes* – 67 manchetes; *Esportes* – 29 manchetes, etc.

*Última Hora* notabilizou-se igualmente pela publicação de séries especiais de reportagens, como "A Vida do Padre Reus", jesuíta de quem a Igreja Católica vem promovendo processo de beatificação, ou "Diário da morte", pseudo-relato de um sobrevivente nas selvas de um acidente aviatório na Amazônia; inovou no espaço para os quadrinhos brasileiros, com a criação da Cooperativa Editora Editrabalho - CETPA, que criou, dentre outros, os personagens dos *abas larga*, referência à Polícia Militar montada do Estado; chegou a retomar a tradição do chamado *romance folhetim*, com a publicação de **Major Cantalício**, de Reinaldo Moura. Duas das últimas novidades trazidas por *Última Hora,* antes de seu fechamento, foi a série "Crimes que abalaram o Rio Grande" e "Pensamento gaúcho", esta última contando com a colaboração de intelectuais sul-rio-grandenses de diferentes matizes ideológicos.

Uma das séries de maior repercussão foi "Memórias de Leônidas da Silva, o Diamante Negro", provavelmente assinada por um *ghost writer* em nome de um dos mais famosos e controvertidos jogadores de futebol.

Muitas das matérias publicadas em *Última Hora* vinham da edição carioca, ao menos, no início de sua circulação, como as colunas de Stanislaw Ponte Preta e Nelson Rodrigues. Posteriormente, a edição sul-rio-grandense tratou de substituir tais espaços pela criação de jornalistas da própria equipe, destacando-se então, dentre outros, Sérgio Jockymann, que fazia um misto de copidesque e de colunista, assinando com nome próprio ou pseudônimo, colunas como "Boa tarde, Excelência" – sobre a política estadual; "Gato preto", que fazia comentários jocosos sobre acontecimentos do cotidiano; "UH nos livros", em que Jockymann foi depois substituído pela poeta Lara de Lemos, com noticiário sobre literatura; "Romance policial", coluna inspirada em Nelson Rodrigues, depois substituída por "Ronda das ruas", assinada pelo mesmo Jockymann, ou "A vida é assim...", firmada pelo pseudônimo Cândido de Campos, e assim por diante.

Samuel Wainer, enquanto cobria a inauguarção de Brasília

Outros nomes locais cativos das páginas de *Última Hora* foram o colunista social Luís Augusto, que permaneceu no jornal ao longo de toda a sua vida; Gilda Marinho, que se tornou verdadeiro referencial do jornalismo sul-rio-grandense; Flávio Tavares, que assinou, sucessivamente, "Brasília informa", "Flávio Tavares informa de Brasília", "Na Hora H", etc. João Aveline e João Borges de Souza inauguraram o colunismo sindical, enquanto que *Última Hora* inovou ao dar cobertura também ao funcionamento de clubes sociais dos bairros da cidade, e não apenas aos mais tradicionais.

No esporte, Ivo Corrêa Pires, mais tarde reconhecido jurista, Ibsen Pinheiro, J.J. Rath, que se ocupava do turfe, e Jorge Magalhães, que cuidava do automobilismo, marcaram seu espaço.

Outros nomes que devem ser citados e recordados são os de Assis Hoffmann, um dos melhores repórteres fotográficos do país; Carlos Alberto Kolesza, extraordinário repórter político; Carlos Bastos e Carlos Fehlberg, comentaristas políticos atilados, ainda que de posições ideológicas radicalmente antagônicas; o humorista Carlos Nobre, celebrizado pela coluna "Ôba, Guaíba!"; Clóvis Mezzomo, mais tarde tornado cineasta; Hiron Goinacih, que inovou no noticiário cinematográfico, não se restringindo à crítica, mas trazendo informações sobre as produções cinematográficas e os artistas internacionais; Iara Bendatti e Laila Lontra – mais tarde, Laila Pinheiro - mulheres jornalistas pioneiras nas redações então exclusivas para os jornalistas homens; José Manserrat Filho, hoje especialista em Terceiro Mundo; Mário de Almeida, excelente comentarista político; Wanderley Soares, extraordinário repórter, e tantos outros mais...

*Última Hora* ainda inovou ao instituir a cobertura permanente do Palácio Piratini, sede do governo do Estado e da Assembléia Legislativa; fazer o acompanhamento permanente da Câmara Municipal de Porto Alegre e da prefeitura. Mas de todas as iniciativas, aquela na qual *Última Hora* mais se destacou foi a cobertura policial. Vejamos o por quê dessas situações.

## Sempre na oposição, mesmo que na situação

Se a *Última Hora* gaúcha, seguindo a linha da matriz carioca, era fiel à herança de Getúlio Vargas, seus apoios políticos nacionais e regionais, na conjuntura em que circulou, eram mais complexos. Por exemplo, o jornal gaúcho apoiava sutilmente Juscelino Kubitschek a quem Samuel Wainer devia, afinal, parte do financiamento de seu jornal, segundo sugestão de Getúlio Vargas. Quanto a Jânio Quadros, *Última Hora* desde logo aderiu às reformas por ele preconizadas. Mas só se mobilizou verdadeiramente quando, ante a renúncia de Jânio, a oposição, liderada por Carlos Lacerda e os militares, tentou impedir a posse de João Goulart, vice-presidente eleito, e que se encontrava em visita oficial à China comunista. O episódio da Legalidade foi referencial para se entender a lógica do jornal, e explica, por outro lado, como funcionava a redação de *Última Hora* em relação à política local.

Samuel Wainer depondo na CPI da *Última Hora*

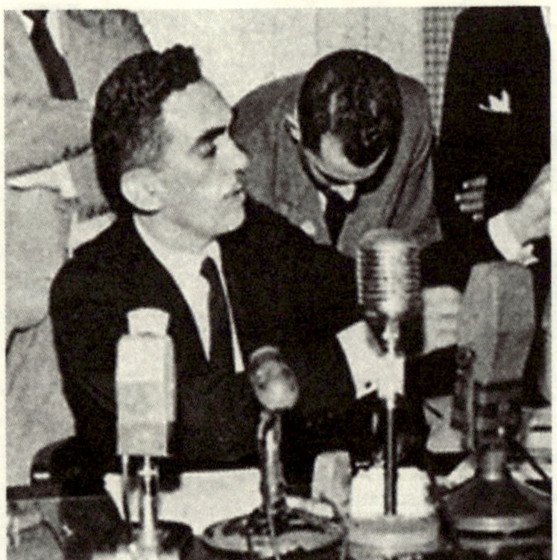

*Última Hora* acompanhava com algumas reservas a administração de Leonel Brizola, governador do Estado. Embora do PTB, ele enfrentou problemas com o funcionalismo público, o que dividia a redação do jornal. É que *Última Hora* era composta parcialmente por profissionais militantes do PCB – Partido Comunista Brasileiro, que estavam ligados aos sindicatos de trabalhadores e que, obviamente, faziam oposição a Brizola. Por isso mesmo, chegou a haver crises entre o governo e o jornal, chegando mesmo o governador a pedir a demissão de alguns profissionais. Por outro lado, parte da redação estava diretamente vinculada ao PTB, partido de Brizola e em oposição ao prefeito José Loureiro da Silva, ligado ao PDC e PL. Assim, podia-se resumir dizendo que *Última Hora* era sempre oposição à prefeitura e mantinha-se com discreto apoio ao governo estadual, salvo nos episódios em que se cumpriam metas coincidentes às duas instituições, como a Reforma Agrária ou a nacionalização de empresas multinacionais, como a companhia de energia elétrica e a de telefones. Quando o assunto chegava ao transporte coletivo, contudo – na época, predominantemente feito pelos bondes da prefeitura – daí a redação se dividia.

Com tudo isso, embora *Última Hora* tenha inovado ao fazer o pagamento de salário fixo, na boca do caixa de estabelecimentos bancários, ao contrário dos demais jornais, que na maioria dos casos pagavam com vales, mantendo um nível condizente de piso salarial, nem por isso deixava de enfrentar crises. Num primeiro momento, as agências de publicidade resistiram muito a trazer seus anunciantes para as suas páginas, até porque eram evidentes os confrontos entre os diferentes interesses do jornal e das empresas anunciadoras. Contudo, à medida em que o jornal se firmou e ganhou popularidade, as empresas anunciantes se viram na contingência de entregar seus anúncios também à *Última Hora*, sob pena de deixarem de se comunicar com seus clientes potenciais.

Outro debate permanente mantido por *Última Hora* foi no setor de cobertura policial. É que, ao contrário dos demais jornais, nos quais os repórteres faziam uma cobertura burocrática, até porque, na maioria dos casos, eles mesmos eram policiais, *Última Hora* empregou jornalistas autônomos e, assim, isentos. Desse modo, eles começaram por criar relações diplomáticas com informantes dentro das próprias delegacias, no Hospital de Pronto Socorro, nos demais hospitais, etc. Qualquer fato que acontecesse e que o informante julgasse importante, contactava com um repórter do jornal que para lá acorria, já acompanhado de um repórter fotográfico. Para isso, *Última Hora* remunerava esses informantes.

De outro lado, quando o governador Leonel Brizola foi sucedido por Ildo Meneghetti, um político conservador, *Última Hora* colocou-se claramente na oposição e, a partir de então, apertou ainda mais o cerco ao noticiário policial. Estabeleceu-se verdadeira crise institucional, com os policiais negando informações aos jornalistas de *Última Hora*, que tiveram de buscar cobertura judicial para tanto, chegando alguns deles, contudo, a serem ameaçados e mesmo espancados por policiais. Com tudo isso, *Última Hora* ganhava notoriedade e popularidade pelos casos que trazia, como as más condições dos hospitais públicos, onde até troca de crianças poderia haver; o caso de "Cara cortada", um bandido que, de simples ladrão de galinhas foi transformado numa espécie de *serial killer* pelo jornal; o "Caso Tourinho", de corrupção de policiais e, sobretudo, o chamado "Caso Kliemann", o assassinato da esposa de um deputado estadual que, ao longo de quase dois anos, o jornal acompanhou, com manchetes constantes, sem que o crime, aliás, até hoje em dia, ficasse resolvido.

Esse conjunto de atividades, enfim – de um lado o noticiário político com posicionamentos muito claros do jornal – e de outro as manchetes policiais – com nítido apelo ao escandaloso e ao violento – fez com que a imagem de *Última Hora* ficasse marcada pelo nacionalismo e pelo sensacionalismo. Prefiro dizer, como afirmo em livro já no prelo, que *Última Hora* foi um projeto claramente popular, que se preocupava com a questão nacional e que, para garantir público e consumo, buscou no sensacionalismo seu *modus operandi*. É que não se pode, de fato, esquecer o claro posicionamento de seus profissionais, ainda que, igualmente, não se possa deixar de levar em conta as manchetes e o modo pelo qual o jornal buscava sua promoção com o grande público.

Em síntese, pode-se dizer que *Última Hora* deu continuidade ao projeto de modernização da imprensa sul-rio-grandense, iniciado por *A Hora*, em alguns aspectos, enquanto que em outros inovou ela própria e solidificou novos procedimentos. Por exemplo, a valorização do arquivo fotográfico. Ele se tornou tão importante, como banco de dados, que a polícia política (DOPS) gaúcho, quando empastelou o jornal, em 1964, foi diretamente a esse arquivo. Os policiais rasgaram e queimaram todas as fotografias que encontraram. Sua ignorância, contudo, salvou os registros fotográficos: eles desconheciam que o mais importante eram os negativos das fotografias. E estes, já haviam sido salvos, graças, entre outros, a Dirceu Gomes, que os levara para sua casa. Hoje, eles estão no arquivo de *Zero Hora*, felizmente, sãos e salvos.

Outro exemplo, o uso da cor em suas páginas, especialmente em capas e no noticiário desportivo.

Enfim, na valorização profissional do jornalista.

Não se pode dizer o que teria acontecido com o jornal, se o golpe de 1964 não tivesse interrompido sua vida. Do mesmo modo, sua confrade carioca e todas as demais. O jornal de Recife foi empastelado na madrugada de 31 de março de 1964. A redação do jornal em São Paulo igualmente foi fechada e seus jornalistas presos, naquela mesma noite. A redação de Curitiba foi encerrada. Em Porto Alegre, Samuel Wainer passou o controle acionário do jornal a Ary Carvalho que, numa tentativa desesperada de sobreviver, reverteu a linha editorial do jornal, aderindo ao golpe, depois de quase uma semana sem circular. Mas isso não resolveu o problema. Embora o jornal tenha até progredido, financeiramente, tinha perdido sua identidade e morreu melancolicamente, adquirido pela família Sirotsky, de onde depois se originaria o jornal *Zero Hora*. O último lugar de resistência foi o Rio de Janeiro. Mas, de qualquer modo, o jornal também ali morreu, no dia 21 de abril de 1972, conforme depoimento do próprio Samuel Wainer em seu livro de memórias *Minha razão de viver:*

> *Às 12 horas do dia 21 de abril de 1972, quando saí do escritório de Maurício Alencar, a Última Hora não era mais minha. A próxima edição seria rodada nas oficinas do Correio da Manhã, com outra linha editorial, outra equipe, outra alma. Fui para o prédio da Última Hora e convoquei meu pessoal para comunicar-lhes o desfecho de um capítulo importantíssimo da história do jornalismo brasileiro. Depois, sozinho no prédio vazio, dei-me conta de que a minha grande aventura terminara.*

A *Última Hora* carioca circularia ainda até julho de 1991, quando faliu, já então adquirida pelo grupo Frias, de São Paulo. Quanto à *Última Hora* do Rio Grande do Sul, sua agonia foi menor. Deixou de existir, oficialmente, no dia 25 de abril de 1970, quando, intermediada por Aron Birman, uma operação comercial passou o controle acionário do jornal de Ary de Carvalho para as mãos de Maurício Sirotsky. Mas esta já é uma outra história...

Líbero Badaró
Samuel Wainer
Trajano Coelho Neto
Edmar Morel
Carlos Lacerda
Odylo Costa Filho
Otto Lara Resende
João Calmon
Luiz Beltrão
Mário Erbolato
Juarez Bahia
Alberto André
Herbert Levy
Monteiro Lobato
Arnon de Mello
Vitorino Prata Castelo Branco
Amaral Raposo
Landell de Moura

III

# TRAJANO COELHO NETO
## O jornalismo emancipacionista

Aurielly Painkow e Lailton Alves da Costa

Ensaio publicado na revista *Imprensa* nº 178, dezembro/2002, p. 55-62.

**Aurielly Painkow e Lailton Alves da Costa** - Jornalistas graduados pela Universidade do Tocantins. Editores-fundadores do periódico "Ensaios – Comunicação em Revista" (Unitins). Aurielly integra hoje a equipe de Comunicação Social do Sebrae – Tocantins e Lailton é professor do Curso de Comunicação Social do Centro Universitário Luterano de Palmas.

*Resgatar a história da região que hoje é Tocantins equivale a conhecer personagens que lutaram pela emancipação política de um norte esquecido, valorizando o papel da imprensa como ferramenta de combate.*

A luta pela criação de um Estado autônomo a partir do desmembramento da parte central e norte do Estado de Goiás tem sua gênese no século 18. Por mais de dois séculos a população do norte de Goiás encampou movimentos Pró-Tocantins até o sonho realizar-se com a promulgação da Constituição Federal de 1988, que, em suas disposições transitórias, cria o Estado do Tocantins.

No século 20, essas manifestações separatistas intensificam-se a partir das décadas de 50 e 60, incentivadas por organizações civis como a CEJET (Comissão de Estudos Jurídicos do Estado do Tocantins), a CENOG (Casa do Estudante Norte Goiano), além da luta encampada por alguns jornais da região, especialmente de Porto Nacional, como *Ecos do Tocantins*, jornal fundado por Trajano Coelho Neto, que circulou de julho de 1951 a julho de 1961.

*Ecos do Tocantins* adotou a mesma bandeira de jornais mais antigos do norte de Goiás, procurando divulgar a região ao Brasil. O próprio nome já dizia a que vinha: produzir ecos, fazer repercutir, ressoar, fazer chegar aos quatro cantos a bandeira que defendia – o progresso da região tocantina, a luta pela divisão de Goiás, enfim, a criação do Estado do Tocantins.

Fotografia de Trajano Coelho Neto, 1951

Um leitor do jornal escreveu, logo após a fundação de Ecos, que o veículo "nasceu predestinado a iluminar a mentalidade dos moços deste longínquo solo goiano, que também demandam o progresso da terra em que moirejam, terra que vive esquecida dos governos, que silenciam diante das suas mais prementes necessidades. Em que peze o seu indiferentismo, a sua impassibilidade, tais governos tem que houvir as suplicas que lhes dirige o povo deste rincão, povo heroico e bom, que vive ao desamparo, sendo digno de melhor sorte, pois são elas a voz da sinceridade clamando justiça (sic)."(SILVA, Pedro Matos. O meu apêlo. *Ecos do Tocantins*, Pium, p.3, 5. Ago. 1951)

O jornal de Trajano Coelho Neto divulga todas as informações sobre o movimento Pró-criação do Tocantins, especialmente a partir de 1956, ano em que a população de Porto Nacional, encabeçada pelo Juiz Feliciano Machado Braga retoma o movimento separatista. Comícios foram organizados na cidade, bandeira, hino e padroeiro para o novo Estado foram escolhidos e uma reunião com todos os prefeitos da região, foi realizada naquele ano. O ápice do movimento é a criação da Comissão de Estruturação Jurídica do Estado do Tocantins, a CEJET, cujo objetivo era dar respaldo legal e jurídico ao movimento, tendo à frente o juiz Feliciano Machado Braga. Toda essa mobilização ganha espaço em *Ecos do Tocantins*, acompanhada de artigos proclamando a criação do Estado e a autonomia da região. O político, empresário e jornalista, Trajano Coelho Neto, torna-se defensor e propagador dessa batalha: a criação do Estado do Tocantins.

*Ecos do Tocantins* foi também um propulsor da municipalização de Pium e Cristalândia, (municípios respectivamente a 139 e 165 quilômetros de Palmas, capital do Tocantins), que na época eram apenas vilas garimpeiras de Porto Nacional com os respectivos nomes de Piaus e Chapada. A paixão pelo lugar e a vontade de que as vilas de Chapada e Piaus se desenvolvessem era o que impulsionava seu proprietário, Trajano Coelho Neto, a buscar o progresso da região garimpeira por meio dos bons relacionamentos que tinha no Sudeste e Sul do País e dos recursos que estavam ao seu alcance. Tudo isso para o melhoramento econômico e social das vilas:

"A autonomia administrativa da região garimpeira é uma necessidade que se impõe. Isto pode desinteressar aos políticos, pode servir de pasto aos eternos criadores de "casos", mas a verdade que jamais pode ser oculta é que, si se atenta para a letra expressa da constituição si se ouvirem os ditames da justiça e do bom-senso – dois novos, grandes e ricos municípios deverão surgir o entre o Tocantins e o Araguaia (sic)." (CAMPANHA AUTONOMISTA. *Ecos do Tocantins*, Pium, p.2, 20 jan. 1952.).

O jornal torna-se um recurso concreto para divulgação dos acontecimentos e das necessidades dos dois povoados. Era a ferramenta utilizada na luta pela autonomia dos municípios e divulgar a região garimpeira, mostrá-la ao Brasil. Mas, para isso, era preciso que as pessoas entendessem o poder da comunicação no contexto nacional, regional e municipal: "Ajudar o jornal da terra em que se vive é cuidar de engrandecê-la. Ajude *Ecos do Tocantins*."Foi com essa frase, veiculada nas primeiras edições, que Ecos tentou incutir no povo dessa região a importância da comunicação como um agente de transformação.

No editorial, Trajano faz um apelo aos moradores das distintas vilas de Piaus e Chapada para que deixassem de lado o sentimento de rivalidade, pois o progresso da região garimpeira, segundo ele, só aconteceria se houvesse cooperação. Na opinião do jornalista, "só seremos mais fortes se formos unidos. E seja ela [a união] o nosso lema." A emancipação e o progresso dos municípios de Pium e Cristalândia, a divisão e o desenvolvimento do norte de Goiás, foram as causas que *Ecos do Tocantins* abraçou em seus 10 anos de existência.

## Ascensão e glória

O jornalista Trajano Coelho Neto, natural de Balsas (Maranhão), nasceu no dia 28 de dezembro de 1916, chegando à região garimpeira de Pium em 1942. Na época Pium era uma vila pertencente à cidade de Porto Nacional, localizada no norte de Goiás (hoje, a 60 quilômetros ao sul de Palmas). Ali dedicou-se inicialmente ao comércio de tecidos, armarinhos e mercadorias em geral para o campo, o garimpo e para o lar. Cinco anos depois iniciou suas atividades políticas pelo Partido de Representação Popular (PRP) que aglutinava os remanescentes da antiga Aliança Integralista Brasileira, a AIB, sendo eleito conselheiro do partido em 1950.

Notável orador e dotado de muitos conhecimentos Trajano se destacava pela sua inteligência e capacidade empreendedora. Iniciou as atividades com apenas uma loja e no final da década de 50 possuía três lojas em Pium, uma filial em Cristalândia, além de várias fazendas, um avião e a tipografia de Ecos.

Sua vocação jornalística despertou quando menino, assim que começou a escrever nos jornais do colégio em Balsas (MA). Na juventude vai estudar em São Luís, mas perde o pai e se vê forçado a abandonar o colégio.

Tempos depois, com o empreendimento jornalístico, Trajano Coelho parecia ter se rendido aos desafios do jornalismo e tomado gosto pela profissão. Proprietário e redator de *Ecos do Tocantins* era o responsável pela redação das matérias veiculadas no jornal além de assinar a coluna "Comentário Político", sob o pseudônimo *Da Silva e Silva*, dedicado a analisar a conjuntura política da região.

Conseguir montar um jornal que se tornou referência, numa região precária, onde a economia era basicamente mantida pelos garimpos, ou melhor, pela extração de pedras de cristal, foi uma ação memorável, que merece respeito e admiração. Com persistência e vontade Trajano Coelho Neto se torna autor desta façanha.

## Jornal familiar

Em 1951, na cidade do Rio de Janeiro, na época a capital da República, Rafhaelo Valentini, um faiscador que comprava cristal nas vilas de Chapada e Piaus, na década de 40, estava sentado em seu escritório, quando Trajano Coelho Neto o procurou com uma proposta ousada: comprar uma tipografia para fazer circular um jornal na vila de Pium.

Na conversa, Trajano afirmava que em hipótese alguma regressaria aos garimpos sem levar a máquina e seus acessórios, acontecesse o que acontecesse. E mais. O equipamento já estava encomendado, mas o empresário jornalista havia levado consigo apenas dois terços do valor, faltando ainda um terço do montante. O faiscador não teve dúvida. Convicto, Rafhaelo percebe que naquele momento emprestava não só o valor que lhe era solicitado, mas também o seu esforço em prol do desenvolvimento intelectual e educacional da região garimpeira de Pium e Cristalândia. Os dois terços levados ao Rio foram levantados entre comerciantes, fazendeiros, garimpeiros, todos amigos de Trajano Coelho Neto. Ao longo da existência do jornal, os que cooperaram para sua compra eram tratados como co-proprietários e apareciam sempre na coluna social.

As máquinas para criação do *Ecos do Tocantins* chegaram de avião até Porto Nacional. De lá até Pium, o transporte foi em caminhão e logo foram instaladas num cômodo da casa de Trajano.

Nos primeiros anos do jornal, os textos e todo o processo de impressão do *Ecos do Tocantins* era realizado em casa. Trajano tinha um escritório que funcionava também como redação, onde produzia as matérias. Por quatro anos Trajano Coelho Neto, com a ajuda de toda a família, do mais novo ao mais velho, compunha semanalmente o jornal. Todos tinham responsabilidade dentro daquela organização familiar, para produzir o jornal de quatro páginas com veiculação semanal.

E nessa sincronia familiar o jornal era escrito, rodado, dobrado e enviado para todo o país. Os exemplares eram mandados aos seus destinatários por avião e da agência dos correios da cidade de Porto Nacional.

A estabilidade e o crescimento de *Ecos do Tocantins* fizeram com que ele fosse transferido para outro local, alugado especialmente para seu funcionamento. E aí o jornal entra em nova fase. Contratam-se pessoas para desempenhar papéis que antes eram desenvolvidos pela família.

## Anuário regional

No início de 1955, com o objetivo de ampliar e profissionalizar os serviços da oficina tipográfica, Trajano Coelho Neto contrata um gráfico experiente com passagens pelos jornais "A Tarde" de Carolina (MA) e "Jornal do Planalto", de Formosa (GO). O gráfico era Ateneu Rego Santos e chegava para assumir a função de gerente-secretário, com a missão de reativar a circulação do jornal interrompida no final de 1954.

Em dezembro daquele ano, Ateneu convence Trajano a criar uma nova publicação para a gráfica *Ecos do Tocantins*. Já que a população da região norte de Goiás alimentava o desejo de criar o Estado do Tocantins, a idéia era lançar uma espécie de manual informativo, de atualização anual, útil como órgão de consultas fora da região e que podia atrair anunciantes de outras partes do país, o que representaria fonte de receita para sustentar a publicação.

Nascia ali o Anuário do Tocantins. Nascimento que dias depois seria anunciado no jornal *Ecos do Tocantins*, dando visibilidade à feição gráfica, amplitude, tiragem e conteúdo do novo veículo:

"Durante o próximo ano de 1956, as oficinas deste jornal estarão também a serviço do «Anuário do Tocantins» para 1957, publicação em forma de almanaque, com cerca de

200 páginas, a ser lançada em todo o Brasil, desta cidade. Trata-se provavelmente, do mais arrojado empreendimento, no gênero, em toda a região tocantina, mercê da vultosa tiragem – 20 mil exemplares – e carater verdadeiramente original que se lhe pretende emprestar na feição gráfica e conteúdo, com o intuito de que represente uma verdadeira enciclopédia deste vasto pedaço do Brasil. A programação dos trabalhos para feitura de citada obra já está sendo elaborada pela própria equipe deste jornal, bem como a esquematização do vasto plano de difusão de seus propósitos em busca de apoio pelo país inteiro. Voltaremos ao assunto em próximas edições, porém logo asseguramos a realidade dessa importante iniciativa que foi idealizada por nosso companheiro Ateneu Rêgo Santos e é dirigida pelo criador de 'ECOS DO TOCANTINS' – jornalista Trajano Coelho Neto."(ANUÁRIO DO TOCANTINS. *Ecos do Tocantins*, Pium, p. 1, 17 dez. 1955).

Texto publicado ainda em 1955 informava que o anuário do Tocantins seria uma das vozes a bradar pelo desenvolvimento da região, uma vez que o nordeste de Mato Grosso, o centro-norte goiano, o sul do Maranhão e a colossal faixa tocantina do Pará, embora constituíssem um "soberbo manancial de riquezas pouco exploradas e de largas possibilidades", ainda não possuía uma "representação condizente no seio das zonas populosas".

O contexto influenciava diretamente as estratégias gráfico-editoriais do Anuário do Tocantins. Gestado para ser a "representação condizente" da região outorgava-se ao anuário a missão de materializar as informações do vale tocantino, a fim de que as riquezas da região fossem conhecidas melhor lá fora, por uma publicação "de característica mais permanente que um simples jornal" e que fosse baseada na "realidade regional."Afinal, dizia o anúncio, pelas inúmeras dificuldades que enfrentava a imprensa sertaneja, o extenso vale tocantino tinha apenas modestos jornais, não raro de circulação inconstante" sendo que o único veículo de circulação regular, em toda a região tocantina era a folha 'ECOS DO TOCANTINS'.

De fato, somente no dia 4 de agosto de 1956, o juiz de direito, Feliciano Machado Braga, o gráfico João Quinaud e o político João Sandes, lançam em Porto Nacional o jornal *O Estado do Tocantins*. Sob a direção de Deoclesiano Ayres e César Freire, ele foi criado para ser um "instrumento de luta", como definiu a historiadora Maria Espírito Santo Rosa Cavalcante e para divulgar e lutar pelo Estado do Tocantins, como afirma Ateneu. Mesmo assim, esse jornal foi rodado, por algumas edições na gráfica de Trajano Coelho Neto.

O Anuário do Tocantins era o primeiro Almanaque Cultural do Vale Tocantino gestado para ser mais uma ferramenta de fortalecimento do ideal emancipacionista. Ao lado do jornal *Ecos do Tocantins* e do jornal *O Estado do Tocantins*, o Anuário formaria a trilogia comunicacional responsável pela materialização das informações sobre as dificuldades e necessidades da região, mas, sobretudo, acerca do potencial do novo Estado.

Para garantir a impressão do veículo, o financiamento foi endossado pelas organizações de Trajano, assegurando a ausência de ajuda financeira dos poderes públicos. O gasto para a confecção e manutenção seria coberto por anúncios, publicidade remunerada e a venda de exemplares.

Na publicidade do jornal, nota-se a preocupação em anunciar essa autonomia, assegurando que pela sua estrutura, o anuário estaria acima de quaisquer interesses que não fossem os de publicidade da região. E como era "inegável o valor da imprensa como veículo de cultura, divulgação e propaganda" o anuário seria vendido na capital federal, capitais dos Estados e territórios e nas principais cidades do País, já que "em todas as partes do País, as vistas da nação se voltam para as regiões centrais."

Perfeccionistas, os protagonistas do anuário, reaparelharam a gráfica *Ecos do Tocantins* e realizaram novas contratações para entregar ao público um produto que se igualasse "aos congêneres de centros mais desenvolvidos."Daí o apelo para que o comerciante investisse na publicidade de seu estabelecimento, pois além de contribuir com os ideais separatista, seria recompensado: "anunciar no Anuário do Tocantins é preferir um meio de propaganda permanente e de máxima eficiência" porque "O Anuário do Tocantins mostrará o Tocantins ao Brasil".

A estratégia gráfico-editorial do Anuário do Tocantins constituiu em aglutinar o jornalismo sertanejo, ávido por divulgar a região, à aceitação tradicional de almanaques que circulam no Brasil desde o século 18. O resultado foi uma miscigenação do formato do almanaque com revista de informações gerais, um modelo precursor na região, inserindo o ideal do progresso e do desenvolvimento do sertão tocantinense às temáticas comuns dos almanaques que circulavam pelo Brasil, incluindo aí os de farmácia, comuns no interior.

*Anuário de Tocantins*, exemplo de jornalismo regional, de visão progressista

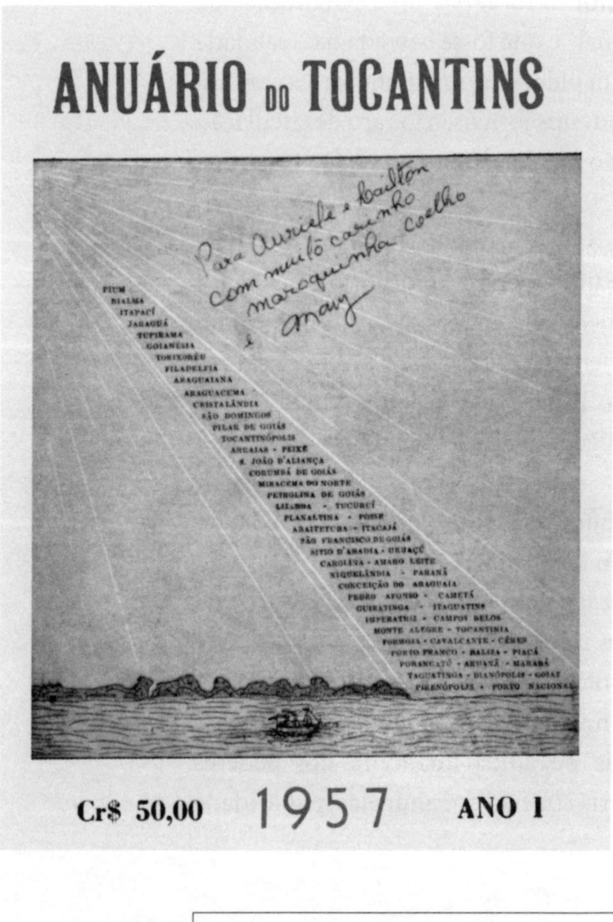


Exatamente nessa estratégia editorial residiu, de um lado, a razão do seu sucesso e do outro, o seu fracasso. Ao ser atrelado ao movimento outorgou-se ao anuário a missão de divulgar a região, com o fito de engrandecê-la e contribuir para o seu desenvolvimento, o que levou à sua aceitação. Ao arrefecer o movimento, em razão das fortes oposições, enfraqueceu-se a onda separatista e, por conseqüência, desencorajou os anunciantes da próxima edição, levando os protagonistas do anuário a publicar apenas a edição de 1957. E o sucesso de uma edição, garante Alberto Dines, para ser mantido vivo exige o sucesso da edição seguinte.

Contudo, o Anuário representou um exemplo de jornalismo progressista, aqui entendido a partir da ótica do professor Nilson Lage, de que o jornalismo progressista "não é aquele que seleciona apenas discursos tidos como avançados em dado momento, mas o que registra com amplitude e honestidade fatos e idéias de seu tempo." Talvez por isso o Anuário do Tocantins ainda é considerado uma obra prima do jornalismo cultural tocantinense.

## Jornalismo de combate

*Ecos do Tocantins* foi um empreendimento jornalístico que, acima de tudo, revelou a história de vida de um povo desconhecido ao Brasil, fazendo com que uma das muitas regiões garimpeiras de Tocantins da década de 50 fossem conhecidas mundo afora.

Um texto de 1956 registra o alcance de Ecos: "Hoje queremos registrar um fato deveras alentador (...) chegavam às nossas mãos duas cartas, de procedências diferentes. (...) uma delas vinha do interior do município. (...) A outra veio de Nova Iorque, nos Estados Unidos da América do Norte, e resume a admiração do missivista pelo nosso pioneirismo, pela nossa coragem cívica, em proseguindo (sic) na trilha que há cinco longos anos, perlustramos, sem interrupções e sem tibiezas... Isso representa bôa parte das compensações que os homens da imprensa indígena podem esperar. O mais... a história é que dirá!."(NOSSA PENETRAÇÃO. *Ecos do Tocantins*, Pium, p.1, 25 ago. 1956).

Mas em jornalismo, não existe a permanência, mas a persistência (Alberto Dines). Trajano Coelho Neto, quando conseguiu fundar o jornal num vilarejo localizado ao norte de Goiás, região esquecida, provou isso: a ele mesmo, à família, ao povo da região garimpeira e ao Brasil.

Compuseram a nova equipe de *Ecos do Tocantins*: Ateneu Rego Santos como gerente e tipógrafo, de 1955 a 1959, Luiz Moura que sucedeu Ateneu após sua saída, Aldenora Batista, Ana Miranda, Bartolomeu Maracaípe e Vicente de Souza, que atuaram como auxiliares, contribuindo de forma significativa para a existência de Ecos durante 10 anos. O gerente do jornal Ateneu Rego Santos, responsável pela consolidação de *Ecos do Tocantins* como um veículo empresarial, conta que na nova fase a oficina era composta apenas por várias fontes de tipo e um prelo pequeno, manual, pois não havia eletricidade.

Mesmo depois da mudança do jornal de sua casa para a Oficina Tipográfica, e da contratação de vários funcionários, Trajano Coelho Neto, além de redigir matérias, ainda arrumava tempo para visitar as novas instalações e participar da nova fase, que deixava de ser familiar, passando de fato a ser empresarial. Apesar da hierarquia, mesmo sendo proprietário e diretor, ele muitas vezes visitava não só para verificar se estava tudo bem, mas também para colocar a mão na massa, como revela Bartolomeu, antigo funcionário:

"Ele ia sempre lá no jornal, muitas vezes no dia que era da expedição do jornal. Ele até ajudava a embalar os jornais, ajudava a gente a empacotar para mandar, para ser distribuídos nas cidades. (...) Ele ajudava muito. Duas ou três vezes na semana ele chegava lá com as matérias e muitas vezes até falava qual o tipo deveria compor aquelas notícias, para poder caber naquele espaço"(Entrevista de Bartolomeu Maracaípe a Lailton Alves da Costa. Goiânia, 18 junho de 2002).

Durante uma década de existência, *Ecos do Tocantins* defende a municipalização de Pium e Cristalândia, o desenvolvimento e a emancipação da região tocantina, norte de Goiás e o desenvolvimento da cidade de Paraíso (cidade a 60 quilômetros a sudoeste de Palmas), cuja eletricidade, com gerador a diesel, foi formada por Trajano no início da década de 60.

Já em sua primeira edição *Ecos do Tocantins* traz no editorial a importância da imprensa como agente de desenvolvimento, revelando a bandeira desenvolvimentista que abraçava:

"É inegável que a imprensa é um elevado índice de Progresso, e o jornal, dentro dos limites do meio em que se projeta, um fator poderoso de desenvolvimento material e moral. (...) Nenhum dos aspetos da vida coletiva deixa de passar por meticuloso exame quotidiano na vida de imprensa, todas as suas facetas morais, todas as suas tendencias intelectuais, toda a intensidade da sua própria vida material, o jornal focaliza (sic), disseca e analisa, no seu labor incessante de orientar a marcha evolutiva da sociedade. (...) Abraça sempre as causas justas, luta sempre pela grandeza e progresso da pátria e particularizando, pelos interesses supremos da região em que se projeta. Isso posto, bem compreensível se torna a razão e a causa do nosso aparecimento, e evidenciados os postulados normativos de nossa conduta, dos quais não nos afastaremos por nenhum preço."

Apesar da sua importância no contexto histórico da região tocantina, na história da imprensa do norte de Goiás e na vida daqueles que aguardavam ansiosos a sua distribuição toda semana, o jornal *Ecos do Tocantins* não passou despercebido às críticas e brincadeiras de pessoas daquela época. "*O Eco jornaleco mentireco*" foi um trocadilho, uma crítica criada para depreciar o jornal que havia surgido naquele período. Jonas Barros, morador de Pium, diz que a sátira foi criada por Zé Trindade, político e candidato a deputado. Num discurso o adversário político atacou o jornal afirmando que não se deveria acreditar no que o eco jornaleco mentireco publicava. (Entrevista de Jonas Barros a Aurielly Queiroz Painkow e Lailton Alves da Costa. Pium, 31 de maio de 2002).

*Ecos do Tocantins* despertava também ansiedade e alegria quando chegava na casa de seus assinantes. Aldenora Braga, assinante na época revela o contentamento: "Ele [Trajano] saía distribuindo o jornal àquelas pessoas que tinha assinatura. (...) Nossa! vambora ver o jornal, quem vai aniversariar! (...) Aí saia no outro dia no jornal, fulano tá aniversariando! (...) Um dia ele fazia: nasceu fulano, fulano tá aniversariando, e tal, tal. Mas era bom demais um jornal aqui! (...) Tinha tanta coisa boa nesse jornal! (...) Ecos era bom. Era tão bom quando tinha!." (Entrevista de Aldenora Barros Braga a Aurielly Queiroz Painkow e Lailton Alves da Costa. Pium, 31 de maio de 2002).

## Denúncia da corrupção

Em sua trajetória política Trajano foi candidato a deputado estadual em 1947 e prefeito de Pium. Na eleição de 1947 não consegue se eleger, mas, torna-se liderança expressiva do PRP na região, sendo escolhido conselheiro estadual do partido em 1950. Na elevação do município de Pium, em 1953, articula alianças para a eleição do primeiro prefeito da cidade, Pedro Castanheira Sobrinho. Por discordar das muitas posições da administração, rompe com os administradores, afastando-se dos pleitos, até 1960.

Nas eleições de 3 de outubro daquele ano o jornalista Trajano Coelho Neto é eleito prefeito de Pium e a 31 de janeiro de 1961 é realizada a cerimônia de posse. Em seu discurso a ousadia de sempre:

"A rotatividade do poder é um dos institutos mais belos e nobres da Democracia. Esta rotatividade que hoje praticamos, o que daqui há cinco anos estaremos repetindo, com o propósito de respeitar a Lei, os direitos, de honrar o mandato que exercitamos e de demonstrar espírito público e patriotismo. [...] Respeito, Trabalho e Dinamismo, constituem a trilogia que nos inspirará para preenchermos a lacuna do que não existe, para suprirmos a falta do que não foi feito. Honestidade, Eficiência e Energia, constituem o remédio heróico que adotaremos para os males carênciais que atacaram rijamente o organismo deste município. Seriedade, Compostura e Tolerância, constituirão os fatores de revigoramento das possibilidades depauperadas desta comuna"( DISCURSO DE POSSE. *Ecos do Tocantins*, Pium, p. 1, 19 fev. 1961).

Ele se referia às incoerências administrativas que recebera das administrações anteriores: "recursos municipais haviam sido desviados dos cofres públicos 'para fins ignorados', terras patrimoniais do município haviam sido alienadas e mais: consignação de saldo que não foi entregue à nova administração; [..] pagamento que jamais foi realizado; gastos cuja inverossimilhança se ressalta à primeira vista e, pasmem os leitores, 'invenção' de um rio para que nele se pudesse 'construir' uma ponte de 25 metros de extensão" (MAIS ESCÂNDALOS NA PREFEITURA. *Ecos do Tocantins*, Pium, p.1, 5 mar. 1961).

Esses acontecimentos o fazem solicitar ao governo de Goiás uma investigação detalhada da situação. As denúncias e a presença de autoridades do sul do Estado alteraram os ânimos da pequena cidade, e principalmente, dos reais envolvidos.

Trajano começa a sua administração querendo fazer justiça, pois em seu discurso de posse deixou claro que "a vida de homem público deve ser um espelho de limpidez absoluta. (...) Ser prefeito não constitui nenhuma finalidade, mas constitui o meio de se promover alguma coisa pelo bem da terra em que se vive." Para ele ser conivente com o rombo que havia descoberto era o mesmo que fazer com que Pium retrocedesse. Era desistir dos caminhos que traçara ao longo dos anos para o progresso daquele lugar.

Vale reforçar que "política e jornalismo significam evoluções em torno do poder, na luta pela sua conquista" (Carlos Chagas). Era preciso fazer justiça, punir os culpados, custasse o que custasse. E as investigações começavam a apontar os envolvidos: os dois prefeitos de mandatos anteriores ao seu pareciam ser os principias suspeitos.

Esses freqüentes escândalos que acontecem em todos os períodos da história nos levam a crer que unido a esse "poder que fascina jornalistas e políticos, (...) surgem os afluentes da fama e da riqueza, ou os charcos da vaidade, e da corrupção" (Carlos Chagas). Então, talvez sejam esses os motivos que levam políticos a praticar ações em benefício próprio. Como aconteceu em Pium.

E as investigações do crime de corrupção levam os principais suspeitos a planejarem um golpe para cessar os boatos e os escândalos que envolviam seus nomes. Era preciso calar alguém.

## Assassinato premeditado

No anoitecer do dia 13 de abril de 1961, Pium é palco de um monstruoso acontecimento que comprometeu não só o projeto de desenvolvimento do município, mas o sonho de muitos que esperavam a projeção econômica e social, o progresso infra-estrutural e educacional de um lugar que era conhecido como garimpo de Piaus, então norte de Goiás.

"A tragédia de Pium traz as dimensões dessa baderna humana que não surpreende, mas enche-nos de soberba tristeza, como a ampliar o nosso recuo social na estrada que ousamos cavalgar", escreveu o leitor Wolney Milhomem, em artigo no jornal *Ecos do Tocantins* de 30 de Abril de 1961.

E é o jornalista e prefeito daquela pequena cidade Trajano Coelho Neto a vítima do assassinato. Foi esse o preço que pagou, a sua vida, em favor das verdades que descobriu e denunciou enquanto prefeito. Três dias depois de sua morte, *Ecos* acusava: "O fato tanto mais revoltante se torna quando é sabido ter sido motivado única e exclusivamente como meio de fuga daqueles que estavam sendo apontados pela vítima á (sic) justiça comum como peculatários, quando de suas gestões à testa desta prefeitura".

Trajano tinha o costume de todas as noites andar pela cidade. Não fazia questão de acompanhantes, era uma caminhada solitária, pelas ruas do lugar que tanto sonhava ver desenvolvido. Ele passava cumprimentando quem encontrasse no caminho. Naquela noite, a última pessoa que o prefeito visita é o amigo e compadre José Pinto, com quem ele costumava brincar, chamando de Zé Galo. Nesta última caminhada da casa do compadre segue até a sede do jornal. Ao sair cumprimenta uma senhora e dobra a esquina para a avenida principal de Pium. Passava das 20 horas quando a cidade ouviu quatro estampidos: Trajano Coelho Neto foi morto pelas costas.

Perto dali, a esposa, Maria Teixeira Coelho ouve os disparos, grita por Trajano e corre na direção, acompanhada de vários amigos e do filho Mário Coelho: "Que tristeza, que angústia, ao encontrarem, junto a uma poça de sangue, seu corpo já sem vida caído sobre esta terra que ele tanto amava. Ao amanhecer dia 14, a aurora e os raios de sol espalhavam a infausta notícia que Trajano Coelho Neto havia sido covardemente assassinado" escreveu em crônica, C. Braga, um leitor do jornal.

Vários jornais noticiaram a morte do jornalista, um fato que repercutiu nacionalmente. O *Imparcial do Maranhão*, pertencente aos Diários Associados, noticia o fato com a manchete *Maranhense barbaramente assassinado no interior de Goiás*, "O Jornalista Trajano Coelho Neto, que era prefeito daquela cidade, foi ali

Edição dos Primórdios do *Écos de Tocantins*

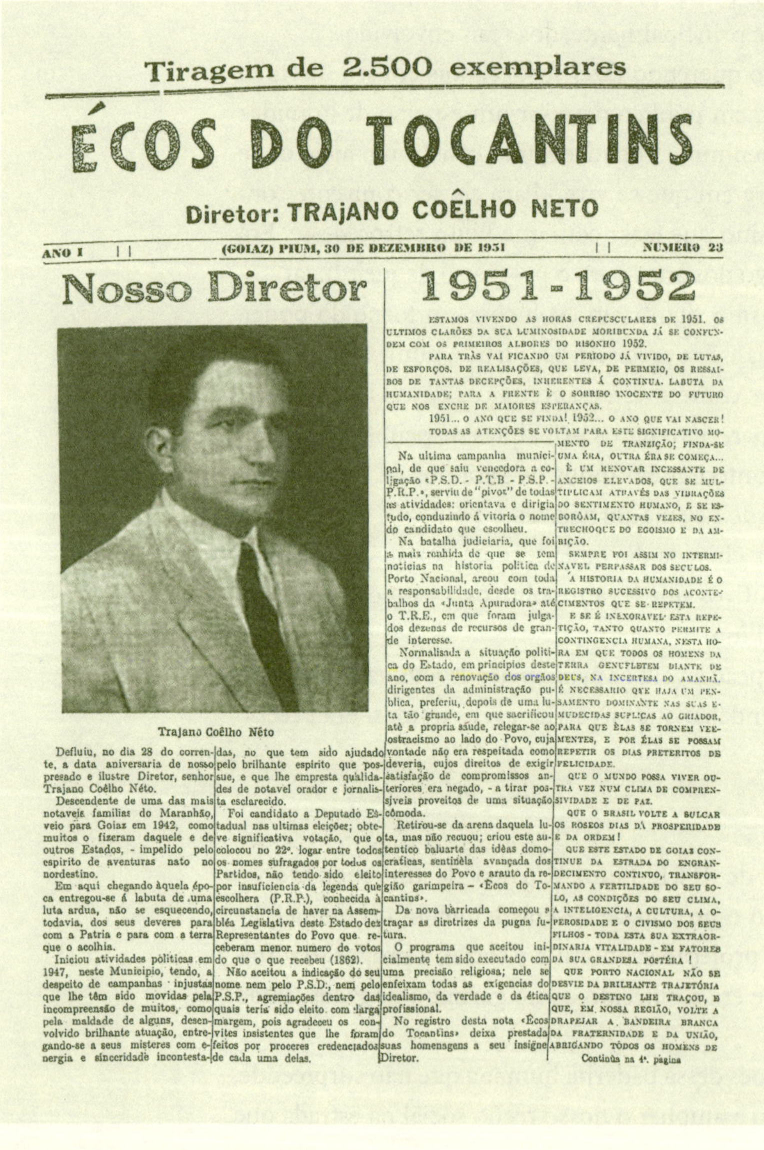

Tiragem de 2.500 exemplares

ÉCOS DO TOCANTINS

Diretor: TRAJANO COÊLHO NETO

ANO I | | (GOIAZ) PIUM, 30 DE DEZEMBRO DE 1951 | | NUMERO 23

Nosso Diretor

Trajano Coêlho Néto

Defluiu, no dia 28 do corrente, a data aniversaria de nosso presado e ilustre Diretor, senhor Trajano Coêlho Néto.

Descendente de uma das mais notaveis familias do Maranhão, veio para Goiaz em 1942, como muitos o fizeram daquele e de outros Estados, - impelido pelo espirito de aventuras nato no nordestino.

Em aqui chegando àquela época entregou-se á labuta de uma luta ardua, não se esquecendo, todavia, dos seus deveres para com a Patria e para com a terra que o acolhia.

Iniciou atividades politicas em 1947, neste Municipio, tendo, a despeito de campanhas injustas que lhe têm sido movidas pela incompreensão de muitos, como pela maldade de alguns, desenvolvido brilhante atuação, entregando-se a seus misteres com energia e sinceridade incontestadas, no que tem sido ajudado pelo brilhante espirito que possue, e que lhe empresta qualidades de notavel orador e jornalista esclarecido.

Foi candidato a Deputado Estadual nas ultimas eleições; obteve significativa votação, que o colocou no 22º. logar entre todos os nomes sufragados por todos os Partidos, não tendo sido eleito por insuficiencia da legenda que escolhera (P.R.P.), conhecida à circunstancia de haver na Assembléa Legislativa deste Estado dez Representantes do Povo que receberam menor numero de votos do que o que recebeu (1862).

Não aceitou a indicação do seu nome nem pelo P.S.D., nem pelo P.S.P., agremiações dentro das quais teria sido eleito com larga margem, pois agradeceu os convites insistentes que lhe foram feitos por proceres credenciados de cada uma delas.

Na ultima campanha municipal, de que saiu vencedora a coligação «P.S.D. - P.T.B - P.S.P. - P.R.P.», serviu de "pivot" de todas as atividades: orientava e dirigia tudo, conduzindo á vitoria o nome do candidato que escolheu.

Na batalha judiciaria, que foi a mais renhida de que se tem noticias na historia politica de Porto Nacional, arcou com toda a responsabilidade, desde os trabalhos da «Junta Apuradora» até o T.R.E., em que foram julgados dezenas de recursos de grande interesse.

Normalisada a situação politica do Estado, em principios deste ano, com a renovação dos orgãos dirigentes da administração publica, preferiu, depois de uma luta tão grande, em que sacrificou atè a propria saúde, relegar-se ao ostracismo ao lado do Povo, cuja vontade não era respeitada como deveria, cujos direitos de exigir satisfação de compromissos anteriores era negado, - a tirar possiveis proveitos de uma situação cômoda.

Retirou-se da arena daquela luta, mas não recuou; criou este autentico baluarte das idèas domocraticas, sentinèla avançada dos interesses do Povo e arauto da região garimpeira - «Êcos do Tocantins».

Da nova barricada começou a traçar as diretrizes da pugna futura.

O programa que aceitou inicialmente tem sido executado com uma precisão religiosa; nele se enfeixam todas as exigencias do idealismo, da verdade e da ética profissional.

No registro desta nota «Êcos do Tocantins» deixa prestada suas homenagens a seu insigne Diretor.

1951-1952

ESTAMOS VIVENDO AS HORAS CREPUSCULARES DE 1951. OS ULTIMOS CLARÕES DA SUA LUMINOSIDADE MORIBUNDA JÁ SE CONFUNDEM COM OS PRIMEIROS ALBORES DO RISONHO 1952.

PARA TRÀS VAI FICANDO UM PERIODO JÁ VIVIDO, DE LUTAS, DE ESFORÇOS, DE REALISAÇÕES, QUE LEVA, DE PERMEIO, OS RESSAIBOS DE TANTAS DECEPÇÕES, INHERENTES Á CONTINUA LABUTA DA HUMANIDADE; PARA A FRENTE È O SORRISO INOCENTE DO FUTURO QUE NOS ENCHE DE MAIORES ESPERANÇAS.

1951... O ANO QUE SE FINDA! 1952... O ANO QUE VAI NASCER! TODAS AS ATENÇÕES SE VOLTAM PARA ESTE SIGNIFICATIVO MOMENTO DE TRANZIÇÃO; FINDA-SE UMA ÉRA, OUTRA ÉRA SE COMEÇA...

È UM RENOVAR INCESSANTE DE ANCEIOS ELEVADOS, QUE SE MULTIPLICAM ATRAVÉS DAS VIBRAÇÕES DO SENTIMENTO HUMANO, E SE ESBORÔAM, QUANTAS VEZES, NO ENTRECHOQUE DO EGOISMO E DA AMBIÇÃO.

SEMPRE FOI ASSIM NO INTERMINAVEL PERPASSAR DOS SECULOS.

Á HISTORIA DA HUMANIDADE É O REGISTRO SUCESSIVO DOS ACONTECIMENTOS QUE SE REPETEM.

E SE É INEXORAVEL ESTA REPETIÇÃO, TANTO QUANTO PERMITE A CONTINGENCIA HUMANA, NESTA HORA EM QUE TODOS OS HOMENS DA TERRA GENUFLETEM DIANTE DE DEUS, NA INCERTESA DO AMANHÃ, É NECESSARIO QUE HAJA UM PENSAMENTO DOMINANTE NAS SUAS EMUDECIDAS SUPLICAS AO CRIADOR, PARA QUE ÈLAS SE TORNEM VEEMENTES, E POR ÉLAS SE POSSAM REPETIR OS DIAS PRETERITOS DE FELICIDADE.

QUE O MUNDO POSSA VIVER OUTRA VEZ NUM CLIMA DE COMPRENSIVIDADE E DE PAZ.

QUE O BRASIL VOLTE A SULCAR OS ROSEOS DIAS DA PROSPERIDADE E DA ORDEM!

QUE ESTE ESTADO DE GOIAZ CONTINUE DA ESTRADA DO ENGRANDECIMENTO CONTINUO, TRANSFORMANDO A FERTILIDADE DO SEU SOLO, AS CONDIÇÕES DO SEU CLIMA, A INTELIGENCIA, A CULTURA, A OPEROSIDADE E O CIVISMO DOS SEUS FILHOS - TODA ESTA SUA EXTRAORDINARIA VITALIDADE - EM FATORES DA SUA GRANDESA POSTÉRA!

QUE PORTO NACIONAL NÃO SE DESVIE DA BRILHANTE TRAJETÓRIA QUE O DESTINO LHE TRAÇOU, E QUE, EM NOSSA REGIÃO, VOLTE A DRAPEJAR A BANDEIRA BRANCA DA FRATERNIDADE E DA UNIÃO, ABRIGANDO TÓDOS OS HOMENS DE

Continùa na 4ª. pagina

covardemente assassinado, de emboscada, presumindo-se que o crime se relacione, com questões políticas."

*O Popular*, jornal de destaque em toda a região de Goiás estampa: "Assassinado Prefeito de Pium" e acompanha por vários dias o crime de Pium, trazendo mapas ilustrativos do local e explicações técnicas descritas junto ao desenho elaborado pela perícia para relatar como se deu o assassinato, detalhes dos interrogatórios, da prisão dos principais acusados e do andamento do processo instaurado para apurar o crime.

## Resistência enfraquecida

Na noite em que ele morreu, o presidente da Câmara de Pium, Raimundo Alves, remete um telegrama ao secretário de segurança de Goiás, Rivadário Xavier Nunes. O secretário envia a Pium, o delegado José César Filho e dois soldados. Edmar Queiroz morador da região, lembra do depoimento do perito, afirmando que a pessoa que matou Trajano passou por ele, devendo ter falado com ele, porque foi muito perto: "Ele não ia deixar, rua escura, uma pessoa vir tão próximo dele, sem ele olhar ou sem ele reagir, então a opinião dele foi essa".

Os investigadores prenderam o cabo da PM José Pereira Chagas, acusado de ser o assassino e o conduziram à capital Goiânia, onde foi interrogado, torturado, expulso da corporação e por fim inocentado por falta de provas.

Segundo o jornal *Popular*, de 25 de abril de 1961, na capital estiveram presos ainda os ex-prefeitos de Pium Pedro Castanheira e Raimundo Nonato, inimigos de Trajano e suspeitos como mandantes do homicídio. O resultado é que todos foram inocentados e o inquérito arquivado por falta de provas.

Trajano Coelho Neto já vinha sendo ameaçado de morte desde o período da campanha eleitoral, "Meus amigos! fui informado nesse instante que vão me matar!", disse ele numa tarde de reunião em sua casa, como revelou Lourival Damasceno, morador de Cristalândia que na época residia em Pium.

Este incidente aconteceu no dia das eleições no local da apuração dos votos. "Mas ele era um homem destemido, então não deu atenção para a notícia", reforça Lourival.

Amigos do jornalista chegaram a avisar-lhe por várias vezes que tivesse cuidado com a sua vida, pois tanto as acusações que fazia aos administradores anteriores, quanto os polêmicos artigos que escrevia no jornal estavam incomodando muita gente. Ele tinha sempre uma resposta aos amigos: não acreditava que seus adversários fossem capazes de praticar o que realmente praticaram.

Com a morte de Trajano Coelho Neto, muitas pessoas desacreditaram do progresso na região Garimpeira, ou melhor, de Pium, e foram embora do lugar. Uma moradora de Pium disse a Maria Teixeira Coelho: "vou-me embora desse lugar, eu não moro num lugar onde se mata um homem como seu Trajano."

Os outros que permaneceram na cidade lamentam até hoje sua morte, atribuindo a inércia atual da região ao assassinato do prefeito empreendedor. Palavras de Ana Viana, moradora de Pium: "Até hoje eu tenho paixão porque parece que aqui ia ter futuro com ele como prefeito. A gente tinha aquela fé assim que ia melhorar, e fez foi acabar, porque foi a época que surgiu Paraíso, quando mataram ele. Aí o pessoal mudou quase tudo pra lá, ficou pouca gente aqui."

Com o assassinato do baluarte da idéia e propulsor da criação de *Ecos do Tocantins*, o jornal teve seus dias contados. Após a sua morte, o vice-prefeito José de Moraes assume a prefeitura e a direção de *Ecos do Tocantins*, veiculando mais nove edições com a ajuda de Luiz Moura, o gerente responsável pelo jornal em seus últimos anos.

José de Moraes foi brilhante pela iniciativa de fazer funcionar o jornal por mais esse período, responsabilizando-se pela redação das nove edições, que completaria assim as 600 edições de *Ecos do Tocantins*. Caprichoso, José de Moraes publica a última edição no dia 22 de julho de 1961, mesma data de sua criação, que ocorreu em 22 de julho de 1951.

Líbero Badaró
Samuel Wainer
Trajano Coelho Neto
Edmar Morel
Carlos Lacerda
Odylo Costa Filho
Otto Lara Resende
João Calmon
Luiz Beltrão
Mário Erbolato
Juarez Bahia
Alberto André
Herbert Levy
Monteiro Lobato
Arnon de Mello
Vitorino Prata Castelo Branco
Amaral Raposo
Landell de Moura

---

IV

# EDMAR MOREL
# Historiador dos oprimidos e artífice da moderna reportagem

Marco Morel

Ensaio publicado na revista *Imprensa* nº 174, agosto/2002, p. 59-66.

**Marco Morel** - Jornalista formado pela UFRJ e doutor em História pela Universidade de Paris. Professor de História do Brasil na Uerj – Universidade do Estado do Rio de Janeiro. Participante da equipe fundadora da Rede Alfredo de Carvalho

A revista *Imprensa*, com um convite de José Marques de Melo, propôs-me um bom desafio ao solicitar um texto sobre meu avô Edmar Morel (1912 - 1989). As primeiras lembranças que tenho foram embaladas numa rede, dessas típicas cearenses, que ele trouxe para o Rio de Janeiro, onde atuou sempre e foi um dos mais famosos repórteres do Brasil nas décadas de 1930 e 1960. Nos "causos" contados pelo avô ao neto escutei episódios que abrangiam os principais nomes da imprensa com os quais meu avô conviveu e trabalhou, como Assis Chateaubriand, Samuel Wainer, Roberto Marinho, Carlos Lacerda e muitos outros. Edmar protagonizou momentos importantes da história do jornalismo no século 20, incluindo reportagens de grande repercussão, campanhas, denúncias e relatos sobre jornais que desapareceram.

Edmar Morel teve atuação destacada nos movimentos antifascistas dos anos 30 e 40 e nas mobilizações nacionalistas dos anos 40 e 50, além de ter sido um dos primeiros cassados pelo golpe de 1964. As memórias da luta contra as censuras do Estado Novo e da ditadura pós-64 fizeram parte de minha infância e juventude. E ajudavam a compor um panorama de seis décadas de jornalismo e da trajetória dos jornais onde Edmar trabalhou, desde publicações de esquerda e de oposição como *A Manhã*, *Panfleto*, *Diretrizes*, e *O Semanário*, até os grandes veículos que modernizaram a imprensa, como *Jornal do Brasil*, *O Globo*, os órgãos dos Diários Associados e *Última Hora*.

Empolgado, eu descobri que meu avô passara por ventos e aventuras e fora o primeiro repórter brasileiro a realizar diversas façanhas: dar a volta ao Brasil em avião, subir ao Monte Pascoal (Porto Seguro), entrar nas florestas do Xingu, visitar a União Soviética em missão profissional, descobrir o paradeiro da expedição Fawcett na selva amazônica e a entrevistar dentro da prisão figuras como os líderes comunistas Luiz Carlos Prestes, Gregório Bezerra e o legendário ladrão Gino Menegheti. Suas narrativas englobavam temas candentes, como as filmagens de Orson Welles no Brasil (das quais participou), denúncias dos cárceres policiais no governo Vargas, a presença nazista na América do Sul, a devoção em torno do padre Cícero, a campanha do "Petróleo é Nosso", entre muitos outros assuntos.

Mais tarde pude compreender também que meu avô Edmar foi um dos criadores da moderna reportagem no Brasil, com papel de destaque ao lado de outros de sua geração. Eram artigos que mobilizavam o imaginário coletivo daquela época, marcada pela sede de progresso, expressando anseios e valores que permeavam a sociedade, muitas vezes colocando em xeque alguns desses valores estabelecidos. Com seu nome projetado pela mídia impressa e radiofônica, muitas vezes em manchetes de letras garrafais, Edmar teve a habilidade de não isolar-se. Suas reportagens de impacto eram lidas e comentadas

## Memórias da ABI: a resistência cultural e a luta democrática

*Marco Morel*

A geração de meu avô é fascinante. Foi ela que ajudou a politizar o país em profundidade, como assinalou o teatrólogo Oduvaldo Viana Filho, referindo-se a um conjunto de pessoas e a uma época marcante na recente história do Brasil. Acompanhei de perto momentos em que meu avô Edmar Morel freqüentava a Associação Brasileira de Imprensa (ABI), nos anos 1970 e 1980. A luta pela liberdade de expressão, pelos direitos humanos, pela defesa da soberania nacional e pela radicalidade dos ideais democráticos na construção de uma sociedade mais justa era a marca desta paixão e a ABI o espaço privilegiado onde ele atuava. A ABI também como lugar de sociabilidade, de encontros, de bate-papo, discussões que fazem parte desta teia cotidiana que é fazer política e estar no mundo. As famosas "rodinhas" com Eneida, Álvarus (e seu inconfundível bigode), Nássara, Jota Efegê (e a inseparável gravatinha borboleta); com calejados e competentes militantes comunistas como Antonio Mesplê, Pedro Motta Lima, Gumercindo Cabral; escritores que freqüentavam a entidade, como Carlos Drummond de Andrade (que ali assumia seu lado *gauche* e não se cansava de criticar o regime político), Guilherme Figueiredo, Raimundo Magalhães Junior, Raimundo Faoro, Mário Barata e tantos outros. Além de dirigentes da instituição e intelectuais de destaque, como Danton Jobim, Prudente de Moraes Neto, Barbosa Lima Sobrinho e Fernando Segismundo. Experientes jornalistas, vividos, generosos e de diferentes credos políticos, como Gomes Maranhão, Abelardo Jurema, Helio Fernandes, José Chamilete, João Saldanha (para mim era acima de tudo o técnico da seleção campeã de 1970) e Ivan Alves. Sem falar de honrados e corajosos militantes, muitos vindos da geração de 1935, como Henrique Miranda, Paulo Motta Lima, e outros mais novos, como Augusto Villas Boas, Pompeu de Souza, Nilson Azevedo, além da (então) nova geração, como Modesto da Silveira, Mauricio Azêdo, Ronal-

nos bondes, nos cafés, nas rodas de família e nos gabinetes das autoridades.

Entre suas matérias mais conhecidas, aparecem: a da égua "Farpa" que bebia baldes de leite durante o racionamento da 2ª Guerra no Brasil, que levou diversas leiterias a serem depredadas por populares furiosos; a busca da Expedição Fawcett nas selvas do Xingu; as da Campanha Nacional da Aviação; a denúncia de leite contaminado distribuído à população no então Distrito Federal; a cobertura dos jangadeiros que fizeram a épica travessia Fortaleza-Rio de Janeiro e que foram filmados por Orson Welles; as prisões superlotadas às vésperas

**Nos tempos da resistência à ditadura militar (anos 1970)**

do Buarque e David Fischel. Todos, de algum modo, deram sua contribuição ao embate contra o Leviatã, deixando e levando marcas.

A ABI tornara-se, depois do golpe civil-militar de 1964, um guarda-chuva democrático, espaço não apenas de convivência, mas também de resistência. Era impressionante para os olhos de um adolescente assistir encontros e debates no auditório da entidade: certo dia era um sindicalista barbudo chamado Lula pregando a criação de um partido dos trabalhadores; outro dia era um senador e usineiro alagoano, Teotônio Vilela, pregando a anistia para presos e exilados; no fim de semana havia sessões de filmes alternativos ou censurados no Cineclube Macunaíma; marcante foi o grupo com cartazes nas mãos trazendo fotos de familiares "desaparecidos" nos porões da repressão; fazia dó ver o 7º andar, da Diretoria, literalmente em pedaços, destruído por uma bomba jogada por grupos paramilitares.

Meu avô, como tantos outros na ABI, tivera seus direitos políticos cassados, isto é, não podia votar, nem ser votado, nem ter cargo público ou empréstimo de bancos oficiais, por exemplo. Cassado mas não castrado, como costumava brincar (era sempre brincalhão, de bom humor), foi nesse contexto, pelo qual os grandes jornais fechavam as portas para ele e outros grandes jornalistas numa demonstração de totalitarismo político, que Edmar Morel começou a fazer as pesquisas que resultaram no livro sobre a ABI – que recebeu o Prêmio Gustavo de Lacerda instituído pela Casa como a melhor monografia sobre o assunto no difícil ano de 1968. Nos anos seguintes, até 1984, ele elaborou pacientemente a pesquisa e a redação definitiva do texto, quando sobrava tempo na busca pelo ganha-pão, pois a aposentadoria de jornalista era insignificante e não dava para viver.

Sem nenhuma propriedade privada além dos livros, de um Fusca usado, das roupas e móveis do apartamento, Edmar faleceu no Rio de Janeiro aos 77 anos, nas vésperas da eleição de 15 de novembro de 1989, abatido pelas doenças, mas ainda guardando a mesma têmpera do "foca" que viera do Ceará cavar um lugar ao sol no Rio de Janeiro.

Na redação do jornal *O Lendário*, a luta anti-imperialista

do suicídio de Getulio Vargas; o *doublé* de príncipe e escroque Gabriel Inellas, que vendia títulos de nobreza à prestação para almirantes, generais e empresários; a descoberta de campos de concentração no Paraguai, etc.

Edmar Morel pisava em campos distintos, transitava na fronteira (ou corda-bamba) entre os modernos meios de comunicação de massas (a imprensa) e aquelas aspirações políticas e sociais mais agudas, identificadas no campo da esquerda nacionalista e democrática, não raro mais "à esquerda" do que as diretrizes do Partido Comunista. Fazendo esta ponte, ele foi talvez o criador de um determinado estilo de fazer reportagem, ao qual ele denominava "reportagem popular."Que teve seu apogeu justamente nos anos 1940 – 1960 (o chamado período nacional-popular) e foi por água-abaixo com o golpe civil-militar de 1964, rompendo a ponte e a corda-bamba.

Daí porque a memória pessoal, transmitida do avô ao neto, passa a ter uma dimensão histórica. É que após o golpe de 64, o nome de Edmar Morel praticamente desaparece dos grandes meios de comunicação de massas, resultado de uma perseguição implacável movida por chefes militares e delatores civis. Sempre na resistência corajosa, escreveu em 1965 um livro-reportagem denunciando a "quartelada", cujos volumes foram apreendidos em várias cidades.

As gerações atuais praticamente ignoram a existência daquele que fora chamado "repórter das multidões" alguns anos antes. A ruptura da memória foi brusca. Mesmo assim Edmar nunca deixou de colaborar em jornais e foi acolhido, sobretudo, pela revista *Nacional*, de Mauritônio Meira, e pela *Tribuna da Imprensa*, de Helio Fernandes.

Defensor intransigente da liberdade de expressão, Edmar nunca apegou-se a nenhum partido político, situando sua trincheira na militância pluralista e democrática da Associação Brasileira de Imprensa (ABI), da qual foi o primeiro historiador e onde conviveu de perto com presidentes da entidade como Barbosa Lima Sobrinho, Herbert Moses, Danton Jobim e Fernando Segismundo.

Edmar Morel foi ainda autor de 16 livros, a maioria de História do Brasil, sendo chamado pela crítica de "historiador dos oprimidos."

# Façanhas de jornalistas que fizeram história

Episódios contados por Edmar Morel em seu livro póstumo
*Histórias de um repórter* (Rio de Janeiro: Record, 1999)

## Roberto Marinho deu tabefes no censor

"*O Globo* muito sofreu depois que a censura passou a ser exercida pelos fascistas brasileiros, com gente recrutada no que havia de pior na sociedade. Roberto Marinho, um dia, perdeu a paciência e deu uns tabefes no infeliz censor, botando-o para fora da redação. Foi um Deus nos acuda. Chegou a correr o boato de que o jornal seria fechado e seu proprietário se exilara numa embaixada. À tarde Roberto Marinho foi localizado jogando bilhar no salão ao lado da redação. Os tabefes tiveram efeito positivo. Mandaram novo censor e o jornal parou de atrasar. Anos mais tarde, fazendo uma reportagem sobre o tráfico de tóxicos na Lapa, encontrei aquele censor atirado numa sarjeta, um farrapo humano." (Rio de Janeiro, Estado Novo - 1938)

## Chateaubriand e Churchil

"Certo dia cruzei com Assis Chateaubriand andando a pé pela avenida Rio Branco. Deu-me o braço, hábito muito seu, e saímos passeando. Ao chegar na rua do Ouvidor, parou e disse:

— Você já pensou quando eu mandar buscar o Churchil para desfilar aqui pela avenida, em carro aberto, sob uma chuva de pétalas de rosa?

Ele usava a expresão "mandar buscar Churchil" como quem mandava chamar um artista de rádio.

— Dr. Assis, soube que o senhor comprou um quadro de Churchil para o Museu de Arte de São Paulo. Que tal?

— Meu filho, uma merda! "

## Chateaubriand e o cacique tupiniquim

Levando seu filho Mário, com três anos de idade, Edmar Morel acompanhou Assis Chateaubriand para o batismo do avião "Duque de Caxias", no Iate Clube Fluminense, durante a Campanha Nacional da Aviação. O dono dos Diários Associados pôs-se a servir champanha aos convidados numa bandeja. Como fossem muitos a atender, quis entregar ao repórter outra bandeja cheia de taças.

— Venha servir também, meu filho.

— Desculpe dr. Assis. Mas eu não sirvo. Não nasci com vocação para garçom. Além disso, não daria a meu filho um exemplo de servilismo, desculpe!

Não se contendo no seu súbito acesso de cólera, Chateaubriand atirou ao chão, cheia de taças, a bandeja que ia lhe entregando. Um escândalo. Morel saiu dali considerando-se demitido. À noite, Chateaubriand mandou chamá-lo:

— Seu gesto, meu filho, foi de um autêntico cacique tupiniquim. Infelizmente

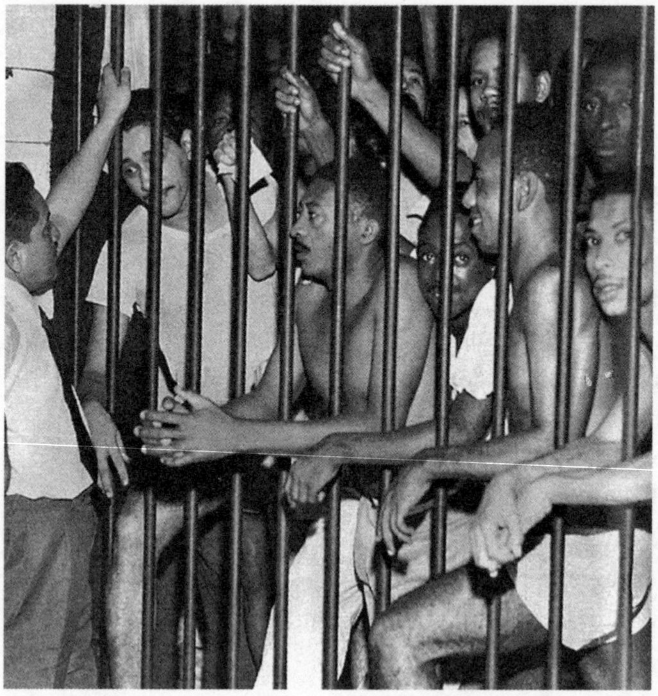

Às vesperas do suicídio de Getúlio, o escândalo das prisões superlotadas

essa burguesia desfibrada não compreende gestos como esse. Falta-lhe nobreza para isso. Vamos trabalhar, meu filho!

A partir desta data, Edmar Morel passou a ter um tratamento mais cordial e mais respeitoso da parte de Chateaubriand.

## Wainer e Vargas

Três meses antes do suicídio de Getulio Vargas, Edmar Morel deu um "furo" jornalístico, desvendando na *Última Hora*, de Samuel Wainer, o assassinato do jornalista Nestor Moreira por um policial, caso de grande repercussão que influenciaria no fim trágico do presidente da República. Visitando na ocasião os xadrezes policiais, Morel ficou impressionado com a superlotação: homens e mulheres em condições desumanas pareciam presos de campos de concentração. Tancredo Neves, ministro da Justiça, deu ao repórter autorização por escrito para visitar todas as prisões. O resultado foi que *Última Hora*, que naqueles dias sombrios tinha a tiragem reduzida a 15 mil exemplares, pulou com a denúncia para 330 mil. Isto foi no dia 20 de maio de 1954. Todo material foi apresentado de maneira sensacional. Wainer foi chamado ao Palácio do Catete e ouviu de Getúlio Vargas:

— A oposição não teria feito melhor…

Samuel Wainer, a despeito das pressões e da insinuação de Getúlio, não demitiu Edmar Morel.

## Lacerda e o jogo do bicho

"Carlos Lacerda, eleito primeiro governador da Guanabara em 1960, realizou uma viagem de volta ao mundo antes da posse. Fazia parte da pequena comitiva o bicheiro Raul Barulho, que recebeu as mesmas homenagens que Carlos, como hospedagens, recepções, encontros com autoridades, etc. Este detalhe mostra que a presença dos bicheiros em campanhas eleitorais, no Rio de Janeiro, é um processo antigo.

Conheci Raul Barulho no seu quartel-general, uma fortaleza do jogo-do-bicho na avenida Calógeras, Centro do Rio. Era um tipo desaforado, desbocado, que vangloriava-se de ter as costas quentes. Perguntei-lhe o motivo de sua presença na comitiva de Lacerda e ele respondeu-me:

— Sou um homem rico, tenho prestígio político e não dou satisfação de minha vida a quem quer que seja. Tenho entrada franca no Palácio Guanabara, onde sou considerado persona grata .

Este episódio o Carlos não publicou em seu livro de memórias. Não narrou a viagem e muito menos falou de seu amigo, o contraventor Raul Barulho."

# O lugar de Edmar Morel na História da Imprensa

*Nelson Werneck Sodré*

"Conheci Edmar Morel, já com a sua posição de grande repórter reconhecido por todos, em Última Hora, quando o vespertino de Samuel Wainer era como a Verdun da imprensa brasileira, ultrapassada a batalha que quase a destruíra, montada por um conluio pútrido entre os interesses antinacionais contrariados e a ciumada dos competidores incapazes de acompanhar o ritmo ali mantido e as largas iniciativas que colocaram aquele jornal na vanguarda da imprensa brasileira. Morel era uma das figuras destacadas de uma grande redação, que reunia o que o jornalismo possuía de melhor. Fizera o seu nome, antes, particularmente nos Diários Associados, com reportagens de enorme repercussão; passara por quase todos os grandes jornais cariocas e neles se destacara sempre como personagem singular. Em Última Hora, recrutado pela argúcia que Samuel Wainer possuía de escolher o melhor, exercia, na função específica que o distinguiria, uma influência muito grande, porque a reportagem, e à reportagem realmente importante é que me refiro, é o centro de gravidade do jornal: em torno dela, gira o resto, do noticiário ao editorial, quando o acontecimento que ela coloca em evidência é daqueles que merecem, sem dúvida, a atenção geral. Esse é o tipo de reportagens que Edmar Morel fazia.

Claro está que a imprensa brasileira, desde que a reportagem nela apareceu como gênero destacado – e Paulo Barreto teve nisso um papel importante – conheceu alguns bons especialistas, mesmo nos tempos em que Edmar Morel nela ingressou e trabalhou. Nenhum reuniu, como ele, entretanto, qualidades excepcionais de coragem, audácia, faro para o acontecimento insólito, capaz de atrair as atenções e prendê-las a ponto de absorver o interesse do público por dias e dias. Morel sabia extrair da ganga bruta do noticiário do dia aquilo que deveria merecer tratamento especial, aquilo que deveria ser objeto de reportagem. E partia para realizá-la, quaisquer fossem os obstáculos, enfrentando qualquer perigo, desafiando os impedimentos mais variados e incríveis.

Ele narra aqui, sem se demorar em cada uma e sem reproduzir os textos antigos, alguns desses feitos, que marcaram época e que os conhecedores não esquecem. Narra com simplicidade, com aquela fluência que sempre foi uma de suas marcas, com o realismo que sempre o distinguiu. Morel, além de tudo, tornou-se, com o passar dos tempos, uma figura lendária e assinalou uma época do desenvolvimento do jornalismo no Brasil, uma época que não voltará, ao que parece e infelizmente. Trata-se, portanto, de uma figura histórica. E figura que, pela sua inteireza, pela sua bravura, pelo seu comportamento honrado e lúcido, fixou um tipo.

Convivi com Morel, novamente, nas lides da imprensa, quando ele se incorporou à galeria extraordinária que Oswaldo Costa reuniu, em *O Semanário*, um dos instantes mais altos do desenvolvimento da imprensa brasileira. Ali, sob a batuta daquele que foi um dos nossos maiores jornalistas, Morel se destacou novamente, e como sempre. Recordo-me que, quando da crise resultante da renúncia de Jânio Quadros, no momento em que foi ensaiado, mais uma vez, o golpe que seria operado em 1964, foi Morel que, com Oswaldo Costa em Brasília, responsabilizou-se pela saída do jornal, que não faltou ao seu dever de lutar para que o golpe militar fracassasse, mantendo-o nas bancas e acusando, sem receio, os que imaginavam levar a coisa no grito. Fico honrado em estar, outra vez, junto ao meu velho companheiro de lutas, aquele que, honrando a sua atividade de repórter, foi, também, o cidadão exemplar que todos respeitam – como ele merece."

Fonte: Prefácio ao livro *Histórias de um repórter*, Rio de Janeiro: Record, 1999 (obra póstuma).

# O julgamento dos contemporâneos

**Barbosa Lima Sobrinho:** *"Conheci Edmar Morel ainda com as roupas do Ceará, mal chegado ao Rio de Janeiro. Perto dos vinte anos, dava ainda a impressão de um adolescente. Não havia dúvida de que era inteligente. Mas ninguém, naquela época, poderia imaginar que se firmaria rapidamente como um grande repórter, entre os melhores com que contamos. Basta ler as suas obras, pois que, em qualquer assunto, o que ele produz é sempre uma reportagem. A reportagem, na história, não prejudica a verdade dos fatos, nem o rigor da pesquisa. Dá-lhe, sim, a vivacidade e a vibração de um acontecimento, que acaba nos parecendo como um sucesso atual. Tudo o que conheço da vida de Edmar Morel o fez crescer na minha admiração. É uma grande criatura humana, bravo, corajoso, decidido, com um imenso coração, desses que nunca estão ausentes, nas horas más das vidas dos companheiros. É claro que quem sabe ser assim com os seus amigos, também não faltaria à sua pátria."*

**Rubem Braga:** *"Parece que Edmar Morel não tinha mais onde fazer reportagem e então deu um pulo no século passado. E não fez obra de historiador frio; escreve com a agilidade, a emoção e o irresistível interesse que fizeram dele um dos grandes repórteres de nosso tempo."*

**Francisco de Assis Barbosa:** *"Grande repórter, companheiro admirável, batalhador das causas em defesa da sua classe, a nossa classe, em favor de melhores salários e pela independência e dignidade no exercício da profissão, dos numerosos livros que escreveu, Edmar Morel conquistou, ainda, o troféu de historiador dos oprimidos, primeiro com seu corajoso livro A Revolta da Chibata e agora com Vendaval da Liberdade, sem dúvida uma bela e emocionante reportagem histórica."*

**Com o fim da 2ª Guerra, o repórter viaja além da linha do Equador**

**Alberto Dines:** *"No momento em que a imprensa converte-se em notícia - geralmente desfavorável – e rareiam os que lembram o jornalismo como a última profissão romântica, este relato de Edmar Morel deve funcionar como alento e estímulo. Edmar Morel queria consertar o mundo e, ao longo de seis décadas, fez do jornalismo a sua ferramenta. Foi essencialmente um repórter, poucas vezes abancou-se na cadeira de chefe e, graças a isso, converteu-se num dos melhores buscadores de informações que o Brasil já teve."*

**Joel Silveira:** *"Edmar Morel possui todas as qualidades que fazem o bom repórter, o repórter verdadeiro: é vivo, ágil e dono de um grande poder de observação. Sua maneira é a de um impressionis-*

*ta cheio de curiosidade: qualquer assunto, quando abordado por ele, tem que se mostrar na sua totalidade, despido de todos os mistérios e segredos, na sua plena nudez. É um repórter que, realmente, para usar a linguagem própria, "cobre" o assunto e o fato, e deles nos dá o retrato perfeito, sem retoques, um retrato neutro, exato."*

**Emil Faraht:** *"Os repórteres de nosso tempo estão repetindo Homero. Estão repetindo Xenofonte. Edmar Morel é um desses repórteres."*

**Fernando Segismundo:** *"Em suas produções literárias, Edmar Morel surpreende pelo domínio dos assuntos e a rapidez com que os elabora. Sucedem-se obras a curtos espaços, sem se repetirem, atraindo para o Autor aplausos de áreas sociais diversas."*

**Austregésilo de Athayde:** *"Edmar Morel, o repórter, entrou pelos matos com a sagacidade e o faro de um Stanley. Varou sertões e visitou tribos semi-bárbaras. Entreteve-se com muitos caciques e capitães indígenas, depois de longas cachimbadas pacíficas. Mais tarde, reduziu tudo a filmes, matéria de jornal e um livro. Grande trabalho de reportagem, à altura do dinamismo, inteligência e coragem desse rapaz, que salva a imprensa de hoje dos seus marasmos e monotonias."*

**Jorge Amado:** *"Ninguém melhor que o jornalista e escritor Edmar Morel para escrever a biografia de Lourenço Moreira Lima, o "Bacharel Feroz", secretário da Coluna Prestes e cronista da grande marcha. Trata-se do coroamento da carreira excepcional de um grande repórter, de um escritor de temas polêmicos, quando não proibidos, construtor de personagens grandiosos, de figuras marcadas todas elas pelo signo da aventura e pela paixão da liberdade."*

Na sacada da ABI, a "trincheira da liberdade"

## Bibliografia de Edmar Morel


• *Sob os céus de Porto Seguro: 1500 - 1939*, (em co-autoria com Assis Chateaubriand e outros) Imprensa Oficial do Estado, Salvador, 1940

• *Gago Coutinho e sua vida aventurosa*, Coelho Branco, Rio de Janeiro, 1941

• *E Fawcett não voltou*, (prefácio do general Cândido M. Rondon) Ed. O Cruzeiro, Rio de Janeiro, 1943 (Versão em história em quadrinhos com o título: *O mistério da Expedição Fawcett*, Bràsil América, Coleção Edição Maravilha, nº 170, Rio de Janeiro, agosto de 1958)

• *O Brasil visto dos céus*, Cruzeiro do Sul, Rio de Janeiro, 1946

• *Padre Cícero, o Santo do Juazeiro* (apresentação de Frederico Chateaubriand), Ed. O Cruzeiro, Rio de Janeiro, 1946; 2° edição (apresentação de Leandro Konder), Rio de Janeiro, Civilização Brasileira, 1966.

• *Dragão do Mar, o jangadeiro da abolição* (prefácio de Gago Coutinho e apresentação de Rubem Braga), Ed. Povo, Rio de Janeiro, 1949; obra revista pelo autor e republicada com o título de *Vendaval da Liberdade*, (apresentação de Roberto Pontual e prefácio de Gondim da Fonseca), Civilização Brasileira, Rio de Janeiro, 1967; 3° edição (acrescentada com introdução de Francisco de Assis Barbosa), Global, São Paulo, 1988

• *Moscou Ida e Volta* (apresentação de Joel Silveira) Pongetti, Rio de Janeiro, 1952; 2ª e 3ª edições, idem, ibidem, 1953

• *A Revolta da Chibata - Subsídios para a história da revolta na Esquadra pelo marinheiro João Cândido em 1910*, Pongetti, Rio de Janeiro, 1959; 2ª edição, revista e ampliada, Letras e Artes, Rio de Janeiro, 1963; 3ª edição, revista e ampliada (prefácio de Evaristo de Moraes Filho), Graal, Rio de Janeiro, 1979; 4ª edição, revista e ampliada (prefácio de Evaristo de Moraes Filho), Graal / Paz e Terra, Rio de Janeiro, 1986

• *O golpe começou em Washington* (apresentação de Joel Silveira), Civilização Brasileira, Rio de Janeiro, 1965

• *O Pai da Aviação* (prefácio de Rachel de Queiroz e apresentação de José Bento Ribeiro Dantas), Sindicato Nacional das Empresas Aéreas, Rio de Janeiro, 1966

• *Reportagens que abalaram o Brasil* (antologia em colaboração com Joel Silveira, David Nasser, Carlos Lacerda e outros), Bloch, Rio de Janeiro, 1973

• *Getúlio Vargas*, O Cruzeiro, Rio de Janeiro, 1974

• *Amazônia Saqueada* (prefácio de Barbosa Lima Sobrinho), Global, São Paulo, 1979; 2ª edição, idem, ibidem, 1984; 3ª edição, idem, ibidem, 1989 (Prêmio Oswaldo Orico, da Academia Brasileira de Letras)

• *A trincheira da liberdade - História da ABI* (prefácio de Hélio Silva, apresentação de José Nilo Tavares, introdução de Gerardo Mello Mourão), RioArte / Record, Rio de Janeiro, 1985; 2ª edição, Rio de Janeiro, Record, 1988 (Prêmio Gustavo de Lacerda, da Associação Brasileira de Imprensa)

• *A Marcha da Liberdade - a vida do repórter da Coluna Prestes* (prefácio de Jorge Amado e apresentação de Nelson Werneck Sodré), Petrópolis: Vozes, 1987.

• *Histórias de um repórter* (prefácio de Nelson Werneck Sodré e apresentação de Alberto Dines), Rio de Janeiro: Record, 1999 (obra póstuma).

Líbero Badaró
Samuel Wainer
Trajano Coelho Neto
Edmar Morel
Carlos Lacerda
Odylo Costa Filho
Otto Lara Resende
João Calmon
Luiz Beltrão
Mário Erbolato
Juarez Bahia
Alberto André
Herbert Levy
Monteiro Lobato
Arnon de Mello
Vitorino Prata Castelo Branco
Amaral Raposo
Landell de Moura

---

V

# CARLOS LACERDA
## O fascínio pelo jornalismo polêmico

Marcelo Pimentel

Ensaio publicado na revista *Imprensa* nº 173, julho/2002, p. 61-68.

**Marcelo Pimentel** - Mestre em Comunicação Social e professor da Faculdade de Jornalismo da Universidade Metodista de São Paulo (Umesp)

*Preciso que alguém assuma a Tribuna da Imprensa em São Paulo*, disse Carlos Lacerda a um grupo de estudantes da Faculdade Cásper Líbero que o assediara após uma palestra em 1949. Luiz Ernesto Kawall, extasiado com o pensamento do jornalista-político, dispôs-se prontamente ao desafio. Daí surgiu uma grande amizade que durou até a morte do mestre.

Carlos Lacerda era assim. Homem de ímpeto, rápido nas suas decisões, e acima de tudo de boa-fé. Confiara a missão de representar a tempestuosa Tribuna da Imprensa em São Paulo a um foca. E não se arrependeu.

Em cada lugar que passava devastava lideranças políticas com seu discurso e com seus artigos. E granjeava muitas adesões, sempre apaixonadas.

E a paixão foi o símbolo da sua vida. Paixão pelo jornalismo, paixão pela política, paixão pelo Brasil. É difícil (se não impossível) separar o Carlos Lacerda jornalista do Carlos Lacerda político. Havia uma simbiose entre os dois, uma conivência às vezes conflituosa para os padrões do jornalismo atual.

Mas ele fez história tanto na política como no jornalismo. Por quatro décadas sucessivas impregnou o jornalismo e a política brasileira, tornando-se um marco na vida nacional, para alguns até hoje sem precedentes.

## Jornalista precoce

Carlos Lacerda nasceu no dia 30 de abril de 1914, no Rio de Janeiro. Filho do político Maurício de Lacerda, herdou o interesse pela política e a facilidade para escrever

Carlos Lacerda

e discursar. Maurício exerceu diversos cargos públicos e mandatos eletivos, e foi considerado um dos maiores tribunos brasileiros.

Com 16 anos Carlos Lacerda iniciou a sua carreira como jornalista no Diário de Notícias. Ajudava a coluna assinada pela escritora Cecília Meirelles. Alguns falam que foi com 15 anos, em 1929. Tanto faz. Já em 1931 assina o seu primeiro artigo, destacando o caráter belicoso de suas palavras.

Em 1933 lança a revista *Rumo*, ligada à Casa do Estudante do Brasil. De 1936 a 1938 trabalhou na revista *Acadêmica*, no semanário *Diretrizes*, no Observador Econômico e Financeiro até chegar na coqueluche da época: os Diários Associados, de Assis Chateubriand. Antes disso, criara o Boletim da Associação Comercial. Iniciou o curso de Direito, mas abandonou no 2º ano.

## Parceria com Chateaubriand

No maior conglomerado de mídia do Brasil, Carlos Lacerda dirigiu a Agência Meridional e foi secretário de redação de "O Jornal", o mais importante da cadeia de Chatô. Durante a 2ª Grande Guerra Mundial ele perdeu a disputa para cobrir a Força Expedicionária Brasileira para o repórter Joel Silveira. Disse Chatô: "preciso do senhor aqui, doutor Lacerda".

Na secretaria de "O Jornal", Carlos Lacerda aumentou o número de repórteres e nomeou Vinícius de Morais para dirigir o suplemento literário. Mesmo em cargo de direção, Lacerda dedicava-se muito às reportagens. Isso deixava admirado o diretor Austregésilo de Ataíde, que certa vez acompanhou Carlos escrever à máquina durante 36 horas seguidas, envolvido em matérias relacionadas à guerra.

Lacerda gozava das mesmas regalias que David Nasser conquistara junto a Chatô, porque era o mais importante repórter brasileiro da época.

Mas uma matéria produzida pela dupla David Nasser e Jean Manzon encerrou a sua carreira nos Diários Associados. A entrevista com o interventor de São Paulo que proclamara o fim do café irritou Getúlio Vargas que exigiu uma retificação da matéria a Chateubriand. Lacerda negou-se ao trabalho e demitiu-se.

## Combate à ditadura de Vargas

Apesar do regime totalitário, e da forte censura do DIP (Departamento de Imprensa e Propaganda) do governo de Getúlio, Lacerda não deixou de combater a ditadura. Numa rápida passagem pelo Diário Carioca, em 1945 ele ingressa no Correio da Manhã. E o jornalista Carlos Lacerda intervêm na política brasileira iniciando o processo de derrubada do Estado Novo e o fim da censura com uma entrevista que fez o político paraibano José Américo de Almeida apresentar diversas denúncias contra o governo.

Em 1946 estréia sua mais famosa coluna, que se transformaria em título de jornal. "Da Tribuna da Imprensa", publicada no Correio da Manhã, foi o combustível necessário pra surgir o político Carlos Lacerda, vencendo as eleições para a Câmara de Vereadores do então Distrito Federal, com a maior votação até aí registrada. David Nasser chegou a dizer que os adjetivos de Lacerda impregnaram-se de nitroglicerina.

Já com forte atuação política, e ligação estreita com líderes da UDN (União Democrática Nacional), recebe ajuda de amigos para fundar o jornal *Tribuna da Imprensa*, em 1949, que se transformaria na sua grande trincheira de combate político. Daí começa a se confundir o jornalista com o político. Seus admiradores advogam que "fez ele um órgão voltado para os interesses superiores do País, desenvolvendo memoráveis campanhas contra a politicagem, contra a corrupção político-administrativa, denunciando negociatas, fraudes, imoralidades, e contra a subversão"[1]. Para os seus inimigos, o seu jornal era apenas uma alavanca para levá-lo à conquista do grande sonho de sua vida: chegar à Presidência da República, além de ser golpista e de usar de todos os artifícios para a conquista do poder.

1 Jornal *O Estado de S. Paulo*, 22 de maio de 1977, p. 5.

Por sua posição violenta contra o governo de Getúlio Vargas, Carlos Lacerda é preso em dezembro de 1951, mas logo é solto e aclamado por partidários que o esperavam na sede da *Tribuna da Imprensa*, na rua do Lavradio, no centro do Rio.

## Denúncias contra Wainer

Sua maior disputa foi com Samuel Wainer, companheiro de profissão que fundara o jornal Última Hora com o intuito de dar sustentação política ao presidente Getúlio Vargas. Dessa disputa surgiu o apelido de "O Corvo", que "Última Hora" o nomeou a partir de uma charge produzida por Lan, na passagem da morte do jornalista Nestor Moreira. Das denúncias de favorecimento ao jornal de Wainer à ríspida oposição a Getúlio, Lacerda foi fermentando a crise política no país, que desaguou no atentado da Rua Toneleros, em que ele ficou ferido, e o major Vaz foi morto por capangas ligados ao Palácio do Catete. Foi o auge da crise política que se agravou a ponto de Getúlio Vargas cometer o suicídio.

Carlos Lacerda também fez uso do rádio e depois da televisão. Sua oratória é um caso à parte de sua trajetória. Na edição especial de Fatos e Fatos sobre sua morte, uma retranca fala apenas do orador, com o subtítulo: "Na tribuna, poucos tiveram a coragem de aparteá-lo. E muitos se arrependeram quando o fizeram".[2]

2 Jornal *O Estado de S. Paulo*, 22 de maio de 1977, p. 5.

## O jornalista que virou político

Após a morte de Getúlio Vargas, Carlos Lacerda dedicou-se mais à política que ao jornalismo, chegando a governador do Estado da Guanabara, considerado até hoje um grande realizador de obras. E como governador, foi um dos principais articuladores do Golpe de Estado de 1964, e que voltou-se contra ele. Em 1968 fez seu último artigo para a *Tribuna da Imprensa*, pouco antes de ser cassado e ter seus direitos políticos suspensos por 10 anos. (É bom lembrar que Lacerda participou da Aliança Nacional Libertadora, ligada ao Partido Comunista Brasileiro, na juventude passando a ser líder da direita brasileira que combateu o trabalhismo de Getúlio Vargas.)

Mesmo assim, ele não deixou de escrever. Usando o pseudônimo de Júlio Tavares, escreveu diversos artigos para os jornais O Estado de S. Paulo e Jornal da Tarde, graças a amizade que mantinha com a família Mesquita.

O pernambucano Garibaldi Sá sintetizou o poder da caneta de Lacerda: "com ele o jornalismo político atingiu nível de repercussão e estágios de desassombro, agressividade, impiedade e quase panfletarismo, sem precedentes na trajetória de nossa imprensa, que registra outros, e muitos, exemplos de rara combatividade".[3]

3 *Jornal do Commercio* (PE), 17 de junho de 1975. Transcrito no livro *Em Vez*, de Carlos Lacerda.

E foi para a família Mesquita que Carlos Lacerda trabalhou intensamente nos últimos dias de vida. Dono da Editora Nova Fronteira, Lacerda iniciou a preparação da biografia de Júlio de Mesquita Filho e Francisco de Mesquita.

O já experiente jornalista Luiz Ernesto Kawall foi seu pesquisador por um ano, no trabalho de levantamento de informações sobre o Estadão. E no Estadão, Kawall escreveu o artigo "Lacerda, último encontro", em que diz: "(...)E assim se foi para o mistério da eternidade o chefe e o amigo, o padrinho e o quase pai de tantas lutas duras e alegres tertúlias. Que me ensinou a crasear e a combater o bom combate. O brasileiro acima de sua época, que voou tão alto quanto Ruy na literatura, Kubistchek na política, Vargas no gosto popular, que fez do jornalismo lição, profissão e exemplo, e da sua ação a busca do bem comum, da justiça e da liberdade (...)."[4]

4 Jornal *O Estado de S. Paulo*, 21 de agosto de 1978, p. 10.

## Propostas para o jornalismo

Além de deixar um clássico para o jornalismo, o livro a *Missão da Imprensa*, fruto de uma conferência, Carlos Lacerda sempre foi um profissional preocupado com os caminhos da atividade que abraçou desde a tenra idade.

"Na revista *Publicidade*, em 1944, ele fez sugestões para melhorar a escrita da imprensa. Comentando acerca do uso batido de 'ilustre' e outros adjetivos, Carlos disse que o estilo dos jornais brasileiros estava atrasado em 50 anos. A 'arte difícil' de apresentar boas entrevistas, escreveu, exigia, antes de mais nada, três coisas: as credenciais de quem fala, alguma coisa a dizer e a maneira pela qual se diz. E sugeriu que as fotografias acompanhando as entrevistas não deveriam sempre mostrar o entrevistador".[5]

5 John W. F. Dulles. *Carlos Lacerda, a vida de um lutador.* Vol. 1, p. 77.

Quando lançou a *Tribuna da Imprensa*, combateu a matéria paga, intitulando-a de "uma chaga do jornalismo brasileiro" e criticava as manchetes grandes e sensacionalistas.[6]

6 Jornal *O Estado de S. Paulo*, 22 de maio de 1977, p. 5.

Na primeira edição da *Tribuna da Imprensa* publicou um código de ética comercial, pelo qual proibia a publicação de anúncios indecentes ou propaganda comercial que iludisse o leitor.

O jornalista Murilo Melo Filho escreveu: "'Ele joga nas onze'. Fazia desde o seu artigo até a matéria principal da primeira página. Diagramava o *lay-out* e muitas vezes descia para a oficina, a fim de acompanhar a composição e a paginação".[7]

7 Jornal *O Estado de S. Paulo*, 22 de maio de 1977, p. 5.

Carlos Lacerda participou ativamente da Associação Interamericana de Imprensa, chegando a ser eleito em 1951, secretário-geral da entidade.

## Para entender Lacerda

Hoje existe o Centro Cultural Carlos Lacerda, que procura eternizar a obra do jornalista por meio de um informativo mensal e de uma página na internet. O *site* na Internet é *www.carloslacerda.w3br.com.*

O texto integral da conferência proferida em 1959 está reproduzido no livro *A Missão da Imprensa*, que integra a coleção "Clássicos do Jornalismo Brasileiro", dirigida pelo prof. José Marques de Melo e publicada, com introdução crítica da jornalista Cremilda Medina, pela EDUSP – Editora da Universidade de São Paulo.

Lacerda e Chateaubriand juntos contra a *Última Hora*

## A Geração Lacerda

"Vistes o jornalista que, por duro dever profissional, lida com a matéria mais perecível, a dos atos humanos de cada dia. E como que a desafiá-lo, viestes convidá-lo a extrair de tantos fatos uma lição e um roteiro. Quereis a substância de todas essas formas aparentes. Exigis que vos seja dado um breve roteiro para a vida, no dia entre todo feliz em que, pelo término do vosso curso, se inicia a vossa participação no esforço pela preservação da vida cívica." (...)

"Antes de mais, fique bem claro que a minha geração foi emparedada em vida pela imprevidência e pela complacência daquela que a antecedeu. A própria violência de que nos acusam resulta do esforço para destruir os muros da prisão em que nos encerraram o ceticismo e a demissão dos nossos antecessores. À parte as nobres exceções, graças a Deus numerosas, dos que fizeram todos os sacrifícios para dar testemunho da sua resistência, a geração que antecedeu a nossa deixou-se desfibrar pela perda do sentido moral da vida."

"A cultura, então, desligou-se da vida e passou a ser privilégio e artifício. A política, uma técnica entre iniciados, com regras herméticas, separadas do contexto da sociedade. Os homens podiam ser honrados em casa e desonestos na vida pública – e ninguém lhes tomava contas por essa contradição. A arte, sob a capa de que ao belo tudo é permitido, pôs-se a serviço de dentifrícios e refrigerantes, tornou-se decorativa, apenas, e converteu em sensualismo burguês o respeito ao mistério e à beleza do corpo humano. A técnica deixou de servir ao homem para servir-se dele, tomou a matéria plástica como o mais nobre material da sua construção."

"Descobriu-se o papel do instinto nos atos humanos, mas para logo exagerá-lo a ponto de suprimi-lo – limitando o homem a um conjunto de secreções."

"O esforço heróico de alguns homens, a luminosa aparição de alguns momentos não bastou para cercear a corrida do homem para a negação de si mesmo, da qual a bomba atômica é apenas um aspecto e não o mais trágico, pois a tragédia do homem está na sua submissão aos fatos consumados, na sua renúncia a intervir, na sua disposi-

Carlos Lacerda recebendo a Ordem do Jagunço, após reatar relacionamento com Assis Chateaubriand

ção de se considerar um servo automático da fatalidade, nome literário do determinismo. Por isto mesmo, os deterministas foram e são as maiores vítimas da superstição moderna."

## O sentido da vida: Cristo, Marx ou Freud ?

"A geração a que pertenço, por isto mesmo, foi a da recuperação do sentido da vida, perdido pelos leitores de um só livro, fosse este o de Marx ou o de Freud, ou ainda a Bíblia dos puritanos, seca, estéril, ardilosa e sofística."

"A cerração subia do brejo e nos fechava o caminho. Tivemos de abrir a nossa passagem lentamente, perdendo na caminhada os companheiros, orientando-nos mais pelo tato do que pela visão, mais pela intuição do que pela geografia. Por isto, mal vos podemos entregar, despedaçado, mas ainda vivo, o patrimônio das idéias e a tábua dos valores que possam nortear a vossa conduta. Por isto a vossa lição tem de ser menos dogmática do que expressa pelo testemunho."

"Somos as testemunhas de um tempo convulsionado por idéias mortas que empestam o mundo – e, mortas que sejam, matam ainda porque, mortas parecem indestrutíveis. São idéias que não fazem pensar, fazem sentir. Não obrigam a razão, desencadeiam reflexos. A primeira tentação a evitar, por isto mesmo, é o generalizado convite à vida apenas instintiva. É o instinto-rei que faz as ditaduras e a elas submete, jubiloso, o povo para o qual a liberdade passa a ser um bem dispensável. É o instinto que reclama a liberdade unicamente para oprimir, em nós mesmos, a consciência, a responsabilidade, que nos faz exigências nem sempre confortáveis."

## Pragmatismo e individualismo

"Na medida em que os homens se tornam exclusivamente práticos, deixam de ser úteis porque se tornam utilitários. A outra tentação, pois, a rechaçar é a que nos convida a confundir a vida com os seus aspectos mecânicos, dormir, comer, até o dia da morte, e morrer sem saber por que, depois de viver sem saber para quem."

"À tentação do êxito, à tentação da facilidade, soma-se uma sedução muito atual – que chamaríamos de complexo do rebanho."

Trechos da "Oração aos Moços", proferida em várias cidades brasileiras, a convite de formandos da turma de 1959.

"Por negar o individualismo estridente, aquele que confunde a virtude com o orgulho e se extrema em não submeter-se, menos pelo gosto da liberdade do que pelo nojo da humanidade, caem muitos na filosofia de Panurgio. Aonde vai um, vão todos. Andam aos

Lacerda articulou a indicação de Jânio com o candidato da UDN à presidência da República

bandos. Pensam em conjunto. Ninguém se encontra, todos se amontoam. Não são solidários. São coletivos. Desprezam a amizade cívica, porque esta exige um contingente"

"Individual, portanto a valorização da pessoa. Cultivam, até endeusam a entidade informe, de mil olhos e nenhuma visão própria, de mil bocas para o alarido. Ser informe de mil formas indistintas."

"Não devemos temer a solidão, se ela for necessária. Nem temos por que detestar a derrota, se for condição do nosso testemunho. Mas não devemos ter a solidão e a derrota por escopo e como um meio indispensável. Não nascemos para ser necessariamente sós nem para ser necessariamente derrotados. O nosso testemunho vale na medida em que possa encontrar quem o recolha. A nossa luta se justifica na medida em que tentamos convertê-la em vitória."

"Há uma tentação de que devemos, a todo custo, fugir ainda que pareçamos covardes. É a tentação do orgulho sobre o que fazemos, sobre o que somos ou julgamos ser. A julgar pela breve mas intensa experiência que vos posso transmitir, creio que o único meio de resistir a essa tentação é não se reservar apenas para as grandes ocasiões, e não se preocupar em fazer, mentalmente, a cada momento da vida, a nossa própria biografia. Não se poupar. Queimar alegremente a vida por um sério objetivo, eis o que se pode opor à tentação do orgulho, principalmente desse frio e cristalino orgulho intelectual, que gela a comunicação do homem com os outros homens."

## Ilusões perigosas

"Entre as tentações creio poder incluir também as ilusões em que somos, ao mesmo tempo, vítima e cúmplices – pois que as cultivamos na medida em que nos deixamos conduzir por elas."

"Entre as ilusões mais nocivas está a de que precisamos ser muito importantes – para sermos, realmente, alguém. Isto, se desejamos ser alguém e não, apenas, alguma coisa. Na verdade, cada um de nós é importantíssimo. Pois não somos, cada um, nós

Trechos da "Oração aos Moços", proferida em várias cidades brasileiras, a convite de formandos da turma de 1959.

mesmos? Não somos inimitáveis, insuscetíveis de sermos copiados? Não somos, cada qual, um indivíduo, quer dizer, um ser indivisível? Não constituímos, cada um, uma entidade íntegra, uma, completa em si mesma? Mas, por isto mesmo, não precisamos condicionar a nossa contribuição ao fato, bastante precário, de sermos aquilo a que geralmente se dá o nome de pessoa importante."

"Podemos ser ministro ou príncipe e não termos nenhuma importância nem para nós nem para nossa gente, nem para o nosso tempo. Podemos ter a mais humilde profissão e ser, em nosso pequeno círculo, um ser indispensável, porque amado."

"A ilusão de que precisamos ser importantes para que a nossa presença no mundo tenha significado faz com que muitos abram mão de tudo o que pode ser significativo a fim de chegarem a ser ilustres ou eminentes – mas sem importância nenhuma."

"Outra ilusão freqüente é a da facilidade. Uma pessoa dizia-me há dias, no interior de Minas: "parece que tudo aquilo que se faz sem dificuldade mais tarde ou mais cedo recebe um contra"."

"Não sei se tenho preconceito contra a facilidade. Em todo caso creio não exagerar se vos afirmo que na facilidade com que se obtêm vitórias está o segredo da sua inutilidade. O esforço é a argamassa do êxito que se constrói para se durar. A facilidade é própria dos nômades, mora numa barraca e deixa atrás de si a destruição, como certa lavoura tradicional brasileira, que se faz com a idéia de que o mundo vai acabar amanhã e tudo, hoje, pode ser loucamente devastado."

Da outra ilusão quase não precisaria falar-vos, se não fosse – creio – a razão do vosso convite para esta noite. É a ilusão da impunidade, do que faz dos exemplos da corrupção um sedutor, quase irresistível apelo aos nossos instintos mais vis."

"Vede o ladrão público. Vede o que engana os outros. Vede o que embrutece o povo e o que o corrompe com o seu próprio dinheiro. Vede o que macula o juramento e faz do perjúrio um título de honra, e assim se vangloria de ser esperto, convidando-nos a aplaudir a mágica que consiste em transformar em reles esperteza a nobre inteligência que ao homem foi dada para, por via dela, engrandecer-se e não, com ela, conspurcar-se."

Trechos da "Oração aos Moços", proferida em várias cidades brasileiras, a convite de formandos da turma de 1959.

**Fidel Castro e Lacerda: oposição ideológica**

"Não julgueis que está impune porque parece descuidoso e triunfante. Vede como se esconde de si mesmo, a poder de clamores e de festas. Este é o fantasma de si próprio. O fugitivo a correr da sua sombra. O medo psíquico até pelo medo físico se retrata. Não é temor aos outros que o domina. É o horror de si mesmo. É, sobretudo, espanto e dúvida, uma dúvida que o esmaga e cada vez mais sacrifícios exige."

"A facilidade que a corrupção proporciona, como a tranqüilidade que o comodismo propicia, são aspectos de uma só desgraça; a maior de todas, a de ter a vida ressecada."

## Verdade e Justiça

"Meus caros afilhados: esta semana mesmo tratei de lembrar a outros jovens, os de Ituiutaba, em Minas Gerais, que o dia da conclusão do curso de humanidades é propriamente o dia em que se encerram as escaramuças da adolescência que investe, com todas as sua certezas petulantes, sobre o mundo deslumbrado e grave da juventude. Entrais agora na idade em que desejareis salvar o mundo."

Não serei eu quem vos desencoraje. Salvai-o, pois podeis fazê-lo na medida em que vos salvardes seguindo o exemplo do Único que o salvou ganhando-o para nós e, para que o ganhássemos, perdeu.

"Não podereis nunca salvá-los de um golpe, num momento, segundo fórmulas mágicas infalíveis. Salvai-o cada dia, salvai-o preservando-o em vós mesmos, salvai-o dignificando-o, salvai-o pelejando, salvai-o resistindo, salvai-o trabalhando, salvai-o recriando, salvai-o alegrando-o com vossa presença, salvai-o integrando-vos nele sem

Trechos da "Oração aos Moços", proferida em várias cidades brasileiras, a convite de formandos da turma de 1959.

**Carlos Lacerda lidera a invasão e a depredação da gráfica do IAPB, no Rio de Janeiro**

vos entregar a ele, salvai-o recusando-vos às tentações da facilidade e do êxito, rechaçando o orgulho e desprezando a indiferença; salvai-o pelo amor, pois o ódio é até agora o modo mais seguro de perdê-lo."

"O desafio que me fizerdes, convidando-me para extrair dos fatos de cada dia, que são a substância do meu trabalho, uma lição que vos pudesse aproveitar, é uma projeção, vejo agora, do próprio desafio da adolescência. Vós desafiais o mundo a que se deixe salvar pelo vosso entusiasmo, pelo vosso devotamento, pela pureza de vossas intenções."

"Pois a única lição que vos posso dar é a que procuro dar a mim mesmo. Sejamos cristãos autênticos, quer dizer, militantes da Verdade e da Justiça. É na indiferença que as pessoas se degradam."

"O fato moral é a única realidade permanente na vida das nações e na das pessoas. Dispensá-lo, dá-lo como inexistente ou irrelevantes é também um modo de afirmá-lo. Ao suprimi-lo, já se fez uma opção. O resto são aparências, circunstâncias, ocorrências, episódios. Eis a lição que vos pode propor quem, lidando com episódios, ocorrências, circunstâncias e aparências, se esforça por não se deixar dominar pelo lado anedótico da vida."

Trechos da "Oração aos Moços", proferida em várias cidades brasileiras, a convite de formandos da turma de 1959.

Líbero Badaró
Samuel Wainer
Trajano Coelho Neto
Edmar Morel
Carlos Lacerda
Odylo Costa Filho
Otto Lara Resende
João Calmon
Luiz Beltrão
Mário Erbolato
Juarez Bahia
Alberto André
Herbert Levy
Monteiro Lobato
Arnon de Mello
Vitorino Prata Castelo Branco
Amaral Raposo
Landell de Moura

VI

# ODYLO COSTA FILHO
## O jornalismo como arena de debates

Antonio Teixeira Barros

Ensaio publicado na revista *Imprensa* nº 171, maio/2002, p. 73-80.

**Antonio Teixeira Barros** - Bacharel em Jornalismo pela Universidade Federal do Piauí. Mestre em Comunicação e doutor em Sociologia pela Universidade de Brasília. Professor do Centro Universitário de Brasília e do Instituto de Estudos Superiores de Brasília – IESB. Editor da Revista Internacional de Folkcomunicação.

*A história do jornalista maranhense que começou a escrever aos 16 anos e chegou a ocupar cargos importantes nos principais jornais e revistas do País. Destacou-se pela inovação profissional, com técnicas jornalísticas experimentais, e pelo combate à censura do DIP, durante o Estado Novo.*

Odylo Costa Filho teve uma atuação marcante na imprensa brasileira. Exerceu funções jornalísticas de destaque em jornais importantes como *Jornal do Commercio, Diário de Notícias, Jornal do Brasil* e *Última Hora* e revistas do mesmo porte, como *Senhor, O Cruzeiro, Realidade, Veja* e *Vogue*. Documentos do Centro de Memória do Jornalismo da ABI (Associação Brasileira de Imprensa) registram que ele teve desempenho marcante tanto pelo caráter inovador de suas gestões, sobretudo em cargos de chefia, como no engajamento político ao combater o Estado Novo.

A inovação profissional se deve à sua incansável busca de novas formas de apuração de notícias, primando sempre pela rapidez e consistência das informações. Além disso, é citado como um talentoso editor na descoberta e treinamento de jovens profissionais. Quanto à sua trajetória de engajamento político, destaca-se sua capacidade de driblar o esquema de censura que foi imposto pelo governo Vargas, a fim de "domesticar" a imprensa brasileira. Odylo Costa Filho, contudo, sempre buscou caminhos para não se render ao esquema de censura vigente durante o regime do Estado Novo, quando trabalhava no *Jornal do Commercio*, no Rio de Janeiro. Era ele quem assinava artigos políticos, sob

O maranhense que ajudou a renovar o jornalismo brasileiro

a censura do DIP (Departamento de Imprensa e Propaganda). Por isso, afirma que aprendeu a driblar proibições absurdas dos censores, como o uso da letra "V" para iniciar qualquer matéria, título, machete ou subtítulo, pois os censores do DIP alegavam que essa letra poderia ser associada ao símbolo da vitória dos países contra o Eixo nazi-fascista. Outra proibição considerada inusitada por Odylo Costa Filho foi o uso da palavra "neutralidade" nos jornais, sob a alegação de que tal vocábulo poderia criticar indiretamente a postura oficial de alinhamento incondicional à política dos aliados contra os países do Eixo.

Posteriormente, no Diário Carioca (DC) ele teve a oportunidade de vivenciar a introdução do esquema jornalístico do *lead* e *sublead*, nos moldes da "pirâmide invertida", modelo oriundo da imprensa americana. Sob o comando do então editor Luís Paulistano, Odylo Costa Filho, ressalta que o modelo do *lead* foi usado pela primeira no Brasil pelo DC, mas com a preocupação de adaptá-lo à realidade brasileira da época. Em depoimento que consta nos arquivos da ABI, ele explica que a introdução da "pirâmide invertida" representa a transição da imprensa brasileira da fase que ele denomina "artesanal" para a fase industrial. Como toda inovação técnica, diz ele, o *lead* acarretou conseqüências positivas e negativas. Positivas do ponto de vista da profissionalização, da agilidade, da padronização e, sobretudo, do ponto de vista empresarial. Entretanto, complementa, "se houve um progresso em termos técnicos, houve também inegavelmente um estrangulamento da imaginação da imprensa. As razões são várias, inclusive o fato de hoje a imprensa representar altos interesses comerciais".

Esse breve apanhado da experiência profissional de Odylo Costa Filho já é suficiente para demonstrar que sua história de vida não se limita apenas à sua trajetória jornalística, mas reflete todo o contexto e um conjunto de relações que são característicos do campo jornalístico de então, tanto do ponto de vista interno como externo. Sua biografia não se resume à sua história de vida. Ela é também a biografia de sua geração e um capítulo importante da história e da formação da imprensa brasileira e da cultura nacional. Entre os aspectos mais importantes podemos destacar: a formação em Direito, Letras e o exercício do jornalismo. Odylo Costa Filho formou-se em 1933 em Ciências Jurídicas e Sociais "por força espontânea ou necessária" como todos os jovens da classe média urbana da época, como registra Otto Lara Resende, no artigo "Por entre astros subindo", publicado em *O Globo*, após a morte de Costa Filho (26.8.79). A Escola de Direito, destaca Resende no mesmo artigo, "era a porta universal que dava um diploma no mínimo inofensivo; e não trazia incompatibilidades profissionais, sobretudo aos homens de letras".

Suas incursões pela literatura, poesia e dramaturgia decorrem, portanto, de sua formação e do clima cultural de uma época em que não havia a profissão de escritor, poeta, dramaturgo e muito menos de jornalista. A formação jurídica era, por isso, o escudo contra o preconceito que estava atrelado ao campo literário e artístico, geralmente associado à ociosidade e à boemia.

Mas ele só chegou à poesia aos 50 anos. E isso não foi exclusividade sua. Vários outros intelectuais brasileiros levaram muito tempo para adquirir reconhecimento no campo literário, como é o caso de Manuel Bandeira, que só recebeu os primeiros direitos autorais aos 50 anos. Isso se explica porque, segundo Otto Lara Resende, seu amigo pessoal, o jornalismo é dispersivo (daí seu caráter "cigano e boêmio"), enquanto a poesia "é toda concentração, condensação."Mas garante o amigo pessoal que "Odylo conseguiu viver um cotidiano jornalístico e poético, mais poético, também efetivamente, à medida que amadureceu."Sobre isso, confessa: "há muitos anos, ambos jovens rindo do que conversávamos, ao sair de um botequim na travessa do Ouvidor, Odylo me disse que é muito difícil envelhecer dignamente; envelhecer sem envilecer; ou viver sem aviltar-se, como no *jeu de mots* francês".

## A "cachaça do jornalismo"

Mas ele começou a escrever muito antes, aos 16 anos de idade, quando, segundo Otto Lara Resende, "foi ungido pela cachaça do jornalismo", uma alusão ao "vício" de escrever e de envolver-se em polêmicas e debates, atitude que tanto atraía os jovens da época, que faziam do exercício do jornalismo uma arena de debates, um fórum de discussões literárias, filosóficas, jurídicas e políticas, nos moldes do jornalismo literário europeu do século 17. Trata-se de uma época em que o jornalismo brasileiro era opinativo por excelência. Mais do que a notícia ou a reportagem interessava a opinião bem articulada, o comentário, o artigo de fundo, o ensaio analítico, a crítica em profundidade.

Ao lado da literatura, da poesia e da dramaturgia, como destaca Otto Lara Resende, o "jornalismo era ainda mais fatal", pois era "a outra vertente", com a vantagem de ser "como o emprego público, o ganha-pão sem alternativa dos especialistas em idéias gerais, como quase sempre é, ou era, o escritor – um homem sem profissão", como se autodenominou Oswald de Andrade.

E a "cachaça do jornalismo" realmente viciou Odylo Costa Filho, com todas as suas conseqüências, a exemplo de outros intelectuais da época que foram atingidos pelo clima de apelo à vida pública e o "franciscanamente desinteressado interesse pelo Brasil, pelas coisas, todas as coisas do Brasil", como lembra Otto Lara Resende, em seu artigo já citado. E foi o curso de Direito que lhe propiciou esse legado. Primeiro pelo clima universitário da época. Segundo pela natureza e estrutura do campo intelectual, em que política e cultura eram entendidas como faces da mesma moeda.

O jornalismo da época assumiu as características pessoais de seus idealizadores e militantes. Não se tratava de uma profissão, de um meio de sobrevivência material, mas de uma ideologia, de um meio de sobrevivência imaterial, de manifestação de subjetividades, de ideais, de opiniões. Um espaço de expressão de convicções (no sentido weberiano), uma arena discursiva, direcionada para a polêmica, a reflexão desinteressada, a crítica iluminista e não de responsabilidades formais, relações estratégicas e compromissos profissionais propriamente ditos. É por isso que Otto Lara Resende caracteriza essa fase do jornalismo brasileiro como um momento "erradio e cigano" e ainda "uma profissão madrasta".

Com o passar dos anos, a imprensa brasileira vai se transformando, mas Odylo Costa Filho consegue se manter como jornalista, assim como tantos outros "instáveis ciganos" ou "sobreviventes de um naufrágio", mas ao mesmo tempo "testemunhas pioneiras de um vasto oceano a descobrir", nas palavras do amigo Otto Lara Resende, que a respeito das transformações da imprensa brasileira, faz o seguinte comentário: "a imprensa transformou-se, concentrou-se. Jornais aparentemente eternos morreram. O rádio e a televisão arrobaram o tímido jornalismo aldeão e o obrigaram a ceder lugar à arte, ou até à ciência da Comunicação."Entretanto, complementa, "o que é espantoso é como Odylo conseguiu sobreviver, com o seu farnel provinciano de piauiense-maranhense que teve a sorte de nunca desprender-se de sua terra natal".

## Adversidades e boemia: a lição aprendida

Se o exercício do jornalismo era tão precário, Odylo Costa Filho não reclama. Ao contrário, deixa subentendido que as dificuldades funcionaram como uma permanente escola. Quando começou na profissão, destaca, "não havia, perfeitamente definido, o cargo de Secretário de Redação." Dentro do jornal, o repórter era responsável por quase todas as funções e etapas referentes à produção da notícia. Entretanto, a sociedade o via apenas como "um simples recolhedor de notícias", chamado freqüentemente de "o rapaz da imprensa."A rotina era árdua, exigindo muito mais dos repórteres, que faziam rodízio nos plantões noturnos, independentemente de seus méritos e experiências. Eles assumiam toda a responsabilidade pela edição do dia seguinte do jornal. "Era um encargo pesado, mas um bom desafio, a exigir esforço e dedicação", lembra ele em seu depoimento. Além disso, destaca que não havia pauta para o trabalho diário. Cada setorista respondia pela sua área.

Na época, não havia reportagem geral. A redação se dividia em dois setores: um ligado aos chamados "temas públicos", que cobria assuntos ligados ao Palácio do Catete, Câmara dos Deputados, Senado e Ministérios e outro que cuidava dos temas artísticos, sobretudo música e literatura, assuntos tão profícuos na cidade do Rio de Janeiro, na década de 1930. Coube a ele fazer a cobertura relativa ao Ministério do Trabalho, pasta ocupada na época por Lindolfo Collor, que recebera a incumbência de Getúlio Vargas de estudar e promover a criação de uma nova legislação trabalhista. A cobertura dos assuntos locais – sobre a cidade – resumia-se ao acompanhamento do trabalho da prefeitura e da polícia. Outra informação curiosa e relevante que consta no depoimento de Odylo Costa Filho é que não havia mulheres na redação. A única exceção fora Eugência Alvaro Moreira, que já deixara de trabalhar quando ele chegou ao Rio.

Isso mostra claramente a natureza do jornalismo praticado na época, dirigido quase inteiramente para os órgãos públicos, principalmente os titulares dos cargos do alto e médio escalões e a intelectualidade e os artistas, sobretudo considerando-se o contexto da cidade do Rio de Janeiro no período, capital do País, sede do poder político e palco dos principais movimentos artísticos e literários. Por tudo isso era que a cidade concentrava os principais jornais do Brasil. Foi nesse clima que Odylo Costa Filho ingressou no *Jornal do Commercio*, em 1931, depois de sua experiência precoce em Teresina. O *Jornal do Commercio* era dirigido na época por Félix Pacheco. Além disso, era considerado na então "o jornal das elites conservadoras."Apresentava conteúdo e forma tradicionais, além de fazer uso de "técnicas antigas e se apegar às velhas práticas editoriais, como a de publicar uma edição especial de Finados, com reportagens nos cemitérios e, até mesmo uma crônica editorializada sobre o dia", como afirma o próprio Odylo Costa Filho, em depoimento arquivado pelo Centro de Memória do Jornalismo da ABI. Seu concorrente era o *Jornal da Manhã* (JM), considerado o líder de preferência entre os leitores das "elites liberais progressistas."O *Jornal do Brasil* (JB), aparece em seu depoimento como "inexpressivo", a ponto de seus repórteres serem apontados apenas como "sujeitos amáveis e pitorescos".

O complemento dessa "escola" era o convívio que o jornal proporcionava com poetas e intelectuais da época, como ele mesmo lembra: "os jornais eram pontos de convergência para a intelectualidade que fluía e refluía, à noite, dos bares para as redações e vice-versa." No *Jornal do Commercio* especificamente, lembra ele, "havia um forte núcleo desta boemia, liderado pelo poeta Henrique Costa, que morreu muito moço, vítima de duplo edema pulmonar. Mas, apesar disso, trabalhava-se muito e bem".

Cenas da vida privada

## Atuação política

Com a redemocratização, em 1945, Odylo Costa Filho deixou o *Jornal do Commercio* para assumir a direção da Secretaria da União Democrática Nacional (UDN), à frente da qual encontrava-se Virgílio de Mello Fausto. Sua escolha para o cargo, conforme documentos da ABI, ocorreu em função de sua desvinculação de qualquer grupo jornalístico, independente que era para engajar-se politicamente, sem as injunções empresariais dos diretores e proprietários de jornais, ao contrário de Prudente de Moraes e Pompeu de Souza, que também foram cogitados para a função. Entretanto, sua atuação na UDN foi curta. A chamada política de "união nacional", que levou a UDN a compor-se com o governo do Marechal Dutra acarretou dissensões internas, culminando com a saída de Virgílio Mello Franco. Odylo Costa Filho preferiu afastar-se também.

Em 1950, ele aceita convite para exercer a chefia da seção de política do *Diário de Notícias* (DN). Pouco tempo depois assumiu a coordenação geral do Jornal, cargo equivalente ao de editor-chefe. Uma curiosidade que ele revela em seu depoimento é que muitos proprietários de jornais detinham o cargo maior apenas como artifício para garantir a isenção de imposto de renda, que na época era garantida a quem exercesse funções jornalísticas. Sua principal atuação nesse cargo culminou com a campanha eleitoral do brigadeiro Eduardo Gomes, quando a UDN – agente da deposição de Vargas – tentava alcançar o poder. Mesmo não conseguindo, ele apoiou a nova campanha oposicionista em 1954. Com o suicídio de Vargas, assume Café Filho, que convida Odylo Costa Filho para a direção da Rádio Nacional e do jornal *A Noite*.

Durante a campanha de Assis Chateaubriand para o Senado, pelo Maranhão, em 1953, Odylo Costa Filho engajou-se mais uma vez. Alegando defender seu estado, opôs-se à candidatura de Chateaubriand, rompendo relações com o proprietário dos Diários Associados. Mais tarde, Chateaubriand tentou atraí-lo, convidando-o para assumir a direção do *Jornal do Commercio*. O convite não foi aceito, mas serviu para a conciliação, a qual abriu caminhos para o convite seguinte: assumir a direção da revista *O Cruzeiro Internacional*. Foi nesta revista que ele pôs em prática um conjunto de técnicas experimentais de jornalismo, como a de "esgotar determinados assuntos em uma só reportagem", com matérias do tipo "tudo sobre", a exemplo da edição dedicada ao Aleijadinho. Inovou também com espaços para reportagens menores sobre temas considerados igualmente menores, mas que permitiam a publicação simultânea de muitos assuntos, tornando a revista mais dinâmica e, ao mesmo tempo, objeto de interesse de diferentes segmentos de públicos. Aqui, percebemos claramente o uso de técnicas jornalísticas aliadas a estratégias de *marketing* editorial.

Em plena atividade, na chefia da redação

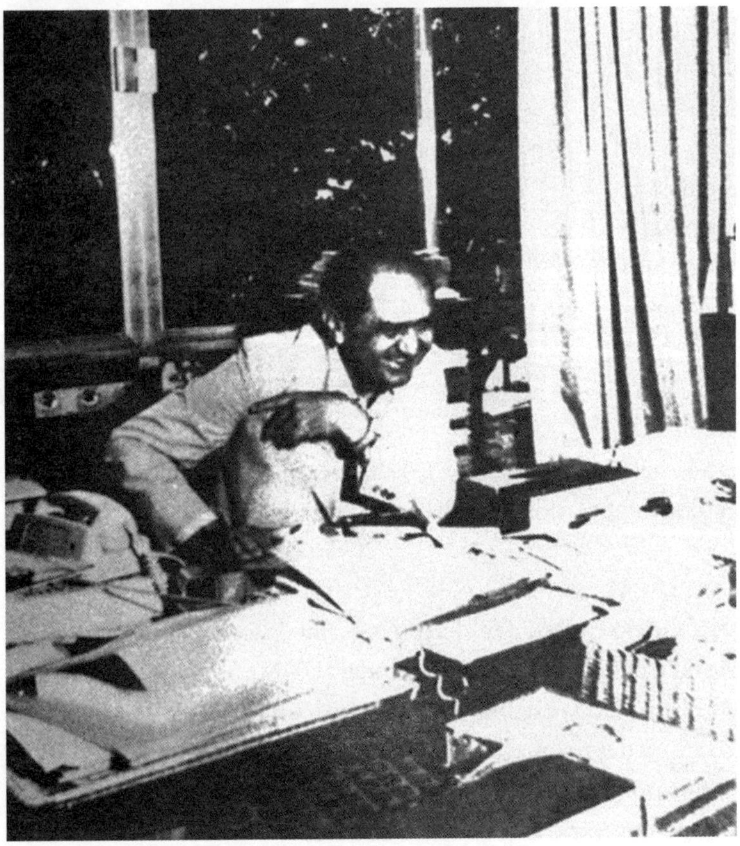

Em 1965, ele foi convidado para ocupar o cargo de adido cultural em Lisboa, onde ficou por dois anos. Colaborou com jornais e revistas e ingressou na Academia Internacional de Cultura Portuguesa. Seu discurso de posse foi publicado pela Editora Verbo, com o título *Retrato Desordenado e Declaração de Amor a Portugal.* Ao regressar em 1967 foi convidado pelo então presidente da República Costa e Silva para dirigir a Agência Nacional, mas alegou motivos pessoais para não aceitar o convite.

## De *Realidade* à criação de *Veja*

Uma das últimas contribuições de destaque na carreira jornalística de Odylo Costa Filho foi sua participação na criação da revista *Veja*. Isso ocorreu após seu retorno de Lisboa, quando desligou-se do *Jornal do Brasil* e assumiu a chefia de redação da revista *Realidade*, em 1967. Idealizador de um projeto de expansão da revista, com a instalação de uma sucursal na cidade do Rio de Janeiro, foi indicado por Roberto Civita para ocupar a chefia da sucursal carioca. Desse projeto nasceu mais uma revista da editora Abril, a *Veja*. Para a nova empreitada convidou jornalistas como Nelson Silva, Luis Garcia, Milton Temer, Hélio Gaspari e Sérgio Augusto. Em seu depoimento, afirma: "ao fim de dois anos, a redação estava tão bem organizada que me considerei dispensável. Pedi exoneração da chefia."Passou a integrar o Conselho Editorial da Editora Abril, até 1975, quando foi extinto. Começou, então, a escrever artigos para o jornal *Última Hora* e a fazer entrevistas para a revista *Vogue*.

Odylo Costa Filho também usou seu conhecimento e prestígio profissional em favor de campanhas sociais, como a que liderou em prol da revisão do sistema brasileiro de assistência à infância abandonada e sua atuação junto à Sociedade Pestalozzi do Brasil.

## Perfil singular

Nasceu em São Luís, no Maranhão, no dia 14 de dezembro de 1914, ano em que teve início a 1ª Guerra Mundial. Filho de Odylo de Moura Costa e Maria Aurora Alves Costa, estudou no Colégio Sagrado Coração de Jesus, em Teresina, e no Liceu Piauiense. Seu primeiro emprego como jornalista foi no semanário *Cidade Verde*, em Teresina, no Piauí. Mudou-se para o Rio de Janeiro em 1930, ano de um dos mais importantes movimentos políticos da Primeira República, para estudar Direito, na Universidade do Brasil. Foi membro da Academia Brasileira de Letras, eleito em 20 de novembro de 1969 como titular da cadeira nº15, ocupada anteriormente por Olavo Bilac, Amadeu Amaral e Guilherme de Almeida. Exerceu também o cargo de presidente da Comissão de Liberdade de Imprensa da ABI.

Além de sua atuação marcante como jornalista, publicou várias obras de ficção, fez crítica literária, escreveu uma peça infantil inspirada num poema de Manuel Bandeira ("O Balão caiu no Mar") e aos 50 anos publicou seu primeiro livro de poesias. Em 1933 recebeu o prêmio Ramos da Paz, da Academia Brasileira de Letras, com o livro inédito *Graça Aranha e Outros Ensaios*. Morreu dia 19 de agosto de 1979, uma semana depois de entregar os originais de *Boca da Noite* à Editora Salamandra, livro de poesias.

Líbero Badaró
Samuel Wainer
Trajano Coelho Neto
Edmar Morel
Carlos Lacerda
Odylo Costa Filho
Otto Lara Resende
João Calmon
Luiz Beltrão
Mário Erbolato
Juarez Bahia
Alberto André
Herbert Levy
Monteiro Lobato
Arnon de Mello
Vitorino Prata Castelo Branco
Amaral Raposo
Landell de Moura

VII

# OTTO LARA RESENDE
## Visceralmente conciliador

Guilherme Jorge de Rezende

Ensaio publicado na revista *Imprensa* nº 161, junho/2001, p. 71-78.

**Guilherme Jorge de Rezende** - Jornalista, doutor em Comunicação pela Universidade Metodista de São Paulo, professor do Departamento de Letras, Artes e Cultura da Universidade Federal de São João Del Rei – Unirei, autor do livro Telejornalismo no Brasil – Um perfil editorial. Ed. Summus.

Ao longo da história da imprensa brasileira, poucos jornalistas despertaram tanta simpatia e respeito entre seus colegas quanto Otto Lara Resende. O prazer de conversar com ele sempre foi disputado como um privilégio imperdível. Todos se encantavam com suas tiradas inteligentes, suas frases espirituosas, seus comentários bem-humorados. Como era gostoso ficar perto dele, como era divertido ouvi-lo contar casos, brincar com a realidade.

Otto Lara Resende orgulhava-se de ser um elo entre as pessoas. Sentia um grande contentamento em ser uma "ponte" entre extremos, entre pólos incomunicáveis. "Sou visceralmente conciliador", definia-se. Ele se orgulhava de ser essa voz, essa mão que apazigua interesses e temperamentos distantes, que o digam Oswald de Andrade e Nélson Rodrigues, Carlos Lacerda e Samuel Wainer. Exerceu assim essa missão política – que, na verdade, mais tinha mesmo era de cristã – de aliviar as tensões e de promover a fraternidade.

Essa vocação para o entendimento humano não se confundia, porém, com neutralidade, falta de opinião. Como tão bem assinalou o historiador Francisco Iglesias, tudo o que Otto "colocou no papel era opinativo: jamais foi o jornalista cinzento, sem participação na matéria versada".

No entanto, pela expressão de uma modéstia incontrolável, de um recato religioso, Otto certamente demonstraria constrangimento por ser alvo de admiração tão unânime. Preferiria o anonimato, o silêncio, a discrição tão típica de seu jeito mineiro de ser.

Além do exercício da advocacia no cargo de procurador, no qual se aposentou, foi membro do Conselho Federal de Educação e diplomata, com duas experiências como adido cultural, na Bélgica e em Portugal.

"Hoje eu reúno duas condições que em princípio se excluem: sou careca e grisalho"

Não lhe faltou, até mesmo, outra peculiaridade dos mineiros, oportunidade para uma incursão pelo sistema bancário. No início da década de 60, nomeado pelo então governador de Minas Gerais, Magalhães Pinto, teve uma curta passagem como diretor do Banco Mineiro de Produção.

Eventualmente, prestou serviços como assessor político. Dessa condição, inclusive, tornou-se célebre um caso – também envolvendo o governador que constitui quase uma lenda em torno de Otto. No início dos anos 60, escreveu uma carta, a pedido do então presidente João Goulart, em resposta a uma correspondência que ele também tinha redigido para o governador de Minas Gerais.

Embora desfrutasse da intimidade de políticos de diferentes tendências – Juscelino Kubitscheck e Carlos Lacerda – recusou-se, porém, a aceitar funções permanentes no governo do presidente Jânio Quadros e como ministro da Cultura na gestão de José Sarney na Presidência da República.

Com os políticos, manteve relações de parentesco, por meio de seu casamento com Helena, filha do governador de Minas Gerais e construtor de Brasília, Israel Pinheiro. Teve quatro filhos: o economista André, o advogado Bruno, a jornalista Helena e a coreógrafa Cristina. Dedicado intensamente à família, a ela se referiu com um comentário precioso: "Como estado civil, sou casado, casadíssimo com a família toda. Como pai, me considero, modéstia à parte, uma mãe exemplar".

Embora a saudade impeça de imaginá-lo distante, inacessível – se sua presença ainda estivesse nos animando, Otto Lara Resende teria completado, dia primeiro de maio, 79 anos. Há nove anos, todos nós perdemos a graça, o brilho, o calor que dele emanavam, nos mais pequenos gestos. No final de dezembro de 1992, a notícia de sua morte repercutiu dolorosamente entre seus amigos, entre os milhares de leitores assíduos de sua coluna no jornal *Folha de S. Paulo*. Sem o estardalhaço de dois acontecimentos que ocorreram simultaneamente, o *impeachment* de Collor e o assassinato da atriz Daniela Perez, as complicações de uma cirurgia normalmente simples encerravam ali uma existência ímpar.

Seria mesmo o fim de uma vida? Quem convivera com Otto dificilmente aceitaria essa sentença. Segundo lembrança do poeta José Lino Grunewald, o escritor mineiro fazia questão de afirmar que para ele era "absolutamente fundamental que o espetáculo não termine aqui embaixo, na Terra".

## O artesão de frases

O escritor Affonso Romano Sant'Anna gostava de brincar com Otto Lara Resende, dizendo que ele era "o maior escritor oral da literatura brasileira."Meticuloso artesão da expressão escrita, Otto se notabilizou também como um grande contador de prosa. Em incontáveis rodas de bate-papo, atraía, entre glamouroso e constrangido, a atenção de todos para a profusão de tiradas certeiras que elaborava instantaneamente. Ao ressaltar que justamente esse gênero de criação artística, a conversa, era "a grande obra de Otto Lara Resende", o dramaturgo Nélson Rodrigues fez uma recomendação enfática: "Deviam pôr um taquígrafo atrás dele e vender suas frases em uma loja de frases".

Na extensa coleção de frases que compôs, transparecem peculiaridades do seu gênio criador: a docilidade, o senso de humor, a auto-ironia.

> "*Tenho para mim que sei, como todos os brasileiros, os três primeiros minutos de qualquer assunto.*"

> "*Hoje eu reúno duas condições que em princípio se excluem: sou careca e grisalho.*" (Ao completar 60 anos)

> "*Leio muito à noite. Só não sou inteiramente uma besta porque sofro de insônia.*"

Há, no entanto, em outras frases, evidências de um grande sentimento de amargura, não de revolta, mas de quase descrença. De todas, talvez a que tenha se tornado mais conhecida, desde sua citação numa peça de Nélson Rodrigues (apesar de Otto negar-lhe a autoria), "*O mineiro só é solidário no câncer*", soa como uma definitiva – e dolorosa – reflexão sobre as formas de fraternidade humana. Em outras, repetem-se as marcas de um julgamento pessimista da humanidade, mesmo quando Otto se refere às suas origens mineiras.

> "*Abraço e punhalada a gente só dá em quem está perto.*"

> "*A tocaia é a grande contribuição de Minas à cultura universal.*"

> "*A morte é, de tudo na vida, a única coisa absolutamente insubornável.*"

De sua convivência no meio político, Otto extraiu uma ampla variedade de observações. Nelas, fulguram desde o profundo senso de apreciação de um pensador ao espírito irreverente e galhofeiro em análises da situação conjuntural do país.

> "*Patrão de esquerda só é bom até o dia do pagamento.*"

> "*Minas está onde sempre esteve.*" (Ao definir a posição do governador Magalhães Pinto, em 1961, na crise da renúncia de Jânio.)

*"Política é a arte de enfiar a mão na merda. Os delicados (vide Milton Campos) pedem desculpas, têm dor de cabeça e se retiram."*

Suas frases exprimem também conceitos e considerações relativos ao ofício de escritor e jornalista.

*"O único erro humano que merece a pena de morte é o de revisão."*

*"Sou autor de muitos originais e de nenhuma originalidade."*

*"Somos de uma geração em voz baixa, que cochicha, sussurra, nessa algazarra chamada comunicação."*

## Um homem chamado carta

O dom para comunicação se expressou em Otto Lara Resende também no hábito que praticou durante toda a sua vida: o de escrever centenas de cartas com a mesma clareza e limpidez de estilo presentes em seus textos literários e jornalísticos.

O escritor Antônio Callado conta que Otto não "deixava sem responder nenhuma carta ou bilhete" de conhecidos e não abria mão, também, de corresponder-se com "estranhos" e com os "que lhe escreviam com timidez e que apostavam que não iam receber resposta alguma".

No dia 5 de julho de 1994, a Empresa Brasileira de Correios e Telégrafos promoveu o lançamento nacional de um selo em homenagem a Otto Lara Resende. Na cerimônia de lançamento, exibiu-se o documentário em vídeo *Um homem chamado carta*, reconstituindo sua biografia.

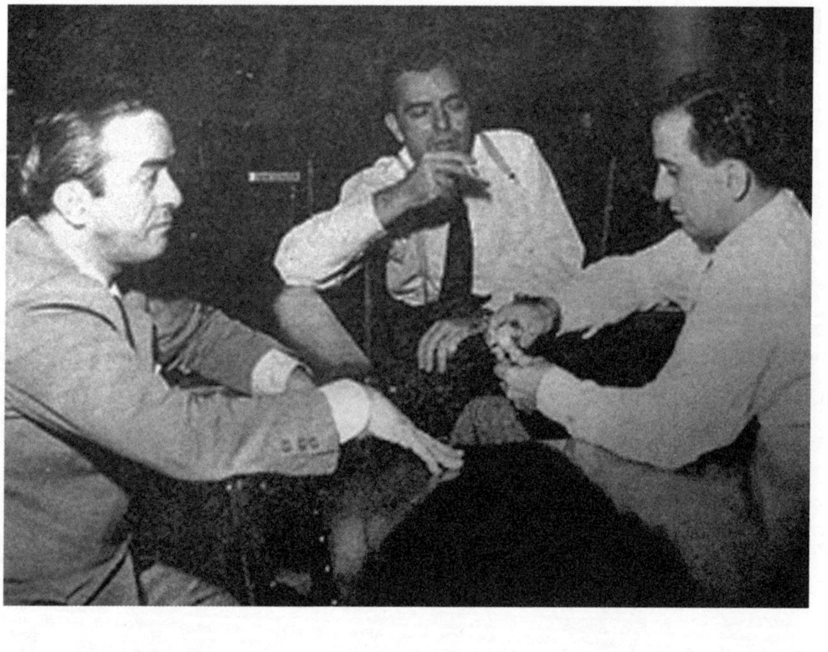

Vinícius de Moraes, Nelson Rodrigues e Otto

## Entre o jornalismo e a literatura

Segundo Otto Lara Resende, a literatura e o jornalismo, como ofícios "contíguos", têm uma afinidade por se servirem ambos da palavra. No entanto, esclarecia que, cada qual com uma linguagem própria. Enquanto – citando Clarice Lispector – a literatura "costura para fora".

Otto foi expoente dessa dupla habilidade de "costurar para dentro" e "para fora." Se o enfoque variava conforme a perspectiva literária ou jornalística, o estilo elegante, pontilhado por um delicado lirismo e um humor requintado, despontava indisfarçavelmente em todos os textos que produzia.

## Perfeccionista obsessivo

"Escrever não é arte. É carência. Quem escreve merece piedade. Quem publica deve ser internado." Essa autocrítica extremamente austera, anotação manuscrita nas provas do livro de contos *O Lado Humano*, revela o obsessivo perfeccionismo com que Otto revia as obras literárias que produziu. Embora a crítica os exaltasse pela linguagem leve e precisa, submetia seus textos, depois de publicados, a uma rigorosa e quase infindável reelaboração.

Assim aconteceu na reedição de seu único romance, *O Braço Direito*, pela Companhia das Letras, em 1994. Vários trechos da versão original foram refeitos, durante mais três anos pelo próprio Otto. Em tom de brincadeira, os amigos do escritor diziam que, após tantas revisões, o livro deveria receber um novo título: *O Braço Esquerdo*.

Confessamente "envergonhado de seus livros", Otto chegou mesmo a se considerar portador de "bibliografia", uma doença muito mineira caracterizada por uma grande dificuldade de enfrentar todas as conseqüências advindas da própria obra editada.

Por causa do perfeccionismo obsessivo, Otto publicou poucos livros.

Além do único romance, *O Braço Direito*, lançou outros quatro livros de contos: *O Lado Humano* (1952), *Boca do Inferno* (1957), *O Retrato na Gaveta* (1962) e as *Pompas do Mundo* (1975). Outra obra sua integrou, em 1964, a coletânea *Os Sete Pecados Capitais*, editada pela Civilização Brasileira, na qual, por meio do conto *A Cilada*, Otto versa sobre a avareza.

Em 1992, Dalton Trevisan, seu grande amigo e escritor, organizou, pela Ática, outras criações de Otto na coletânea *O elo partido e outros contos*.

Tancredo Neves com Otto, em 1979, quando passou a ocupar a cadeira 39 na Academia Brasileira de Letras

Depois de sua morte, a Companhia das Letras editou *O Príncipe e o Sabiá*, em que a escritora Ana Miranda reuniu uma série de perfis de escritores, políticos e jornalistas, que Otto escreveu ao longo de sua carreira jornalística. Destaca-se nesse livro a reprodução de um longo depoimento autobiográfico que Otto prestou, por escrito, em 1975, ao seu amigo Paulo Mendes Campos.

A editora Companhia das Letras publicou mais dois livros de Otto: um de crônicas *Bom Dia para Nascer*, em 1993, e, dois anos depois, o de novelas, *A Testemunha Silenciosa*.

No final da década de 1990, dois contos de Otto – *O Elo Partido* e *Gato, Gato, Gato* são incluídos entre os *Cem Melhores Contos Brasileiros do Século XX*, em coletânea coordenada por Ítalo Morriconi.

O acervo de sua obra está, atualmente, no Instituto Moreira Salles. Um perfil do escritor, de autoria do jornalista Benício Medeiros, foi publicado em 1998, em co-edição da Relume Dumará e a Secretaria de Cultura do município do Rio de Janeiro.

## Trágico e sublime

A produção literária de Otto Lara Resende distingue-se pelo tom de pessimismo, pelo clima trágico e melancólico em que soturnos personagens desnudam a psicologia humana por meio de um implacável "senso do mal, das desarmonias", conforme análise do escritor e crítico literário, Antônio Cândido.

Um tema constante na obra de Otto é a religiosidade, princípio que inspirou Otto Lara Resende durante toda a sua vida. "*Para Mim, Domingo sem Missa não é Domingo*", dizia.

Enfrenta a questão corajosamente por meio de reflexões que oscilam entre a hipocrisia mais miserável ao culto sublime da fé. No romance *O Braço Direito*, todo escrito na primeira pessoa, narra, com um misto de crueza e lirismo, a patética existência de um inspetor de asilo de órfãos, Laurindo, a serviço da arrogância e da vaidade do padre Bernardino.

Na opinião do escritor Antônio Callado, *O Braço Direito*, "um negro hino à arte" é o livro "mais religioso da literatura brasileira", o nosso "maior romance católico, apostólico, romano".

## Jornalista de várias funções

Otto Lara Resende nasceu no dia 1° de maio de 1922, em uma rua do bairro Matola em São João del-Rei, Minas Gerais, no quarto dos 14 filhos do casal Antônio Lara Resende e Maria Julieta Oliveira de Resende.

De seu pai, diretor de colégio – Instituto Padre Machado – e professor de enorme erudição adquirida no tradicional Seminário do Caraça, herdou o gosto pelas letras.

A partir de 1938, com a mudança da família para Belo Horizonte, para onde o pai transferia o Instituto Padre Machado, o moço introvertido e religioso praticante começa sua carreira jornalística no jornal *O Diário*, da Arquidiocese. Publica, então, sua primeira crônica, *Panelinhas literárias*, e colabora esporadicamente com a autoria das matérias para o jornal clandestino, *Liberdade*, de oposição ao governo de Getúlio Vargas. Ao mesmo tempo, na escola do pai, lecionava Português e Francês.

Após concluir o seu curso de Direito, assume a editoria de um suplemento literário do jornal *O Diário de Minas*. É nessa época que se consolida a amizade com outros três ilustres mineiros: o psicanalista Hélio Pellegrino e os escritores Fernando Sabino e Paulo Mendes Campos. Os laços viscerais que uniam "os adolescentes definitivos", conforme qualificação dada por Otto, se perpetuou na intitulação que se atribuíram, "quatro cavaleiros de um íntimo apocalipse".

Com Pellegrino, por exemplo, mantinha um vínculo espiritual de tamanha intensidade que, conforme o escritor Antônio Callado, "quando os dois discutiam teologia, até Deus devia prestar atenção".

No Rio de Janeiro, onde passa a morar em 1945, deu seqüência às atividades no jornalismo, atuando como repórter parlamentar encarregado da cobertura da Assembléia Nacional Constituinte, nos jornais *Diário* de *Notícias* e *O Globo*.

Faz parte do folclore que se criou a respeito de Otto, a esmerada habilidade que demonstrou ao conviver com dois patrões (Roberto Marinho de *O Globo* e Orlando Dantas – que, além de concorrentes, eram inimigos declarados). Segundo o jornalista Benício Medeiros, consta que Otto redigia, em um jornal, editoriais criticando posições que no outro defendera, "mantendo uma inflamada polêmica consigo mesmo".

Nos anos seguintes, exerceu funções diversas em outras empresas jornalísticas do Rio de Janeiro – *Diário Carioca*, *Correio da Manhã*, *Última Hora*, *O Jornal* e foi colaborador do *Zero Hora*, de Porto Alegre. Tanta experiência acumulada tornava-o capaz, segundo o historiador Francisco Iglesias, "de dirigir um jornal inteiro, do comentário político à crônica social, da notícia comum do fato do dia, da política ou até do esporte".

Otto aos 70 anos, em 1992: um dos cronistas mais lidos da *Folha de S. Paulo*

Em 1955, Otto experimenta uma nova função no jornalismo. A convite de Adolpho Bloch, assume a direção da revista *Manchete*. Logo nos primeiros meses, ele consegue um feito memorável ao entrevistar, com exclusividade, o general Henrique Duffles Teixeira Lott sobre o episódio que passou a ser chamado de "Novembrada."Em várias páginas da edição número 187 da revista, o general relatou de que modo interviera diretamente para abortar uma sedição militar contra a candidatura e posterior posse de Juscelino Kubitscheck na Presidência da República.

Na década de 60, Otto deixa a Manchete e vai para o *Jornal do Brasil*, onde fica por algum tempo como editorialista. Data também dessa época, mais precisamente em 1967, sua participação como *showman* da TV Globo. Todas as noites, ele entrava ao vivo com o quadro *O pequeno mundo de Otto Lara Resende*, no *Jornal da Verdade*, dirigido por Borjalo.

Depois de um período como diplomata em Portugal, Otto volta para o Brasil em 1969. Seu destino de novo é o *Jornal do Brasil*, mas dessa vez com um cargo na diretoria. Protagoniza, nessa situação, outra passagem relevante da história da imprensa brasileira. Em plena ditadura militar, intervém na decisão de noticiar o golpe militar no Chile em 1973, com quatro colunas de texto em toda a primeira página do jornal, burlando a proibição da censura de divulgar manchetes ou fotos sobre o acontecimento.

Do *Jornal do Brasil*, Otto transfere-se, em 1974, para as organizações Globo. Em um cargo de diretor, passa a atuar como colaborador direto de Roberto Marinho. Paralelamente à sua função de conselheiro da "Vênus Platinada", título com que Otto batizou a TV Globo, manteve-se, nesse período, também como articulista semanal de *O Globo*.

Em 1979, toma posse na cadeira 39 da Academia Brasileira de Letras, em cerimônia muito badalada pela imprensa e que teve um acontecimento raro: a presença de seus pais, já bem velhinhos.

Após viver uma fase de abatimento desde sua demissão da Globo, no final de 1983, o ingresso na *Folha de S. Paulo*, em 1991, marca a ressurreição do escritor e jornalista. Naquela ocasião, Otto comentou: "houve até um velho conhecido meu que me disse: Otto, você ressuscitou. Como se eu tivesse morrido. Até parecia que a Folha tinha me ressuscitado".

**A ligação de Otto Lara Resende com as organizações Globo data de 1967, quando passou a apresentar um quadro diário em "Jornal da Verdade" e depois como conselheiro, de 1974 até sua morte.**

## O apogeu na crônica

Otto Lara Resende relutou antes de aceitar o convite da *Folha de S. Paulo* para ocupar, com uma pequena crônica, um espaço diário na página dois do jornal. O emissário da Folha nos primeiros contatos foi o colunista político Jânio de Freitas, que havia começado sua carreira jornalística como "foca", na revista *Manchete*, na década de 1950, sob o comando de Otto.

Mesmo depois que firmou o acordo com a Folha, ainda se indagava se não seria uma heresia fazer crônica, um grande atrevimento sobretudo considerando as obras-primas do gênero que, anteriormente, o seu amigo Rubem Braga já concebera.

Contudo, ele logo aprendeu a lidar com sua nova função. Com frases curtas, uma erudição nada pretensiosa, em que mesmo a palavra mais desconhecida ganhava ares de simplicidade, Otto abordava os mais diferentes assuntos com uma incrível desenvoltura.

O sucesso veio imediatamente refletido nas dezenas de correspondências que passou a receber de seus leitores. Conforme pesquisa feita pela *Folha*, Otto tornou-se, em pouco tempo, um dos três cronistas mais lidos do jornal. A pesquisa constatou ainda a imensa sedução que exercia sobre o público leitor feminino.

Otto reagia com constrangimento e desconfiança aos elogios. Jânio de Freitas afirmou que foi testemunha da ansiedade, "característica das grandes inteligências", que Otto sofria diariamente para fazer suas crônicas: "Ele não se achava à altura da expectativa do público e não imaginava a repercussão que estava tendo".

No período de 1° de maio de 1991, data de sua estréia na *Folha*, até o dia 21 de dezembro 1992, quando se publicou seu último texto ainda vivo, Otto produziu mais de 600 crônicas. De outro companheiro da imprensa, seu amigo de longa data, o colunista político Carlos Castelo Branco, mereceu uma apreciação emocionada sobre a utilidade e o sentido de sua crônica na página de política da *Folha*: "Era o contraponto humano, sensível, entre lírico e mordaz, do seu rico cotidiano vazado numa linguagem impecável, com que enriquecia aquele espaço político. Era um sopro de vida a circular por entre comentários ácidos de uma realidade nacional pouco estimável".

Parte considerável dessas crônicas está preservada no livro *Bom Dia para Nascer*, da editora Companhia das Letras, coletânea organizada por Matinas Suzuki Júnior. Fonte permanente de inspiração para os profissionais do ramo e um modelo indispensável para as novas gerações de jornalistas.

"Eu não tinha a intenção de dizer logo assim de saída. Mas já que a Folha me entregou, confesso que sou mesmo antigo. Modelo 1922. A do centenário da Independência, da Semana de Arte Moderna, do Tenentismo, da fundação do Partido Comunista, da inauguração do rádio, etc. Suspeito que só eu e o rádio estamos funcionando neste mundo povoado de jovens. Mas juventude tem cura. Eu também já fui jovem. É só esperar." (Primeiro parágrafo da crônica *Bom Dia para Nascer*, com a qual Otto fez sua estréia como colunista da *Folha*, em 1°/5/1991.)

## Sedutor unânime

Em um meio social, o do jornalismo e das artes, onde a vaidade muitas vezes transborda além do limite do mais descarado narcisismo, avesso a situações que o pusessem em evidência, Otto era uma figura tão irradiante que seduzia todos que se aproximavam dele.

Mesmo com quem não tinha afinidade de temperamento, caso do jornalista e dramaturgo Nélson Rodrigues, estabeleceu um convívio fraternal. Nélson Rodrigues devotava-lhe tanta admiração que transformou Otto em personagem de suas crônicas no jornal *Última Hora* e peças teatrais. Numa dessas peças, para o constrangimento do escritor mineiro, a alusão já aparecia no próprio título *Bonitinha, mas ordinária*, ou *Otto Lara Resende.*

Unanimidade entre os colegas de redação, Otto Lara Resende conquistou também o afeto dos patrões para quem trabalhou. Em crônica publicada no *Jornal do Brasil*, no dia seguinte à morte do amigo, o colunista político Carlos Castelo Branco acentuou que "todos se divertiam com ele, o admiravam e desejariam retê-lo para sempre, Roberto Marinho, Orlando Dantas, Paulo Bittencourt, Samuel Wainer, Nascimento Brito, Otávio Frias."Comenta-se que a estreita ligação de Adolpho Bloch com Otto levou-o a propor ao escritor terem um mesmo mausoléu. "Queria repousar ao lado de Otto, para continuar a ouvi-lo, na eternidade."

Líbero Badaró
Samuel Wainer
Trajano Coelho Neto
Edmar Morel
Carlos Lacerda
Odylo Costa Filho
Otto Lara Resende
João Calmon
Luiz Beltrão
Mário Erbolato
Juarez Bahia
Alberto André
Herbert Levy
Monteiro Lobato
Arnon de Mello
Vitorino Prata Castelo Branco
Amaral Raposo
Landell de Moura

VIII

# JOÃO CALMON
## O paladino da educação

Juçara Brittes e Rachel Silva

Ensaio publicado na revista *Imprensa* nº 175, setembro/2002, p. 89-96.

**Juçara Brittes** - Mestre em Comunicação Social pela Umesp – Universidade Metodista de São Paulo e doutora em Ciências da Comunicação pela Universidade de São Paulo. Professora do Curso de Jornalismo da Ufes – Universidade Federal do Espírito Santo. Coordenadora da Rede Capixaba de História da Imprensa.
**Rachel Silva** - Estudante do Curso de Jornalismo da Ufes – Universidade Federal do Espírito Santo.

*O jornalista capixaba comandou o império de Chatô, ajudando a criar e desenvolver jornais, rádios e tevês nas principais cidades brasileiras. Como senador, seu principal legado foi o artigo 212 da Constituição Federal, que fixou porcentuais destinados para a Educação*

De remador a comandante de longo curso. Com este título abre-se a primeira parte de *Minhas Bandeiras de Luta*, edição póstuma da autobiografia de João Calmon. O enunciado identifica, com precisão, os dois pólos de uma vida cadenciada pelo esforço de um jovem remador, e pela determinação do rapaz pobre que chegou ao comando de um dos maiores impérios das comunicações brasileiras – os *Diários Associados*.

João de Medeiros Calmon nasceu no dia 7 de setembro de 1916 em Baunilha, distrito de Colatina, situada ao norte do Espírito Santo. O pai tinha um pequeno armazém e a mãe tomava conta da agência postal do lugarejo, que na época tinha entre 400 e 500 habitantes. Calmon teve dez irmãos. Três morreram em sua cidade natal, por falta de recursos médicos. Levou uma vida simples, marcada por dificuldades financeiras, o que não o impediu de avançar nos estudos. Cursou o ginasial em Vitória e, depois, foi para o Rio de Janeiro estudar na Faculdade Nacional de Direito, da Universidade do Brasil.

Na capital fluminense, morando de favor com uma tia, um dos seus poucos lazeres de estudante pobre era remar no Clube de Regatas Guanabara. Era lá que estava num certo domingo de 1937, quando foi chamado para sair num *double scull*, tipo de barco

O capixaba João Calmon estudou na Faculdade Nacional de Direito, no Rio de Janeiro

para dois remadores. A identidade do companheiro ele só descobriria no domingo seguinte – era Assis Chateaubriand, com quem voltaria a remar ainda muitas vezes.

Num desses encontros, foi convidado a trabalhar como repórter nos *Diários Associados*. O jovem Calmon, prestes a se formar, retrucou que desejava seguir a carreira de magistrado, como o avô materno, e que esperava obter uma vaga de promotor em Vitória, por intermédio de um primo.

Veio a formatura, a viagem a Vitória, e a vaga prometida não surgiu. João Calmon voltou para o Rio. Encontrando-se novamente com Chateaubriand no clube de regatas, aceitou novo convite. Após 30 dias de trabalho como repórter no *Diário da Noite*, foi mandado a Fortaleza para chefiar a redação do jornal *Correio do Ceará*, para espanto de todos e dele próprio. Era mais um dos rompantes de Chateubriand, que talvez já vislumbrasse o potencial de Calmon.

De fato ele já havia percebido que o jovem era determinado e firme em suas convicções. Desde o primeiro passeio a remo na Baía de Guanabara, João defendeu seu ponto de vista político, contrário ao de Chateaubriand, e não retrocedeu nem mesmo após descobrir a identidade de seu interlocutor. Somado a isso, os episódios da vida do rapaz pobre que em muito lembravam a vida dele próprio, Chateaubriand, desencadearam a empatia e confiança que mais tarde transformariam aquele rapaz de apenas 21 anos em seu braço direito.

Em Fortaleza, Calmon mostrou-se um administrador capaz e um hábil negociador. Foram 17 anos viajando pelo Norte e Nordeste, o que resultou na ampliação do grupo *Diários Associados* em 12 jornais e nove emissoras de rádio. Chateaubriand chamou-o, então, de volta ao Rio de Janeiro para administrar a TV Tupi, Rádio Tupi e Rádio Tamoio. Três meses depois, Calmon chegou à direção-geral dos *Diários Associados*, cargo que exerceu até a morte de Assis Chateaubriand, quando assumiu então a presidência do grupo.

## O jornalista

João Calmon lia os artigos de Chateaubriand desde os dez anos de idade, em Baunilha – o pai vendia assinaturas de *O Jornal*, que era o órgão líder dos *Diários Associados*, além de ser o periódico carioca de maior penetração no Espírito Santo.

Já em Vitória, estudante do Ginásio São Vicente de Paulo editou, juntamente com um colega, o jornal *A Voz*. Enviava, também, colaborações para o suplemento dominical infantil de *O Jornal*. Certa vez publicou um artigo em *A Voz* que lhe custou uma recriminação pública e a quase reprovação escolar, devido à perseguição do diretor.

Quando cursava a faculdade de Direito, enviou alguns contos para a revista *Fon-Fon* e para *O Malho*, porém, não se envolveu de fato com o jornalismo até o dia em que aceitou o convite de Chateaubriand para trabalhar como repórter. Ignorado pelo diretor do jornal, ele começou redigindo notas para um repórter policial, após passar os três primeiros dias aguardando ordens que não vieram. Depois, por iniciativa própria, começou a sugerir pautas que se transformaram em suas primeiras reportagens e que conquistaram, enfim, o respeito do diretor Carlos Eiras.

Transferido para Fortaleza, pôde desenvolver suas habilidades no *Correio do Ceará*, obtendo vários sucessos como a publicação de uma fotografia de página inteira da seleção brasileira na Copa do Mundo de 1938, na Itália. Com a iniciativa, o jornal bateu o recorde de vendagem. A publicação das fotos das cabeças do cangaceiro Lampião e seu bando alcançaram êxito semelhante.

João Calmon assumiu a direção do *Correio do Ceará* depois que o diretor Francisco Martins Filho foi literalmente expulso da cidade por militares – era a época do Estado Novo – quando o jornal publicou uma matéria sobre um jogo de futebol. O árbitro da partida, que favorecera um dos times, era capitão do exército, e sentiu-se um tanto ofendido. A reportagem, aliás, fora escrita pelo próprio Calmon, pautada e aprovada por Francisco Martins Filho, que assumiu a responsabilidade.

Foi em Fortaleza que João Calmon se casou, em novembro de 1944, com Maria Terezinha Chaves Santiago, que sempre o apoiou e acompanhou, e com quem teve cinco filhos.

Depois, já no Rio de Janeiro, como diretor-geral dos Diários Associados, dedicou-se à parte administrativa, ampliando ainda mais o número de emissoras e administrando as imensas dívidas que o pioneirismo da televisão e as excentricidades de Assis Chateaubriand acarretavam. Foi presidente do Sindicato das Empresas de Radiodifusão do Estado da Guanabara, atuou no Sindicato de Empresas Proprietárias de Revistas e Jornais do Rio de Janeiro e foi o criador, em 1962, da Abert – Associação Brasileira de Rádio e Televisão, da qual foi o primeiro presidente, reeleito muitas vezes.

## O empresário na arena televisiva

Assis Chateaubriand investiu uma fortuna no que seria o seu mais ambicioso projeto e, talvez, sua maior contribuição para o Brasil: instalar aqui a televisão, que já existia há aproximadamente dez anos nos Estados Unidos. Ao assumir como diretor geral dos Associados, João Calmon viu-se diante da imensa dificuldade de pagar os equipamentos adquiridos à RCA Victor e à General Electric. Precisava, ainda, encontrar meios de expandir a Rede Tupi até o número de nove emissoras, como queria Chateaubriand.

João Calmon com Assis Chateaubriand

Calmon renegociou a dívida com a General Electric, arriscando uma proposta ousada: em linhas gerais, a GE assinaria com os *Diários Associados* um contrato de publicidade de três anos, o qual

Ligações poderosas: com Tancredo Neves (acima); com o ex-presidente Emílio Garrastazu Médici

seria descontado com a ajuda da própria GE no banco em que a empresa realizava suas movimentações. O dinheiro seria, então, remetido à matriz americana, convertido em dólar. Ou seja, a General Electric forneceria, em última análise, o dinheiro para pagar a dívida contraída pela instalação da TV Tupi do Rio. Em menos de dez dias ficou tudo acertado e, 23 meses depois, o empréstimo bancário estava pago. O mesmo esquema foi utilizado para saldar o compromisso com a RCA, fornecedora do equipamento da TV Tupi de São Paulo.

As demais emissoras da Rede Tupi foram construídas sob a supervisão de João Calmon, que também participou da proeza de transmitir para o Rio de Janeiro e Belo Horizonte a inauguração de Brasília, no dia 21 de abril de 1960, via microondas. Calmon foi também o pioneiro da televisão no seu estado, o Espírito Santo criando, em 1962, a TV Vitória – mais uma emissora Associada.

O grande inimigo da Tupi eram as suas próprias dívidas, mas a concorrência das outras emissoras mostrava-se mais perigosa a cada ano. A TV Excelsior de São Paulo, a TV Rio e, posteriormente, a TV Globo, atraíam para os seus quadros parte do pessoal da Tupi. De quebra, a concorrência tornou-se cada vez mais desleal depois do acordo de Roberto Marinho com o grupo Time-Life.

Sempre lutando contra as sucessivas crises, em meio a greves e rumores, a Rede Tupi desapareceu melancolicamente dia 16 de julho de 1980, por meio de um decreto baixado pelo presidente João Baptista Figueiredo. Foram cassadas as concessões das TVs Tupi de São Paulo, Tupi do Rio de Janeiro, TV Rádio Clube Pernambuco, TV Itacolomi de Belo Horizonte, TV Piratini de Porto Alegre, TV Marajoara de Belém e TV Ceará, de Fortaleza. Dias depois, João Calmon renunciou à presidência do Condomínio Associado, que ocupou por 17 anos em mandatos sucessivos.

## O digno desfecho

Aos 82 anos, reconhecido e aclamado como paladino da educação brasileira, o ex-senador João Calmon atuava como assessor especial do Senado em Brasília e diretor da Gráfica Editora Jornal do Commercio. Em sua última entrevista à imprensa, afirmou que ainda havia muito a ser feito pela educação no Brasil. Revelou, também, que planejava escrever mais três livros. Não haveria tempo, porém, para que ele próprio o fizesse.

Sentiu-se mal em Brasília e foi levado ao hospital, onde ficou constatado sério comprometimento dos pulmões, resultado de uma embolia pulmonar. Diabético, portador de marcapasso, Calmon já tinha sobrevivido, anos atrás, a um câncer de próstata, mas agora estava fraco. Transferido para São Paulo, sofreu um novo surto embólico na madrugada do dia 12 de janeiro de 1998. Minutos depois, uma parada cardíaca encerraria a vida do homem de tantas façanhas, das quais as maiores foram a reviravolta na política educacional brasileira e a manutenção do extenso império de Assis Chateaubriand por tantos anos, sempre firme ao leme. Justamente ele, que começou essa história remando.

## Rede Capixaba de História da Imprensa

Esta é a primeira publicação do Comitê Capixaba da Rede Alfredo de Carvalho, instituído em novembro de 2001 no Espírito Santo.

A pesquisa teve importante participação de Célio Calmon, filho de João Calmon, jornalista da TV Senado, em Brasília, ao lado de André Rego, outro colaborador deste trabalho.

*Minhas Bandeiras de Luta*, autobiografia de 742 páginas, editada pela Fundação Assis Chateubriand após o falecimento de João Calmon, foi a principal fonte dos dados pesquisados, seguida de entrevistas e leitura de jornais da época. O livro, carente de divulgação no ambiente acadêmico, traz importante relato histórico sobre a imprensa nacional, contado por alguém que ajudou a escreve-la.

O Comitê Capixaba da Rede, sob a coordenação de Juçara Brittes, é formado por três comissões: científica, financeira e de divulgação. A primeira se subdivide em monitorias setoriais para abrigar distintos segmentos do jornalismo: impresso, radiofônico, televisivo e *on-line*. Inclui, ainda, uma monitoria encarregada de biografias, outra que cuida de metodologia em pesquisa histórica. E uma terceira que se ocupa de publicações.

A comissão de divulgação está sob a liderança de Letícia Lindenberg Azevedo, assessora de comunicação empresarial da Rede Gazeta de Comunicações. O setor de finanças

## A causa da educação

*José Sarney**

Joaquim Nabuco dizia que a vida parlamentar é feita de uma causa; que muitos parlamentares passam mas não encontram a sua causa e, portanto, não passam no Parlamento, porque a vida parlamentar é feita de lampejos, e feita de um instante, de um aparte, da vida do cotidiano, da vida política; mas uma causa parlamentar, essa não desaparece nunca. E Nabuco, então, dizia: "A minha causa parlamentar foi a abolição."(...)

Eu, por exemplo, procurei e nunca consegui realizar totalmente que a minha causa parlamentar fosse a da Cultura. Desde que aqui cheguei venho apresentando projetos de incentivos culturais, venho defendendo a necessidade de o Brasil ser uma potência cultural e não somente uma potência econômica, porque não há potência econômica que não seja uma potência cultural.

Mas V. Exa. superou todos nós, porque a sua causa foi a causa da Educação. V. Exa. tem um lugar nos Anais deste país, nos Anais do Congresso Nacional. V. Exa. sai desta Casa deixando uma obra extraordinária, que, além dessa fidelidade à sua causa parlamentar... (...) E qual foi essa causa? A da Educação. Não há maior causa, hoje, principalmente, porque atualmente o mundo mudou, as ideologias acabaram. As palavras revolução e revolta, que encheram o pensamento político durante mais de 100 anos, incendiando todos os homens que acreditavam que o caminho da libertação da humanidade passava pela ideologia, o que restou delas? O que restou da confrontação das ideologias? Apenas a certeza de que hoje o libertário, no mundo, é o conhecimento, o libertário, no mundo, é a Educação. (...)

V. Exa. de certo modo largou o jornal para se dedicar à sua causa parlamentar. É este o exemplo que V. Exa. deixa e este o testemunho que faz um dos seus velhos companheiros e, mais do que isso, com a autoridade do mais antigo parlamentar que tem assento nesta Casa.

* Ex-Presidente e Senador da República.

Trecho do discurso pronunciado no dia 30 de janeiro de 1995, data em que o Senador João Calmon encerrou sua trajetória parlamentar.

está sob o comando do jornalista Fabiano Mazzini, professor da Faesa e representante do Sindicato dos Jornalistas do Estado do Espírito Santo. A comissão científica é liderada pela coordenadora do Comitê e pelo professor Edgard Rebouças.

O Comitê capixaba tem, até o momento, oito instituições participantes, a saber: Universidade Federal do Espírito Santo (UFES), Faculdade de Educação e Comunicação Social (FAESA) , Academia Espírito–Santense de Letras (AEL), Assessoria de Imprensa da OAB-ES , Coordenadoria de Comunicação Social da Prefeitura Municipal de Vitória, Rede Gazeta de Comunicações , Sindicato das Empresas de Rádio e Televisão do ES (SERTES), Sindicato dos Jornalistas do Espírito Santo (SINDIJORNALISTAS), Rádio e Televisão do Espírito Santo (RTV).

## O legado de Calmon

*Paulo Cabral de Araújo**

Jornalista e administrador, João Calmon foi o braço direito de Assis Chateaubriand na criação de jornais, rádios e estações de TV nas principais cidades brasileiras, objetivando criar instrumentos de unidade nacional e de aperfeiçoamento sóciocultural do nosso povo.

Conheci-o na década de 40, em Fortaleza, e nos identificamos pelos mesmos ideais, dando-nos as mãos e trabalhando juntos em busca de objetivos comuns. Aliás, em Fortaleza ele começou sua trajetória, pois para lá foi mandado em 1938 por Chateaubriand, com a tarefa de dirigir o jornal *Correio do Ceará*. De lá, expandiu as fronteiras "associadas", adquirindo e instalando jornais e rádios por todo o Norte e Nordeste do País. (...)

Com a morte do nosso fundador, no dia 4 de abril de 1968, João Calmon assumiu a presidência do Condomínio Acionário das Emissoras e Diários Associados, instrumento jurídico que Chateaubriand encontrou, em vida, para garantir o prosseguimento de sua obra pelas mãos de seus principais colaboradores e seguidores.

No comando de nossa organização, Calmon desenvolveu muitos novos elos da cadeia de jornais, rádios e televisões tão desejada por Chateaubriand até efetivar nossa presença em todo o mapa do Brasil, de Norte a Sul e de Leste a Oeste. (...)

Tanto na vida empresarial, quanto na vida política, para alcançar seus objetivos, Calmon viveu momentos difíceis, mas venceu os obstáculos pela sua obstinação cívica, pelos seus ideais de brasilidade e por sua formação de homem solidário e tolerante. Em tudo revelava-se o amigo fiel, o companheiro cordato, o bom esposo, o pai dedicado, o político habilidoso e correto, o profissional competente. Suas qualidades fraternais eram tantas que, no convívio íntimo de seus companheiros, costumávamos chamá-lo carinhosamente de Joãozinho.

*Presidente da Fundação Assis Chateaubriand.

## Do Jornalismo à Política

Consagrado pelo seu sucesso à frente dos *Diários Associados* e pela liderança que exercia no setor das comunicações, João Calmon aceitou, em 1962, um convite para candidatar-se a senador pelo Espírito Santo, na chamada Coligação Democrática. Era uma chapa de oposição ao governo estadual que reunia, naquele ano, UDN, PTB, PSP e PRP.

Excluído da disputa por uma aliança de última hora, Calmon irritou-se com o que considerou uma traição e candidatou-se à Câmara dos Deputados pelo PSD, partido do governo. Saiu vitorioso nas urnas, como o deputado federal mais votado no Espírito Santo, com 33.886 votos – 12% do total.

Antes de ingressar na política, João Calmon foi agraciado, em 1961, com o título de cidadão de Vitória, pela Câmara Municipal. Nessa ocasião, prometeu levar a TV Tupi até Vitória com a instalação de um repetidor, projeto que se revelou oneroso demais. Foi assim que, em setembro de 1962, entrava no ar a TV Vitória, modesta estação geradora que, no entanto, representou o início da televisão no Espírito Santo. O próprio Calmon reconheceu, depois, que a TV e a Rádio Vitória foram responsáveis por muitos dos votos que o elegeram deputado federal, em outubro de 1962.

Mas os votos vinham, também, como resultado da dedicação de amigos fiéis, como Edmar Lucas do Amaral, Christiano Dias Lopes Filho, o primo Alziro Calmon Tavares e o cunhado Rosental Machado Alves. Sem base sólida no partido, Calmon viajou todo o Espírito Santo fazendo contatos e formando alianças com chefes políticos, fortalecendo seus vínculos com o Estado natal e familiarizando-se com suas necessidades e problemas.

Já nos primeiros meses do mandato de deputado, ganhou um inimigo de peso: o deputado Leonel Brizola, enfurecido com uma nota a seu respeito que fora publicada em *O Jornal*. Os violentos ataques verbais endereçados a João Calmon, via televisão ou tribuna da Câmara, repercutiram em todo o Brasil. A contenda seguia cada vez mais acirrada e, também, mais arriscada para Calmon e sua família, que recebiam freqüentes ameaças por telefone. O deputado João Calmon ganhou, por tabela, a inimizade de João Goulart – cunhado de Brizola – que pressionou pela demissão de Calmon mas foi rechaçado por Assis Chateaubriand. Esse fato geraria represálias para os *Diários Associados.*

Em fevereiro de 1964 foi convidado para candidatar-se a vice-presidente na chapa de Adhemar de Barros, o que não chegou a concretizar-se devido ao começo da Ditadura Militar e seus desdobramentos. Reelegeu-se deputado em 1966 e, depois, candidatou-se ao Senado.

Desde o início lutou contra o acordo Globo / Time-Life, que representava um rude golpe para as emissoras Associadas, assim como para as outras emissoras de capital nacional. Ao mesmo tempo lutava contra as pressões governamentais que encurralavam os *Diários Associados*, como as manobras por ele consideradas revanchistas, vindas de João Goulart, que teria tentado executar dívidas do grupo. Outro exemplo das dificuldades criadas foi o decreto-lei publicado por Castello Branco, limitando a cinco o número de emissoras que um grupo privado poderia possuir.

Procurava ajudar o Espírito Santo, onde voltou a morar em 1975. Em 1969 propôs um decreto-lei que criasse incentivos fiscais para estimular o desenvolvimento do Estado, em sistema semelhante ao da Sudene, mas foi barrado pelos governadores dos Estados do Nordeste e pela própria instituição.

Ainda em 1969 lançou a "Década da Educação", que passaria a ser uma de suas mais significativas bandeiras de luta. Presidiu a Comissão de Educação e participou da CPI do Mobral, lutando também como jornalista ao pedir o engajamento dos veículos de comunicação na campanha pela educação. Nos seus mandatos de senador sua maior batalha foi pela fixação de um porcentual de 12% da arrecadação federal e 24% dos impostos estaduais e municipais, que deveriam ser gastos exclusivamente com educação. A proposta, que ficou conhecida como a "Emenda Calmon", só seria efetivada na Constituição de 1988 (art. 212), passando a 18% da receita federal e 25% dos impostos estaduais e municipais.

A campanha pela educação ajudou-o a eleger-se senador em 1970, reelegendo-o em 1979 e 1987. Deixou o Senado em janeiro de 1995, três anos antes de sua morte.

## Eu, traidor?

*João Calmon*

Acusado do crime de defender meu país, sofri inúmeras calúnias e ataques durante muitos anos. *O Globo*, particularmente, tentou muitas vezes me agredir. Talvez nenhuma delas, porém, tenha sido tão séria quanto o esforço do grupo para me colocar a infamante pecha de chantagista, e de acusador a réu, traidor da Pátria.

Tudo começou com uma notícia publicada no *Washington Post* do dia 3 de abril de 1966, transcrevendo despacho de uma jornalista que se assinava Geórgia Anne, do Chicago News Service. De acordo com esse despacho, o embaixador dos Estados Unidos no Brasil, Lincoln Gordon, havia sido procurado por João Calmon, "cujo império estava mergulhado em dívidas" (não havia aí a referência a Chateaubriand de quem eu era apenas um empregado), com um pedido de dinheiro. Ante a negativa de Gordon, Calmon teria jurado vingar-se, passando a atacar os interesses norte-americanos no Brasil.

Tomei a iniciativa de passar imediatamente um telegrama a Lincoln Gordon. O ex-embaixador não estava em Washington, mas na Costa Rica, de onde embarcaria em seguida para Santiago do Chile. Apesar disso, no dia 12 chegava ao Rio sua resposta, que era incisiva. Negava serenamente que tivesse ocorrido o incidente.

Transcrevo aqui o principal trecho de seu telegrama: "Jamais o senhor solicitou que a Embaixada desse dinheiro para salvar os *Diários Associados* e isto em nenhum momento seria por nós cogitado. Do mesmo modo, o senhor nunca ameaçou vingar-se atacando a política dos Estados Unidos, se tal dinheiro não lhe fosse dado."

Da tribuna da Câmara dos Deputados, em 10 de maio de 1966, e pela TV Tupi do Rio, em 24 de maio, repeli frontalmente a acusação feita pelo grupo Roberto Marinho. Lembrei, nesse pronunciamento pela televisão, que "a luta pela destruição de um representante do povo brasileiro não se limita às nossas fronteiras, mas se estende a outros países, onde existe a influência do poderoso grupo Time-Life"

Trecho do livro de memória do autor "Minhas Bandeiras de Luta" (Brasília, Fundação Assis Chateaubriand, 1999).

# Guerreiro antigo

Assis Chateaubriand

Trecho de artigo publicado pelos jornais da cadeia dos Diários Associados.

Nenhum outro homem dividiu consigo os louros da sua carreira.
Esse homem tem no peito quente o fogo de um guerreiro antigo.
O veludo das suas grandes horas de âmbar e seda envolve toda a sua personalidade.
Manda como um chefe de Khan asiático.
Minhas Senhoras, Meus Senhores:
Calmon tem pássaros no coração e plumas no peito majestoso!

Líbero Badaró
Samuel Wainer
Trajano Coelho Neto
Edmar Morel
Carlos Lacerda
Odylo Costa Filho
Otto Lara Resende
João Calmon
Luiz Beltrão
Mário Erbolato
Juarez Bahia
Alberto André
Herbert Levy
Monteiro Lobato
Arnon de Mello
Vitorino Prata Castelo Branco
Amaral Raposo
Landell de Moura

IX

# LUIZ BELTRÃO
## As múltiplas faces de um pioneiro

Jorge Duarte

Ensaio publicado na revista *Imprensa* nº 169, março/2002, p. 73-80.

**Jorge Duarte** - Técnico em Comunicação Social da Embrapa. Mestre e doutor em Comunicação Social pela Umesp. Professor do UniCeub e do Iesb. Co-organizador dos livros "Memórias das Ciências da Comunicação no Brasil: os grupos do Centro-Oeste" e "Comunicação para Ciência".

O pernambucano Luiz Beltrão é referência brasileira em jornalismo e comunicação. Trabalhou em redações de jornais, no ensino, na pesquisa, na divulgação, em relações públicas. Criou a primeira revista e o primeiro centro de pesquisa acadêmicos em Comunicação no País. Escreveu ensaios e manuais, romances, contos, livros de memórias, fundou cursos e deixou discípulos. Mesmo autodidata e perseguido durante o regime militar, tornou-se o primeiro Doutor em Comunicação no Brasil, com a tese na qual criou o termo Folkcomunicação, ainda hoje um dos principais temas da pesquisa universitária no País. Publicou 20 livros. Em várias áreas, foi pioneiro. Seu principal objetivo era entender o processo de comunicação e torná-lo instrumento de compreensão da realidade e do desenvolvimento.

Luiz Beltrão de Andrade Lima nasceu em 1918, em Olinda. No ano de 1936, ainda no ginásio, ingressou no *Diário de Pernambuco* como revisor, chegando rapidamente a repórter. Na época, jornalismo era atividade diletante de muitos, às vezes ajudava a ser conhecido na sociedade mas não garantia o sustento de nenhuma família. Era "um gancho", no dizer de Beltrão e por isso ele se tornou também funcionário público enquanto não concluía o curso de Direito.

Durante o período em que trabalhou no *Diário de Pernambuco,* descobriu, por meio de um livro francês, que era possível estudar para aprender a atuar em uma redação e dedicou o resto da vida a compreender e ensinar o jornalismo. Tornou-se jornalista profissional em 1940 e dois anos depois transferiu-se para o concorrente *Folha da Manhã* onde iniciou uma regular contribuição literária e chegou a redator-secretário. Também atuou em rádio, revistas, agências e assessoria de imprensa, acumulando experiência que incluiu passagem no DIP, presidência da Associação de Imprensa de Pernambuco e criação do Sindicato dos Jornalistas Profissionais.

*Luiz Beltrão se considerava um "abridor de picadas." Fez incursões em várias áreas do jornalismo e da comunicação, criando cursos, escrevendo um consistente conjunto de obras, incentivando alunos, pesquisadores e professores, formulando teorias, aventurando, expondo-se. Muito do que produziu foi questionado, embora seja injusto analisar sua obra fora do contexto da época em que foi gerada.*

*Seu grande desafio pessoal era a incomunicação, que notava, particularmente, entre pessoas dos centros ditos desenvolvidos e o homem excluído, marginalizado. Para vencê-la, buscava a ajuda de todos. É improvável que um estudante de jornalismo brasileiro do século 20 não tenha consultado uma obra sua. Suas idéias e ações ajudaram a formar mais de uma geração de profissionais em todo o Brasil. Hoje existe uma produção acadêmica consistente em folkcomunicação, tema freqüente em trabalhos acadêmicos e congressos nacionais e internacionais.*

*Luiz Beltrão é assunto de tese de doutorado, verbete de Dicionário de Comunicação, empresta seu nome a ruas, biblioteca e ao prêmio anual de Ciências da Comunicação, criado pela INTERCOM – Sociedade Brasileira de Estudos Interdisciplinares da Comunicação (da qual foi sócio-fundador) para reconhecer personalidades e instituições pela contribuição relevante ao campo acadêmico da comunicação.*

## Professor Inesquecível

Beltrão gostava mesmo era de discutir jornalismo e logo que pode abandonou a redação para dedicar-se ao ensino. Seus alunos da Paraíba formaram a primeira turma a concluir um curso superior de Jornalismo no Nordeste. Graças à campanha feroz por ele liderada, Pernambuco ganhou um curso superior em Jornalismo (instalado na Universidade Católica), mesmo contra os jornalistas da época. Com duração de três anos, deveria formar profissionais, promover pesquisas e renovar os processos jornalísticos, embora não houvesse espaço físico, experiência, corpo docente, literatura. Entrevista-

va e convencia os candidatos a alunos, alguns, colegas profissionais. Tornou-se um fomentador de vocações, não apenas para jovens recifenses. Por iniciativa de Beltrão, foram oferecidos cursos de verão e bolsas de estudos obtidas com o patrocínio de grandes empresas para estudantes até de outros Estados.

Estabilizado o curso de Jornalismo e entusiasmado com as possibilidades no campo da comunicação, criou, quando da formatura da primeira turma, em dezembro de 1963, o Icinform (Instituto de Ciências da Informação), entidade que atuaria com treinamento de pessoal, pesquisa, e divulgação de pesquisas no âmbito universitário. Ali promoveu cursos, pesquisas, excursões, visitas. Motivou alunos como José Marques de Melo, Roberto Benjamin, Tereza Lúcia Halliday, Gaudêncio Torquato e Zita de Andrade Lima a executar investigações com as possibilidades metodológicas da época e teorizar sobre o campo da comunicação.

O Icinform deu origem à primeira revista acadêmica brasileira no campo da comunicação: a *Comunicações & Problemas.* No primeiro número, um artigo do próprio Beltrão seria o germe de sua principal contribuição à comunicação brasileira. Com o título de *O Ex-voto como veículo jornalístico*, apresentava a noção de folclore e suas práticas como "canal de comunicação coletiva", tanto de informação como de opinião, uma nascente que desaguaria na tese de doutorado. No segundo número da revista, carta de entusiasmo e incentivo a respeito do texto, enviada por Luís da Câmara Cascudo.

Em Pernambuco, já havia esgotado seu potencial. Por isso aceitou convite do amigo José Vanberto, assessor de imprensa da Presidência da República, para assumir a Faculdade de Comunicação da Universidade de Brasília, em crise naquele momento, efeito direto do golpe de 1964. O próprio Pompeu de Sousa, criador do projeto inovador e diretor da faculdade, era o primeiro na lista de 15 professores, de vários cursos, a serem afastados pelo regime militar. Como forma de pressão, 233 professores encaminharam pedido de demissão. O governo, surpreendentemente, aceitou a renúncia coletiva, gerando caos no meio acadêmico, com desarticulação administrativa e pedagógica de praticamente todos os cursos. Beltrão aceitou o papel de administrar o descalabro na Faculdade de Comunicação, tentar se manter acima das disputas políticas e iniciar seus próprios planos de faculdade, realizando do projeto inicial o que fosse possível nas condições impostas pelo regime militar.

O novo diretor ficou três semestres organizando a Faculdade de Comunicação, mas não conseguiu contornar o clima de disputa interna, conflito com professores e alunos e estremecimento nas relações com o reitor da UnB, o que se juntou à acusação de comunista junto ao Serviço Nacional de Informações. Oficialmente, a justificativa da saída foi incompatibilidade com os demais professores. Para José Marques de Melo, "ele enfrentou uma direita mau-caráter e uma esquerda pouco tolerante e foi triturado, mas o próprio Pompeu de Sousa reconheceu seu mérito, anos mais tarde."Mesmo em permanente crise, organizou um centro de pesquisa, editou jornal laboratório e livros, promoveu eventos, mobilizou alunos para tarefas de campo e criou a primeira faculdade de comunicação coletiva do Brasil.

Apesar dos convites para fixar residência em outras regiões, Beltrão havia se apaixonado por Brasília. Após deixar a UnB, tornou-se professor-fundador do curso de Comunicação do Centro Universitário de Brasília (atual UniCEUB), onde ficou por 15 anos, viajando com freqüência para ministrar cursos, palestras e participar de eventos.

Seus ex-alunos o consideram um tipo de professor inesquecível. Incentivava a pesquisa, mobilizava a turma para realizar trabalhos, muitos deles apresentados no auditório lotado. Usava várias apostilas, mas gostava mesmo era de provocar debates. E as conversas geralmente transformavam-se em discussão. Enviou os alunos para diversos lugares de Brasília para recolher inscrições nas portas de banheiros públicos (rodoviárias e faculdades, principalmente) e avaliá-los como mensagens dos grupos "erótico-pornográficos", material que, sob espanto de muitos, publicou, inclusive com ilustrações, no livro Folkcomunicação. Os trabalhos da disciplina realizados pelos alunos deveriam gerar publicações e muitos ainda estão à disposição na biblioteca.

Luiz Beltrão e familia

Uma de suas apostas foi um curso de especialização que reuniu professores como Michel Thiollent, Adísia Sá, Juan Diaz Bordenave, Roberto Benjamin, José Marques de Melo, Anamaria Fadul. Também investiu na pesquisa em turismo e propôs um evento "religioso e profano" reunindo atividades de cunho artístico, religioso e folclórico para representar a Paixão de Cristo, utilizando o ambiente mais famoso da capital, a Esplanada dos Ministérios, como cenário integrado à apresentação. Chamado de Drama da Paixão Ano 2000, seria um musical tipicamente brasileiro incluindo dança e teatro.

## Clássico do Jornalismo Brasileiro

Desde a década de 1950 Luiz Beltrão defendia a formação acadêmica para o jornalista. Mesmo contra a grande maioria de seus colegas de profissão, acreditava que deveria haver formação de nível superior, mesmo que não fosse exatamente em jornalismo. Para a época, em que a profissão era um "bico", a proposta era inovadora demais. Por isso a polêmica inesperada, em 1953. O local, Curitiba, 5º Congresso Nacional de Jornalistas.

Ele apresentou a tese *Liberdade de imprensa e formação profissional*, defendendo a exigência de curso superior, qualquer curso, para jornalistas, como condição básica para a existência da liberdade de imprensa e para permitir o desenvolvimento da profissão. Achava que a proposta passaria desapercebida, "mas o tema seria tão explosivo quanto o biquíni, que acabava de ser lançado nas praias brasileiras."Uns o chamavam de traidor da classe, outros "queriam erguer uma estátua."Também surgia o embrião do professor e pesquisador: "o indivíduo deve ter curso superior, porque na universidade é onde se pesquisa, é onde se faz experiência."

Naquele momento, a televisão brasileira mal havia surgido, o *lead* era uma técnica recém importada e ainda incompreendida; os cursos de jornalismo, raros, recentes, precários. Bibliografia? Quase inexistente. E a partir desse congresso, Beltrão passaria a sistematizar suas idéias que iriam se formalizar em *Iniciação à filosofia do jornalismo*, livro publicado em 1960 e clássico imediato, com tiragem de 5.000 exemplares e repercussão até no exterior. Com o livro, Beltrão abriu caminho para uma literatura jornalística especializada, didática, que adotava como referência os principais conceitos da bibliografia internacional, adaptados à realidade nacional.

Numa época em que o jornalismo como profissão era desacreditado, preocupava-se em sistematizar informações e disseminá-las de maneira a tornar a informação dos meios de comunicação de massa mais próxima da sociedade. *Iniciação* foi reeditado em 1992, como clássico do jornalismo brasileiro, ao lado de títulos de Barbosa Lima Sobrinho, Rui Barbosa, Alceu Amoroso Lima, Carlos Lacerda e Danton Jobim.

## "Inventor" da Folkcomunicação

Para muitos, no Brasil e no exterior, Luiz Beltrão lembra *folkcomunicação*. Apesar da simplificação, faz sentido. Beltrão inventou o termo, definiu-o, deixando formada uma disciplina científica com várias linhas de pesquisa. A tese sobre folkcomunicação, defendida em 1967, o converteu no primeiro doutor em Comunicação do Brasil. No entanto, a UnB levaria 14 anos para emitir o reconhecimento do título. Ninguém havia defendido doutorado na área, ainda desprezada por muitos do meio acadêmico. A própria tese permaneceu inédita durante mais de trinta anos. Mas a partir deste texto Beltrão ganharia projeção internacional como pesquisador.

Beltrão conversa com os jornalistas José Marques de Melo e Matilde Perez Palácios (Peru), na companhia do filho Luis Antônio, durante o congresso Latino - Americano de Imprensa (São Paulo)

Beltrão e sua esposa D. Zita, em 1974, ladeados pelos antigos alunos Teresa Halliday (esquerda) e Roberto Benjamin (direita), hoje professores universitários em Recife

Na tese, debruça-se nas teorias sobre comunicação da época, seu próprio conceito de jornalismo, a comunicação no Brasil antes de Cabral, as tradições populares, os ritos, os processos de relacionamento nas comunidades, o fazer, o interpretar o mundo, o anunciar, as formas cênicas, a expressão da vivência e da informação, a estética como comunicação, artes visuais, os espetáculos, as manifestações pictóricas. Beltrão analisa folclore, vida comunitária e comunicação cotidiana, formulando uma teoria tão simples quanto surpreendente.

Um dos seus grandes méritos foi mudar a maneira de se interpretar a comunicação popular. Em vez de analisá-la a partir da confrontação dos meios massivos ou do referencial do observador, é percebida como manifestação própria de um determinado grupo cultural. Tem como pressuposto que os veículos de comunicação de massa sequer influenciam muitas comunidades e nem mesmo as alcançam. Esses grupos têm suas próprias formas de comunicação em processos e produtos culturais percebidos de fora apenas como manifestações tradicionais, conservadas por gerações, muitas vezes com algumas modificações. E identifica nos meios informais – símbolos, ritos, manifestações populares, linguagem, imagens – mecanismos tão rotineiros para a obtenção de informação e transmissão de opinião como os de um cidadão de uma capital que lê seu jornal favorito.

Assim, o cordel e o artesanato, deixam de ser apenas produtos artísticos rústicos para se transformar em veículos de comunicação, de transmissão de informações intragrupal e interpessoal. Seu conceito de folkcomunicação torna-se seminal em toda a literatura nacional sobre temas relacionados à comunicação: "é o processo de intercâmbio de informação e manifestação de opiniões, idéias e atitudes da massa, através de agentes e meios ligados direta ou indiretamente ao folclore".

A noção deste tipo de comunicação leva, ainda, à descoberta, no cantador popular, no artista da periferia, não apenas de um produtor cultural, mas informante referencial, que se caracteriza inclusive como realizador da ação jornalística. Vê na presença de personagens como o poeta popular, o motorista de caminhão, o ceramista, o redator de almanaques, aspectos relacionados à comunicação de massa, limitada no contexto da região ou de sua caminhada, mas ainda assim, comunicação informativa ou opinativa. O artesão, por exemplo, seria uma espécie de folkjornalista, ao selecionar informações do ambiente em que vive e retransmitir aquilo que faz sentido para seu público, mantendo uma unidade no grupo. Exemplo: Mestre Vitalino, ao modelar um bêbado apanhando de porrete da polícia, estaria relatando um fato e fazendo uma denúncia. São informações típicas da comunidade, ainda não contaminados pela influência da mídia.

Beltrão via na folkcomunicação um potencial estratégico para o diálogo com as classes marginalizadas e não apenas como "objeto de curiosidade, de análise mais ou menos romântica e literária." A tese foi defendida na UnB durante um período em que Beltrão não era bem visto e, apesar da aprovação dos dois pesquisadores estrangeiros, integrantes da banca examinadora, que recomendam "distinção e louvor", somente receberia o título em 1981. Para tanto, teve que instaurar processo administrativo pelo qual requeria o diploma, sob o burocrático argumento de sua necessidade para poder coordenar o curso de *Pós-Graduação em Ciências da Comunicação* no UniCeub que estava organizando. No *Catálogo de Dissertações e Teses da UnB*, o título de Beltrão é registrado como obtido em 1967, o que comprova o seu pioneirismo como primeiro doutor em Comunicação do Brasil.

Apesar da limitada divulgação inicial da tese, cópias circularam por todo o País e o estudo da folkcomunicação começa a ser incluído nos currículos de Comunicação como tema ou disciplina. O trabalho de Beltrão chegou ao exterior e seu objeto de estudo foi apropriado por organizações de todo tipo que lidam com camadas populares. O livro com o texto da tese foi censurado, quando divulgado apenas parcialmente quatro anos depois, sob o título *Comunicação e folclore*. Sua versão integral foi recentemente publicada em livro, sob o título *Folkcomunicação*, pela Editora da Pontifícia Universidade Católica do Rio Grande do Sul, por inciativa do Professor Antonio Hohlfeldt.

Beltrão fez grande esforço para aprofundar o tema e, em 1980, publica *Folkcomunicação: a comunicação dos marginalizados*, no qual discute a separação e até o confronto entre dois sistemas de comunicação: o da elite, aquele do qual fazemos parte, os que temos acesso ao livro, aos meios de comunicação digitais, à informação pública; e, o outro, o dos abandonados, os sem-livros, sem vez, sem voz, os excluídos.

## Inovador em relações públicas

Na área de relações públicas, Luiz Beltrão trabalhou na Funai – Fundação Nacional do Índio – a partir de 1969, elaborando um sistema de informação e orientação que talvez tenha sido o mais completo e sistemático dirigido para um único tema já realizado no Brasil. Trata-se de um bom exemplo das possibilidades do uso do *clipping*. Foi um minucioso e amplo trabalho de leitura da imprensa brasileira para apoiar a formulação de políticas públicas na área indigenista, não apenas no relacionamento com a imprensa e a sociedade, mas também com os próprios índios. Ele identificava diariamente, nos principais jornais brasileiros, todas as matérias sobre índios e a cada três meses elaborava um detalhado relatório para a direção da Funai.

Lúcia Passos, que trabalhou na Funai naquele período, explica que "o mérito maior era apontar à presidência da Funai e ao Ministério as probabilidades de conflito, o que daria certo ou não. Ele analisava, projetava situações e indicava onde iria estourar um problema. Naquela época, o relações públicas era apenas um atendente de luxo nos órgãos públicos, que fazia festas. O conceito de Beltrão era diferente."

Luiz Beltrão sempre enfatizou a necessidade de pesquisa para a atuação do relações públicas, de avaliação, caso contrário seria "desperdiçar trabalho, mutilar um processo e malbaratar o dinheiro...."O trabalho renderia o livro *O índio, um mito brasileiro,* talvez a mais interessante análise morfológica e de conteúdo publicada na língua portuguesa. Nele, apresenta estudo detalhado realizado durante 25 meses sobre o índio na imprensa brasileira. Na época, segundo o próprio Beltrão, talvez apenas o futebol fosse assunto mais freqüente nas páginas dos diários. O total dos textos analisados foi equivalente a 603 páginas de jornal *standard.* Uma das conclusões é "o despertar da consciência do aborígine de seus direitos naturais, reconhecidos – embora nem sempre respeitados – pela civilização branca."

## Produção acadêmica e literária

Paralelo ao seu trabalho na Funai e à docência no UniCeub, a carreira de Beltrão prosseguiu em várias frentes. Só entre 1968 e 1980 publicaria dez livros.

Foi co-presidente da Federação Católica Latino – Americana de Escolas de Jornalismo, em 1967, e presidente da Unión Latinoamericana de Prensa Católica, em 1969. Passa a ministrar cursos para órgãos públicos, estudantes, professores em todo Brasil; elabora currículos de cursos superiores de jornalismo e relações públicas. Prepara cursos e textos para a Igreja Católica (alguns deles nunca publicados) sobre abordagens teológicas da comunicação. Também realiza pesquisa em escolas de jornalismo da América Latina e publica artigos em diversas revistas científicas.

Beltrão deixou uma vasta produção acadêmica e literária. Organizou currículos de diversas faculdades por todo o Brasil, ministrou cursos em várias áreas: jornalismo, relações públicas, opinião pública, ensino de comunicação; elaborou apostilas e escreveu 20 livros. Conheceu todo o Brasil, Europa e América Latina ensinando, aprendendo e discutindo jornalismo. Chegou a entrar na Cortina de Ferro sem ser visto, mas nunca teve problemas, em razão da intermediação de colegas. Viajou à China e na volta publicou textos em jornais que viraram livro sobre o país.

Ao longo da vida também publicou ficção, uma atividade que praticava por diletantismo, embora nunca tenha pago para imprimir um livro, o que era comum. O primeiro, *Os Senhores do mundo*, de 1950, venceu o prêmio principal da Academia Pernambucana de Letras, o Othon Bezerra de Melo. Como repórter "convivia muito com o povo das chamadas classes subalternas" e o romance tratava daquelas pessoas, próximas a ele.

Em 1960, como resultado de suas reflexões sobre o jornalismo, publicou *Iniciação à filosofia do jornalismo*, início de uma série de vários livros de sua autoria que passaram a ser imediatamente adotados nos cursos superiores. Em 1963, já reconhecido por sua capacidade pedagógica, suas conferências na disciplina *Métodos en la enseñanza de la tecnica del periodismo,* no Ciespal – Central Internacional de Estudios Superiores de Comunicación para América Latina, onde sucedeu o catedrático Danton Jobim, transformaram-se numa antologia didática que, infelizmente, não teve ainda edição em português. Nele, propõe-se a mostrar como e o que ensinar em jornalismo, sugere currículo, métodos de ensino e teoriza sobre jornalismo, material que aproveitaria parcialmente em *A Imprensa informativa: técnica da notícia e da reportagem no jornal diário*, de 1969, considerado pelo editor o primeiro livro didático de técnica de jornal do Brasil: É um manual que trata desde a questão do ensino de jornalismo até a técnica de produção da notícia, da fotografia, com ênfase nos tipos de reportagem.

Durante a década de 1960, os livros de jornalismo, exceção dos trabalhos históricos de Carlos Rizzini, Luis do Nascimento e Nelson Werneck Sodré, em geral, ressentiam-se de dois problemas básicos: eram traduzidos ou escritos a partir de experiências pessoais, do tipo memórias ou depoimentos, com sabor pitoresco ou saudosista. Por isso mesmo, aquele manual didático escrito por Luiz Beltrão tornou-se essencial no ensino da técnica de produção jornalística durante toda década de 1970. Ele seria a base de uma trilogia na área, integrada posteriormente por *Jornalismo interpretativo* e *Jornalismo opinativo*. Estes dois, editados no Rio Grande do Sul, foram produzidos a partir de cursos que costumava ministrar.

> *A partir da experiência como professor de Teorias da Comunicação, Luiz Beltrão passou a produzir livros-texto também para a área básica. O primeiro surge em 1973,* Fundamentos científicos da comunicação, *mesmo nome da disciplina que ministrava. Depois lança* Teoria geral da comunicação *que trata da comunicação entre os seres vivos, inclusive animais, plantas, expõe uma tipologia, discute as linguagens e o processo de comunicação e teoriza sobre uma eventual comunicação com extraterrestres, que chama* exobiocomunicação. *O ciclo se encerra com sua obra mais importante na área e ainda hoje adotada em faculdades:* Subsídios para uma teoria da comunicação de massas, *de 1986. A autoria é dividida com Newton Quirino, ex-aluno, colega no Centro Universitário de Brasília e seu sucessor na disciplina* Teoria da comunicação. *Esta obra, assim como a maior parte de seus livros, tinha o objetivo de apresentar reflexões e servir de material didático para o ensino e a pesquisa em jornalismo e em comunicação.*

Na década de 1980, teve fôlego para revisitar sua terra natal, e dedicar-lhe dois livros: *Contos de Olanda*, ambientados em Olinda, que transita entre a ficção e o memorialismo e *Memória de Olinda*, belo livro de reminiscências. Ficou paralítico das pernas devido a um acidente vascular cerebral ocorrido no palco, em 1985, quando dramatizava um conto para cerca de 40 pessoas na pequena sede da Associação Nacional de Escritores, em Brasília, da qual era diretor. Mesmo em cadeira de rodas e contra expressas ordens médicas, lançou *Subsídios para uma teoria da comunicação de massa*, com grande festa no auditório do Centro Universitário de Brasília. No dia 24 de outubro de 1986, aos 68 anos, morreu no Hospital das Forças Armadas, na capital da República, deixando um imenso legado intelectual.

## Para saber mais sobre Luiz Beltrão

BENJAMIN, Roberto – *Folkcomunicação no contexto de massa,* João Pessoa, Editora da UFPB, 2000

BENJAMIN, Roberto (org). *Itinerário de Luiz Beltrão.* Recife: Associação da Imprensa de Pernambuco/Fundação Antonio dos Santos Abranches-Fasa, (Perfis Pernambucanos; 9) 1998. 311 p.

DUARTE, Jorge – Luiz Beltrão, In: MARQUES DE MELO, José & DUARTE, Jorge (orgs). *Memória da Comunicação no Brasil: os grupos do Centro-Oeste.* Brasília: UniCEUB/Unesco/Rideel, 2001, p. 127-156.

FELICIANO, Fátima Aparecida. *Luiz Beltrão, um senhor do mundo.* São Paulo: Universidade de São Paulo, Escola de Comunicações e Artes, 1993. (Tese de Doutoramento)

KUNSCH, Waldemar – Prêmio Luiz Beltrão sinaliza contribuições relevantes para a área de comunicação, *Comunicação & Sociedade,* nº 36, São Bernardo do Campo, Universidade Metodista de São Paulo, 2001, p. 236-238

MARQUES DE MELO, José (org) – *Mídia e Folclore, o estudo da Folkcomunicação segundo Luiz Beltrão,* Maringá, Faculdades Maringá, 2001

MARQUES DE MELO, José. Trajetória pedagógica de Luiz Beltrão. In: *Revista Brasileira de Comunicação.* v. 53. São Paulo: Intercom. 1985, p. 65-70,

NÓBREGA, Maria Luiz – Icinform: uma experiência pioneira, In: MARQUES DE MELO, José & GOBBI, Maria Cristina (orgs.). *Gênese do Pensamento Comunicacional Latino-americano:* o protagonismo das instituições pioneiras Ciespal, Icinform, Ininco. São Bernardo do Campo, Umesp, Unesco. 1999, p. 167-180.

TARGINO, Maria das Graças – A contribuição do Instituto de Ciências da Informação (Icinform) na gênese do pensamento comunicacional brasileiro, In: MARQUES DE MELO, José & GOBBI, Maria Cristina (orgs.). *Gênese do Pensamento Comunicacional Latino-americano:* o protagonismo das instituições pioneiras Ciespal, Icinform, Ininco. São Bernardo do Campo, Umesp, Unesco. 1999, p. 181-192.

Líbero Badaró
Samuel Wainer
Trajano Coelho Neto
Edmar Morel
Carlos Lacerda
Odylo Costa Filho
Otto Lara Resende
João Calmon
Luiz Beltrão
Mário Erbolato
Juarez Bahia
Alberto André
Herbert Levy
Monteiro Lobato
Arnon de Mello
Vitorino Prata Castelo Branco
Amaral Raposo
Landell de Moura

---

X

# MÁRIO ERBOLATO
## Jornalismo como serviço público

Eliana Martins Marcolino

Ensaio publicado na revista *Imprensa* nº 177, novembro/2002, p. 63-70.

**Eliana Martins Marcolino** - Bacharel em Jornalismo pelas Faculdades Associadas do Espírito Santo (Faesa). Mestre e doutoranda do Programa de Pós-Graduação em Comunicação Social da Universidade Metodista de São Paulo.

Resgatar a trajetória de Mário Erbolato significa falar de um notável profissional da imprensa que ofereceu contribuição substanciosa para sistematizar e teorizar em obras didáticas suas experiências nas redações de jornais paulistas. Por isso, é respeitado como jornalista e se destacou também como professor, pesquisador e escritor. Construiu uma carreira de extrema dedicação à profissão.

Em entrevista concedida ao jornalista Dário Borelli, Erbolato declarou que "viveu para o jornalismo e não do jornalismo", orgulhando-se em dizer que era apenas um repórter.

Encarava a profissão como arte, vocação, ciência, técnica, um serviço ao povo, aos interesses do cidadão, e daqueles que não têm quem os defenda.

Diz que é uma atividade considerada das mais importantes. "*Nada do que se fez, do que se faz e do que se fará no mundo se tornará conhecido se não houver um jornalista para divulgar.*"

Ele acrescenta que não existe uma definição sobre o que seja o jornalismo. Mas declara: "*Sentimos os reflexos, os efeitos do jornalismo quando ele combate iniqüidades, quando ele luta pela melhoria das condições de vida, quando ele pede a punição daqueles que se apoderam ilicitamente da coisa pública. O jornalismo dá a impressão de ser uma coisa onipresente e onisciente, ainda que deva ser humilde e jamais se considerar plenamente realizado.*"

## Perfil de um autodidata

Quando se formou em Direito na PUC de Campinas, na década de 50, Erbolato já era um respeitado jornalista profissional

Com o título de bacharel em Ciências Jurídicas e Sociais, porém autodidata em Jornalismo, foi, sobretudo nessa área que Erbolato se destacou como profissional e, mais tarde, como professor.

Mário de Lucca Erbolato nasceu em Campinas (SP) no dia 4 de maio de 1919. Casou-se com Lucy Camargo Erbolato, com quem teve um filho e, posteriormente, teve dois netos.

Concluídos os estudos de primeiro e segundo graus em 1952, aos 33 anos de idade, ingressou no curso superior na Faculdade de Direito da Pontifícia Universidade Católica de Campinas. Mas nessa época já era um respeitado profissional da área de jornalismo, exercendo o cargo de redator-responsável do *Diário do Povo*, de Campinas, e correspondente do jornal *O Estado de S.Paulo* naquela cidade.

Assim, a nova profissão ficou à espera de uma oportunidade para ser posta em prática. Isto aconteceria, por exemplo, em 1960, quando foi admitido como advogado do Sindicato dos Trabalhadores de Empresas Ferroviárias da Alta Mogiana e, sobretudo, ao explorar os conhecimentos acumulados nessa área em algumas de suas obras.

É o caso de *Técnicas de codificação em jornalismo*, na qual ele pondera que as inovações tecnológicas trouxeram grandes benefícios para a imprensa. A eletrônica, particularmente, permite transmitir informações mais amplas e de maneira mais rápida. Porém, segundo Erbolato, "nunca se encontrará um computador que emita explicações aceitáveis sobre as notícias, ao simples toque de um botão. Nem é possível inventar uma fórmula mágica, que esclareça, rapidamente, o sentido que as pessoas dão às notícias e aos valores. A interpretação das informações é pessoal, fazendo-se necessário que elas sejam precisas e, em sua elaboração, se evitem abusos e excessos".

Foi principalmente na obra *Deontologia da comunicação social* que ele explorou mais amplamente seu domínio de conhecimentos legislativos. Essa obra oferece uma visão panorâmica das diretrizes que regem a área no Brasil. Nela discorre, por exemplo, sobre o artigo 12 da Declaração Universal dos Direitos do Homem: "Ninguém será sujeito a interferências na sua vida privada, na sua família, no seu lar ou na sua correspondência, nem a ataques à sua honra e reputação. Todo homem tem direito à proteção da lei contra tais interferências ou ataques."

Ao abordar sobre a implantação da imprensa no Brasil e as primeiras transmissões de rádio e da televisão, focaliza a responsabilidade dos comunicadores no uso desses veículos, uma preocupação recorrente em seu pensamento. Dizia ele, por exemplo: "Registre-se que a exploração das paixões e do sexo com objetivos consumistas constitui uma violação dos direitos individuais e que os meios de comunicação de massa têm se convertido, muitas vezes, em veículos de propaganda do materialismo reinante, até na área classificada de lazer."

# Ao mestre, com carinho

*José Benedito Pinho**

No início de 1970, o prédio central da Puccamp, antigo palacete de um dos barões do café de Campinas e sede da sua tradicional Faculdade de Direito, acolhia o novo e inquieto grupo de acadêmicos do recém-criado Curso de Comunicação Social, com habilitações em Jornalismo, em Publicidade e Propaganda e em Relações Públicas.

Por sua vez, os próprios docentes também sentiam uma curiosidade natural por um Curso que era novidade total, ainda pouco disseminado naqueles tempos. Entre os professores arregimentados pelo então reitor da Puccamp, Professor Benedito José Barreto Fonseca, figurava o advogado e jornalista Mário de Lucca Erbolato, na sua primeira experiência como docente.

Como um dos alunos da primeira turma do Curso pude acompanhar de perto o importante papel que o Professor Erbolato teve ao longo do processo de sua implantação e consolidação. Depois de formado, a partir de 1975, tive então o privilégio de ser colega de Mário Erbolato, como responsável pela disciplina Técnicas de Publicidade e Propaganda, como coordenador da habilitação em Publicidade e Propaganda (ele coordenava a habilitação em Jornalismo) e como co-fundador da revista *Comunicarte*, na verdade nascida de sua inspiração, vontade e... paixão.

Acima de tudo, Mário de Lucca Erbolato era profundamente estimulante pelo entusiasmo com as questões do ensino e da pesquisa de jornalismo. Seu trabalho e sua liderança natural contribuíram decisivamente para que as demais habilitações do Curso elaborassem e trabalhassem de maneira harmoniosa em um projeto pedagógico coeso e integrado.

A perseverança e a dedicação do professor Erbolato superaram até mesmo os problemas de saúde que enfrentou por vários anos. Durante o tratamento médico a que foi submetido empenhou-se em uma tarefa quase hercúlea: a finalização do seu *Dicionário de Propaganda e Jornalismo*, idéia que surgiu em 1976 e exigiu longo tempo de dedicação até a publicação em 1985. Meticuloso, a obra foi sendo construída a partir de verbetes do jornalismo e da publicidade cuidadosamente datilografados em fichas de papel sulfite, mas muitas vezes reescritos depois de suas constantes releituras.

Falecido no dia 8 de julho de 1990, Mário Erbolato deixou como legados o seu exemplo de vida e a sua obra intelectual e acadêmica. Mas, sobretudo, também despertou em muitos daqueles que com ele conviveram a paixão pela Comunicação, pelo ensino e pela pesquisa.

*Professor-titular do curso de Jornalismo da PUC - Campinas desde 1986. Diretor de Projetos da Sociedade Brasileira de Estudos Interdisciplinares da Comunicação (Intercom).

## De repórter a professor

Ainda bem jovem, já externava interesse para o exercício da profissão de jornalista. Sua carreira começou aos dezessete anos de idade, em 1936, período em que passou a freqüentar a redação do *Diário do Povo*. Inicialmente, sem qualquer vínculo empregatício, exercia atividades burocráticas e redigia textos esporádicos, mas já em 1938 se tornou redator-responsável desse jornal campinense.

Sempre preocupado com a formação dos profissionais de imprensa, para socializar a sua experiência chegou a criar uma "escolinha" de treinamento e reciclagem de jornalistas. Ao mesmo tempo, desempenhava-se como correspondente de *O Estado de S.Paulo*, função que ele manteria ainda depois de 1960, quando deixou o *Diário do Povo*.

Nos dois veículos, foi responsável por grandes reportagens integradas à memória política do País. Ampliou o raio de ação da Agência Estado, existente desde 1917, expan-

## Pensamento jornalístico

*Mário Erbolato*

O jornalismo foi e é quase tudo em minha vida. O jornalismo é arte, vocação, ciência, técnica, é servir ao povo, servir aos interesses do cidadão, ou os interesses daqueles que não têm quem os defenda, enfim, é atividade que considero das mais importantes.

Nada do que se fez, do que se faz e do que se fará no mundo se tornará conhecido se não houver um jornalista para divulgar as descobertas, as experiências, as conclusões, os debates, enfim, tudo aquilo que signifique progresso, conquista do trabalho humano.

Costuma-se dizer – e isso vem desde o meu tempo de jornalista principiante – que há muitas portas de entrada e nenhuma de saída. Tenho comprovado esta verdade. Desde 1936 estou na profissão. Já poderia estar aposentado, com o meu trabalho um pouco diminuído. No entanto, continuo sempre no mesmo ritmo, sempre procurando conhecer a respeito dessa minha profissão, que abracei e da qual eu gosto.

Não há uma definição sobre o que seja jornalismo. Mas nós sentimos reflexos, os efeitos do jornalismo quando ele combate iniqüidades, quando ele luta pela melhoria das condições de vida, quando ele pede a punição daqueles que se apoderam ilicitamente da coisa pública. O jornalismo dá impressão de ser uma coisa onipresente e onisciente, ainda que deva ser humilde e jamais se considerar plenamente realizado.

O jornalista tinha identidade, o jornalista tinha personalidade, o jornalista tinha o seu valor perante as autoridades. (...) Hoje o jornal é um todo onde nem os nomes dos responsáveis pelas editorias aparecem em qualquer parte. Sou colega de jornalistas que ninguém, a não ser os amigos deles, sequer sabe que eles foram jornalistas.

Uma das grandes dificuldades que eu encontrava no início da minha carreira era a cobertura dos acontecimentos nacionais e internacionais. (...) Nada de telex, não havia agências dindo sua cobertura para toda a região metropolitana de Campinas.

Além disso, em 1941, num congresso realizado em Sorocaba, foi mentor de uma proposta no sentido de a Agência Nacional, do Governo Federal, transmitir o seu noticiário aos jornalistas do interior, em forma de ditado e com voz pausada, utilizando para tanto sua estação de ondas curtas, uma vez que não se dispunha, à época, de outros meios de comunicação.

No final de 1969, quando adicionalmente, também trabalhava na Câmara Municipal de Campinas, aceitou o convite do então reitor da Pontifícia Universidade Católica de Campinas (Puccamp), Benedito José Barreto Fonseca, para ministrar aulas de jornalismo nessa renomada instituição, onde desempenhou durante 20 anos, o exercício de professor de Jornalismo Comparado e de Introdução às técnicas de Jornalismo Impresso, Radiofônico, Televisivo e Cinematográfico, no Curso de Co-

de notícias, não se podia manter correspondentes. (...) As rádios esperavam que os jornais publicassem notícias para depois as lerem aos ouvintes.

No *New York Times* tive a oportunidade de conhecer o arquivo e o famoso anuário que o jornal publica contendo o índice de todas as matérias. (...) Sobre o Brasil havia apenas duas referências: uma a respeito de Juscelino Kubitschek, que havia sido eleito recentemente,e outra sobre os votos dados nas eleições para o rinoceronte Cacareco. Nada mais sobre o Brasil.

Há 50 anos a imprensa não exigia muita técnica. Ela era mais informativa e opinativa. Bastava que uma pessoa conhecesse bem o Português e tivesse facilidade de escrever. Assim, poderia se candidatar ao jornalismo. (...) Hoje novos esquemas são adotados. Nós lemos nos jornais reportagens investigativas, vemos um visual bastante diferente dos jornais de cinqüenta anos atrás. Os jornais progrediram 100%.

Eu costumo dizer que hoje temos excesso de notícias. O aparelho de telex funciona dia e noite e o teletipo joga nas redações aquilo que nós não tínhamos. Hoje a maior dificuldade está não em obter notícias, mas sim em saber selecionar quais delas merecem ser publicadas.

Sempre fui doido, fanático pelo jornalismo... Amanhecia pensando em jornalismo, passava o dia pensando em jornalismo e dormia pensando no jornal que iria sair no dia seguinte. Se esse jornal saía com alguma coisa errada, eu sofria – e isso minha esposa logo percebia, porque no café da manhã eu já fazia cara feia. Então se eu vivia mais para o jornalismo do que do jornalismo, por não aproveitar e dar aulas? Graças a Deus recebi o incentivo dos meus alunos. O repórter passou a ser um pesquisador de livros, revistas, artigos, que servissem de embasamento às aulas, de exemplo para aquilo que fosse exposto em classe.

Entrevista concedida a Dário Borelli em 1986. Fonte: Revista Comunicação & Sociedade, 36, São Bernardo do Campo, Editora Umesp, 2001, p.185-202.

municações Culturais. Além disso, foi coordenador do Departamento de Jornalismo e, por dois mandatos, diretor do Instituto de Artes e Comunicações. Fundou e dirigiu durante 8 anos a revista *Comunicarte*.

Dono de uma biblioteca particular com mais de 5 mil títulos, sempre achou que as obras deveriam ficar à disposição dos alunos. Portanto, após sua morte, a família doaria ao Instituto de Artes e Comunicações todo seu acervo, de valor incalculável.

Hoje sua memória se perpetua na biblioteca da Puccamp, espaço este que foi denominado Hemeroteca e Acervo Professor Mário Erbolato.

## Erbolato ainda vive

*Celso Falaschi**

> *Quando decidimos lançar uma revista acadêmica, o Mário assumiu a idéia e fazia tudo, desde a coleta dos artigos e resenhas, passando pela revisão gramatical e metodológica, até a edição e acompanhamento da impressão.*
>
> (Profa. Regina Maria Moura Tavares)

A declaração da ex-diretora do então Instituto de Artes, Comunicações e Turismo da PUC-Campinas, expressa bem a importância de Mário Erbolato na criação, lançamento e consolidação de *Comunicarte* como uma das principais revistas acadêmicas da área da Comunicação Social no País. E confirma uma faceta bem conhecida desse profissional de imprensa, que consolidou uma carreira de sucesso em Campinas, em jornais como *Diário do Povo* e *O Estado de S. Paulo*.

Quando se retirou da imprensa diária, Erbolato dedicou-se ao funcionalismo público, ainda como jornalista, passando a integrar também o quadro docente do Curso de Jornalismo da PUC-Campinas, desde o seu início, em 1969. Essa função ele abandonou apenas quando a doença já não lhe permitia mais a locomoção. "Isto é a minha vida", dizia com freqüência, arrematando a frase "essa juventude cheia de esperanças renova minhas energias."

Mesmo morto, Erbolato continua dando vida ao Curso de Jornalismo do agora Centro da Linguagem e Comunicação da PUC-Campinas. Logo após sua morte, o único filho, Antonio Carlos, me procurou para doar o acervo de 2.799 títulos que o pai havia reunido durante sua carreira.

Nascia, assim, o Acervo Mário Erbolato na Hemeroteca dos cursos de Comunicação Social da PUC. Um acervo que contém as principais publicações nacionais e estrangeiras até a década de 90. Pois Erbolato – assim todos nós o chamávamos – era um devorador de teorias de Jornalismo, Relações Públicas e Publicidade. E tornou-se, por conseqüência, um dos principais teóricos do Jornalismo no Brasil. Alguns de seus livros ainda são indispensáveis aos futuros profissionais de imprensa.

*Professor-titular do curso de Jornalismo da PUC - Campinas desde 1986. Diretor de Projetos da Sociedade Brasileira de Estudos Interdisciplinares da Comunicação (Intercom).

**Comunicarte** foi fundada há 20 anos, tendo sido dirigida por Mário Erbolato no período 1982-1990. Desde sua morte, a revista passou à coordenação do prof. Celso Falaschi.

**O Acervo Mário Erbolato** está aberto à consulta dos interessados na Hemeroteca da PUC-Campinas – Rodovia D. Pedro I, Km 136 – Parque das Universidades, Campinas, Estado de São Paulo. Fone/Fax: 19-3756-7191.

## Pesquisador do jornalismo

Além de todas as suas atuações profissionais, Erbolato também acabaria se destacando como um emérito pesquisador.

Como ele mesmo disse em entrevista a Borelli: "O repórter passou a ser um pesquisador de livros, revistas, artigos, que servissem de embasamento."

Observando atentamente as tendências dos estudos brasileiros nas ciências da comunicação, refletindo sobre o conteúdo dos raros livros que havia sobre jornalismo e procurando unir seus conhecimentos jurídicos à prática jornalística, escreveu cinco obras relacionadas com a imprensa e o ensino de jornalismo:

- *Técnicas de codificação em jornalismo;*
- *Jornalismo gráfico;*
- *Técnicas de produção em jornalismo impresso;*
- *Jornalismo especializado, deontologia da comunicação, comunicação e cotidiano;*
- *Dicionário de propaganda e jornalismo.*

Ainda ficou inacabado um sexto livro, *Jornalismo: teoria e prática.*

## Paizão: dócil, perspicaz, experiente

*Eliana Martins Marcolino*

Ao definir o perfil de Mário Erbolato, seus familiares, ex-alunos e colegas de profissão somam adjetivos que o qualifica como uma pessoa dócil, perspicaz, experiente. Alguém que liderou pelo exemplo.

Dono de caráter persistente, era um apaixonado por tudo que fazia. Falava pouco, mas prestava muita atenção nas coisas que aconteciam a seu redor, envolvia-se totalmente com o que fazia. Foi considerado, por seus alunos, um grande incentivador, um "paizão."

Sua força de vontade e seu entusiasmo foram suficientes para superar a moléstia que a encarou como se não existisse. Trabalhou até os últimos meses de vida sem se entregar à enfermidade. Um repórter talentoso e expressivo, um ser humano admirável. Seu legado à humanidade foram suas obras, nas quais deixou registradas suas pegadas.

Com tudo isso, Mário Erbolato ocupa um lugar preponderante na história do pensamento comunicacional brasileiro.

Sua liderança, sua expressividade, seu talento, sua perspicácia, sua paixão pelo que fazia, sua força de vontade, sua persistência e seu entusiasmo contagiaram todos os que conviveram com ele. E lhe serviram de força para enfrentar galhardamente o mal que o afligia no final de sua vida, vítima de um edema pulmonar agudo.

Erbolato faleceu no dia 8 de julho de 1990, aos 71 anos de idade.

**DESTAQUES:**

***Comunicação e cotidiano*** (Papirus, 1984)

Realça aspectos socioculturais e comunicacionais da vida brasileira, perpassando nomes que vão de José Marques de Melo a Luiz Beltrão e Gilberto Freyre. Do lazer ao gibi e à literatura de cordel; da bula de remédio à cibercomunicação; da arte e da comunicação à política, à história, à filosofia e à psicologia... Nada escapava aos interesses de um homem que tinha um saber insaciável.

***Dicionário de propaganda e jornalismo*** (Papirus, 1986)

Último título concluído pelo autor, foi dedicado aos médicos que nos últimos anos de sua vida lhe deram assistência. A obra foi prefaciada por José Benedito Pinho, para quem jornalismo e propaganda, como dois importantes setores da comunicação social a capitalizar o interesse de uma vasta e heterogênea audiência, estavam a exigir uma obra que facilitasse penetrar nos meandros do linguajar técnico-profissional por elas utilizado. "O dicionário vem acertadamente ao encontro desta necessidade. É sem dúvida o resultado de um levantamento paciente e minucioso de um pesquisador da comunicação que desfruta já de merecido reconhecimento nacional por suas obras e realizações no campo do jornalismo."

Líbero Badaró
Samuel Wainer
Trajano Coelho Neto
Edmar Morel
Carlos Lacerda
Odylo Costa Filho
Otto Lara Resende
João Calmon
Luiz Beltrão
Mário Erbolato
Juarez Bahia
Alberto André
Herbert Levy
Monteiro Lobato
Arnon de Mello
Vitorino Prata Castelo Branco
Amaral Raposo
Landell de Moura

XI

# JUAREZ BAHIA
# Vencedor no jornalismo, apesar do preconceito racial

Benalva da Silva Vitório
e Suzane Caroline Gil Frutuoso

Ensaio publicado na revista *Imprensa* nº 166, novembro/2001, p. 57-64.

**Benalva da Silva Vitório** - Doutora em Ciências da Comunicação pela Universidade de São Paulo. Professora da Faculdade de Comunicação da Universidade Católica de Santos.
**Suzane Caroline Gil Frutuoso** - Jornalista formada pela Faculdade de Comunicação da Universidade Católica de Santos.

Juarez Bahia era baiano de Cachoeira, nascido em 18 de novembro de 1930. Foi um dos que pegou um Ita no Norte, rumo ao Rio de Janeiro, mas cujo barco aportaria primeiro em Santos. Não tinha completado ainda 16 anos. Lá vinha ele... Garoto cheio de sonhos e aspirações de uma vida nova.

Uma vida que ajudasse a melhorar aqueles que permaneceram longe de seus olhos, mas perto do coração. Segundo filho do alfaiate Avelino e da costureira Almerinda. Dos sete irmãos, ajudou na educação e criação de seis.

Ainda menino, mudou-se com a família para Feira de Santana onde, sem a presença do primogênito José, que foi para a carreira militar, passou a ser o braço direito dos pais.

Foi em Feira de Santana que Juarez Bahia deu os primeiros passos no que viria a ser sua grande paixão no futuro. Sempre muito ativo, aos 12 anos de idade se interessava pela área da informação. Aos 13 anos, conhecido por sua boa conduta, foi secretário de um dos grandes advogados da cidade, Arnold Ferreira da Silva, tornando-se responsável por toda movimentação financeira do escritório.

A família do advogado era dona do jornal *Folha do Norte*. Surgia então a oportunidade para Juarez Bahia escrever e iniciar seu destino. Com 15 anos já era considerado um jornalista.

À medida em que os filhos do senhor Avelino e dona Almerinda iam crescendo, deixavam as saudades e partiam com a esperança de alçar maiores vôos. José vivia em Santos quando Juarez decidiu viver com ele. Mesmo em uma cidade onde as perspectivas de crescimento eram ótimas, o trabalho no jornalismo teve que esperar.

Negro, distante de sua terra natal, sem pistolões, começou a trabalhar na estiva, como carregador de saco no cais. Mais tarde, como tipógrafo (gráfico), exerceu a função na gráfica Anália Franco.

Algum tempo depois, passou a se engajar na imprensa, trabalhando em pequenos jornais, até que conseguiu ingressar no *Diário de Santos*, mas ainda como tipógrafo. Começou a escrever no jornal *A Tribuna*, considerado um dos dez maiores na época. Ali fez carreira, tornando-se repórter competente e jornalista premiado.

Bahia, de tipógrafo a correspondente internacional

## Ascensão profissional

O talento e a competência de Juarez Bahia superaram os entraves do racismo que o perseguia. Suas reportagens não eram somente elenco de informações, mas textos que formavam opinião. Talvez essa preocupação de não passar apenas o necessário fez dele o profissional mais premiado, com um dos maiores reconhecimentos do jornalismo brasileiro, o Prêmio Esso de Jornalismo, no total de seis distinções.

A reportagem "O grande despertar", em 1962, proporcionou-lhe o primeiro prêmio na categoria regional. Em seguida, com "Habitação: desafio nacional", obteve menção honrosa, em 1965. Dois anos depois, outro prêmio na categoria regional, com a reportagem "SOS para o sisal."Esses três trabalhos foram publicados no jornal *A Tribuna*, de Santos.

Consagrado em São Paulo, completou o roteiro que havia escolhido na juventude, quando deixou a Bahia. Seu próximo porto foi o Rio de Janeiro. Sua âncora para obter o reconhecimento nacional foi o *Jornal do Brasil*, onde exerceu cargos de repórter, redator e editorialista.

Em 1974, ganhou o Esso na categoria informação científica com a série "A nova idade da aviação brasileira", publicada naquele jornal carioca . No ano seguinte, ganhou o Prêmio Esso Nacional com a série de reportagens sobre venda e consumo de drogas no País. Em 1977, obteve outra menção honrosa com a matéria "Os farofeiros do sistema."

Atuou também como correspondente internacional, estacionado em Portugal, Espanha e África Austral. Escreveu artigos para *O Estado de S. Paulo, Folha de S. Paulo* e revista *Visão*. Encerrou sua carreira como consultor na área de comunicação empresarial.

## Mestre do jornalismo

Juarez Bahia sempre se caracterizou pela modéstia. Mas cultivou um projeto ambicioso: tornar-se um jornalista reconhecido pela sua corporação profissional.

Por isso mesmo, ele não hesitou em matricular-se no Curso de Jornalismo, criado no início dos anos 50, pela instituição acadêmica santista que se converteria depois em Universidade Católica de Santos. Jornalista tarimbado pela vivência na editoria de jornais e revistas, cedo granjeou a admiração dos seus colegas de classe.

Ao concluir o curso, foi escolhido orador da primeira turma de bacharéis em Jornalismo de Santos. Imediatamente, tornou-se professor da faculdade onde realizara sua formação acadêmica. Depois lecionou na Faculdade de Jornalismo Cásper Líbero, em São Paulo.

Quando foi criada a Escola de Comunicações e Artes da Universidade de São Paulo, ele foi convidado a lecionar no Curso de Jornalismo. Ali editou, com seus alunos, a primeira revista-laboratório do País *K-Comunicação,* um arrojado projeto gráfico-editorial, supervisionado em parceria com o professor de diagramação, o *designer* Helcio Deslandes.

Na época, não havia, no Brasil, muitos teóricos na área. Bahia preocupou-se em transformar suas aulas em textos didáticos. Produziu vários livros, escrevendo sobre história e técnica da profissão, discorrendo sobre assessoria de imprensa, relações públicas e publicidade.

Sua obra inicial como teórico do jornalismo é constituída por: *Três fases da imprensa brasileira* (Santos, Editora Presença, 1960), *Jornal, História e Técnica* (Rio de Janeiro, Ministério da Educação, 1964), *Jornalismo, Informação e Comunicação* (São Paulo, Martins, 1971).

Posteriormente, ele ampliou e consolidou todo o conhecimento sistematizado sobre jornalismo, produzindo um manual com o mesmo título do seu livro anterior: *Jornal, História e Técnica* (São Paulo, Editora Ática, 1990). O primeiro volume é dedicado à "História da Imprensa Brasileira" e o segundo enfoca espeficamente "As técnicas do jornalismo."Trata-se de obra didática, reeditada até hoje, servindo de apoio aos estudantes dos cursos de jornalismo de todo o País. Seu último livro intitulou-se *Introdução à Comunicação Empresarial* (Rio de Janeiro, Mauad, 1995).

O autor também fez incursões pela campo da literatura. Como ensaísta, publicou *Um homem de 30 anos* (Santos, Ensaio, 1964), sobre a vida do poeta santista Paulo Gonçalves. Como ficcionista, escreveu o romance *Setembro na feira* (Rio de Janeiro, 1986), ambientado em sua terra, Feira de Santana. Do mesmo gênero, lançou em 1994 *Ensina-me a ler,* que trata das greves no Porto de Santos e da perseguição política após o Golpe Militar de 1964. O cenário descrito no livro é familiar ao autor, que viveu esse período de repressão no clima de medo e vigilância constante sobre seu trabalho.

Juarez Bahia faleceu na cidade do Rio de Janeiro, em janeiro de 1998, aos 67 anos, devido a uma embolia pulmonar. Como desejava, seu corpo foi cremado e as cinzas estão depositadas no cemitério São Francisco Xavier, no Rio de Janeiro.

Ao seu velório compareceram apenas seis pessoas, embora seu necrológio tenha sido registrado na imprensa de prestígio nacional.

## Laços de família

Em Santos, além de deslanchar como jornalista, Juarez Bahia conheceu aquela que viria a ser sua esposa por tantos anos de dedicação e compreensão à profissão que não tem dia e hora para ser exercida. Irene Bittoni era o nome da jovem que trabalhava em uma empresa de refrigeração e que esquentou o coração de Juarez, aos 20 anos de idade.

Tudo começou na noite de 31 de dezembro de 1950. Na casa de amigos comuns, eles se viram pela primeira vez. Como a maioria dos homens já passava dos 40 anos, a juventude de Juarez se destacou aos olhos de Irene. Ela estava acompanhada da mãe, pois nunca tinha comparecido sozinha a estas reuniões. A partir de então, a jovem santista passou a comparecer às reuniões de domingo, conversando sempre com o rapaz baiano.

Nessa altura, Juarez Bahia lançou a revista *Atualidade* e convidou Irene para escrever sobre cinema e assuntos femininos com o pseudônimo de Maria Elisa. Embora a revista não tenha passado de cinco edições, o casal continuava a se encontrar nas reuniões dominicais. Finalmente, o encontro a sós, quando foram assistir *As mãos de Eurídice*, peça tetral de Pedro Bloch, encenada na cidade de Santos. Após o espetáculo, em um dos banquinhos da praia, Juarez Bahia tomou a decisão: "*Bem, agora nós vamos acertar nossos ponteiros.*"E, assim, iniciaram o namoro, lembra Irene.

Infelizmente, não escaparam do preconceito. Ele negro, ela branca. Quando passeavam juntos, as pessoas cochichavam, olhavam com menosprezo. O mais doloroso, contudo, foi a desaprovação da família de Irene. Ao se casarem, apenas no civil, embora Irene tivesse 22 anos, o seu padrasto ameaçou mandar prender Juarez. Sem condições financeiras, o casamento não contemplou festa e móveis. Mesmo assim, conseguiram viajar na segunda classe de um transatlântico até a Bahia, em lua de mel.

## Ao mestre, com carinho

*Suzane Caroline Gil Frutuoso**

Ele não foi meu professor, mas pude aprender muito com seus ensinamentos. Nunca tivemos um "bate-papo", mas suas palavras sempre me fazem refletir sobre o que é ser jornalista e como praticar o jornalismo. Nós nunca fomos apresentados, mas sua história tornou-se tão familiar, que cada vez que ouvia falar sobre sua vida eu sabia exatamente o que as pessoas que lhe foram próximas estavam sentindo.

Infelizmente, não tive a oportunidade de conhecer Juarez Bahia, lhe estender a mão e cumprimentá-lo por suas obras e sua carreira que, se já havia inspirado tantos jovens profissionais em outros tempos, agora inspira a minha e me dá cada vez mais vontade de realizar um trabalho digno para relembrar aos esquecidos todo o legado que esse mestre deixou para novas gerações.

Porém, muitos o desconhecem porque aqueles que conviveram com Bahia profissionalmente não souberam (ou quiseram) transmitir a vida e a obra dessa importante figura do jornalismo brasileiro. Por sorte, tive o prazer de ter como educadora a professora Benalva da Silva Vitório, que foi sua aluna e me passou o interesse em reverenciar a memória de Juarez Bahia.

Agradeço à família e aos amigos do mestre Bahia que, com suas recordações e emoções, me ajudaram a reconstruir um pouco da história desse comunicador. Ele merece muito mais páginas e citações, mas espero que este seja apenas um começo que despertará em outros a curiosidade de saber quem foi Juarez Bahia. Com certeza, irão aprender muito.

*A autora pesquisou a biografia de Juarez Bahia para sua monografia de conclusão do Curso de Jornalismo (Unisantos, Facos, 2000), orientada pela profa. Benalva da Silva Vitório .

Quem primeiro perdoou Irene foi sua avó, que mais tarde chegou a morar com o casal e o pequeno Hipólito José, filho único de Irene e Juarez. O nome da criança homenageava o primeiro jornalista do Brasil, Hipólito José da Costa, que fundou em 1808, em Londres, o *Correio Braziliense*.

Juarez foi um pai rígido e exigente com a educação do filho. Porém, tudo temperado com muito amor e dedicação. Aliás, essa dedicação se estendia a toda família. O difícil foi ver a criança crescer sendo alvo do mesmo preconceito enfrentado por seus pais.

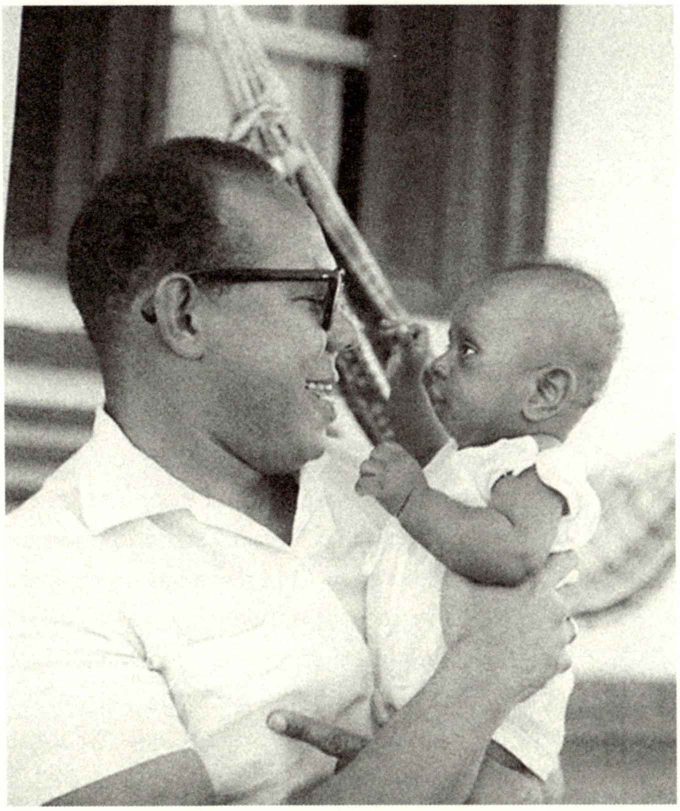

Com o filho Hipólito

## Nos tempos do AI-5

Em Santos, todos os jornalistas conheciam Juarez Bahia. Ele foi um grande mestre do jornalismo, em dois sentidos: pelo conhecimento sobre Comunicação e pela capacidade de transmitir o que sabia em sala de aula. Lecionava no curso de Jornalismo da Faculdade de Filosofia, Ciências e Letras da Sociedade Visconde de São Leopoldo, atual Universidade Católica de Santos.

Entre aqueles que admiravam Bahia, como mestre na profissão de ensinar e fazer o jornalismo, está Carlos Conde, ex-vice-presidente da Imprensa Oficial do Estado de São Paulo, que nos conta a história daquela amizade.

Conde trabalhava no *Diário de Santos*, quando teve o prazer de conhecer Bahia. Mas a amizade surgiu quando, por indicação do mestre, foi para o jornal *A Tribuna*, de Santos, veículo com circulação bem maior do que aquele onde trabalhava e o que lhe daria melhores oportunidades para o crescimento na carreira profissional.

A ligação entre os dois se fortaleceu a partir de 1966, quando a empresa Folha de São Paulo inaugurou o jornal *Cidade de Santos*, o primeiro com o sistema *off-set* colorido do Brasil. Giusfredo e Roberto Mário Santini, proprietários do jornal *A Tribuna*, chamaram Bahia, o melhor jornalista da Região, para fazer uma reforma, uma revolução no jornal. Ele então assumiu a responsabilidade, convidando dois jornalistas para assessorá-lo diretamente: Carlos Conde e Oswaldo Martins. Bahia, como secretário da redação, organizou a redação em editorias. Assim, Martins ficou com a responsabilidade das editorias locais e Conde com a Nacional, Internacional.

Com o Ato Institucional número 5 – o AI-5 – editado pelo regime militar, derrubando os direitos essenciais, espécie de golpe dentro do golpe, endurecendo o regime, Santos ficou na mira do governo. A cidade sempre teve fama de esquerda, devido às manifestações dos movimentos populares. Pregando o combate ao comunismo, subversão e corrupção, o regime militar perseguia quem fossem considerados subversivos. Em meio à perseguição, classificavam-se liberais, democratas, democrata-cristãos e pessoas que não eram da linha conservadora do governo. Todos eram suspeitos.

Em 13 de dezembro de 1968, ouviu-se no rádio, às 20 horas, a declaração do AI-5. Juarez e Conde estavam no jornal. Fecharam a redação à meia-noite, foram para a gráfica e saíram por volta das duas horas da madrugada. Voltaram para a redação antes do regresso a casa. Bahia, que tinha um "fusquinha" azul, dava carona a Conde, pois moravam na mesma rua, em Santos. Estavam ainda na redação, quando entraram três militares armados, que já tinham ido à casa de Bahia, mas como sua esposa não abrira a porta resolveram ir até o jornal.

Os militares traziam uma ordem do comandante do 2º Batalhão de Caçadores para que os dois jornalistas prestassem depoimento. Durante dois dias responderam perguntas "absurdas."Uma das questões colocadas a Bahia dizia respeito a uma célula comunista que ele estava criando no jornal *A Tribuna*. Segundo Conde, não havia sentido na pergunta, pois trabalhavam de acordo com a orientação do dono do jornal, sem direcionamento político.

Em uma grande sala, além de Bahia e Conde, estiveram presos no quartel Francisco Prado e Oswaldo Justo, entre outros. O Bispo de Santos, na época, Dom Davi Picão, ficou em prisão domiciliar. Não houve tortura, segundo Conde, e os militares até faziam brincadeiras, chamando Bahia de cardeal, devido à cor de suas meias (*bourdeaux*). Liberados, voltaram ao jornal *A Tribuna* mas perderam seus cargos. Foram substituídos, mas não demitidos.

Com a esposa Irene, em Santos

Depois disso, a permanência de Juarez Bahia em Santos tornou-se problemática. Temia a pressão tanto do Exército quanto da Marinha. Conde confessa que tinham medo:

> "Naquele momento todos tinham medo. Em uma ditadura não se sabe o que pode acontecer. As garantias individuais são suspensas. As notícias eram de torturas, assassinatos. A ditadura é a hora de muitas vingaças. A delação torna-se algo quase institucionalizado. As denúncias vinham desde adversários políticos até quem não gostava do vizinho, dizendo que o outro era comunista."

Então, Juarez Bahia mudou-se para a cidade de São Paulo, onde ajudou a implantar a TV Cultura. Foi assessor direto do presidente dessa emissora de televisão, José Bonifácio Nogueira. Mais tarde, passou a dar aulas na Fundação Cásper Líbero e na ECA-USP. Ao mesmo tempo, começou como repórter da sucursal do *Jornal do Brasil*.

Estabelecido na capital paulista, trouxe para junto de si a mulher Irene e o filho Hipólito, quando assumiu a chefia da redação, cargo que exerceu até 1973. Nesse ano, reconhecido pelo excelente trabalho que vinha desenvolvendo, recebeu o convite da direção do *JB* para desempenhar a função de editor nacional do jornal carioca em sua redação na cidade

# Jornalista, mestre e escritor

*Antonio Soares Amora**

Juarez Bahia é um profissional de imprensa sobejamente conhecido, um professor de Jornalismo que ano a ano conquista prestígio nos meios acadêmicos e um autor de uma obra – *Jornal, História e Técnica* – largamente difundida em duas prestigiosas edições, a do Ministério da Educação e Cultura e a da Livraria Martins Editora. Por tudo isso não tem sentido, neste prefácio, apresentar Juarez Bahia; o que tem sentido é, apenas, antecipar, ao leitor desta obra, o que ela é, e em que medida ela lhe será extremamente útil.

De uns anos a esta parte vimos dando conta de que somos, diariamente, condicionados a um sistema de comportamentos, físicos e psicológicos, por força da ação que exercem, sobre nós, variados processos de comunicação, como o rádio, a televisão, o cinema, o teatro, o livro, o jornal, as revistas ilustradas, os cartazes e os rótulos dos produtos e os mais variados tipos de agentes de propaganda e venda de produtos. Interessados por esse fato e preocupados com suas implicações morais, sociais, políticas e econômicas, grande número de sociólogos, psicólogos, economistas e lingüistas vêm-se dedicando ao seu estudo e hoje já é elevado o índice de publicações a respeito.

Considerando que a quase totalidade dessas obras está em línguas estrangeiras, o que resulta em serem elas pouco acessíveis ao público brasileiro; considerando também que os cursos das Escolas de Jornalismo e das Faculdades de Comunicações Culturais tem necessidade de livros básicos, Juarez Bahia oferece-nos, depois de *Jornal, História e Técnica*, esta excelente introdução à problemática do *jornalismo*, da *informação* e da *comunicação*.

A meu ver esta obra tem duas qualidades que hão de garantir o seu êxito, nos meios universitários dedicados ao ensino do jornalismo e das comunicações e junto do público interessado em estar a par dos sentidos da cultura atual – de um lado, é uma escrita por um profissional da pena, com excepcionais qualidades de escritor: claro, elegante, agradável; de outro lado, é uma obra escrita por um autêntico professor da matéria, o que significa, por um mestre que sabe transmitir o que é essencial em cada assunto.

Se me fosse pedida uma recomendação sobre esta obra, eu a faria sem hesitar e com entusiasmo, pois que ela é a melhor propedêutica ou introdução que já se escreveu, em Português, aos problemas, às teorias e às práticas do *jornalismo*, da *informação* e da *comunicação*.

*Catedrático de Literatura Portuguesa da Universidade de São Paulo, foi diretor da Fundação Padre Anchieta, entidade mantenedora da Televisão Cultural, Canal 2 (São Paulo).

Prefácio ao livro de Juarez Bahia - Jornalismo, Informação, Comunicação (São Paulo, Martins, 1971).

do Rio de Janeiro. Mas antes optou por outro desafio: ser correspondente internacional residindo em Portugal. Trabalhando, esteve na Espanha, China, Estados Unidos e outros países. A essa altura, sua carreira havia tomado uma dimensão nacional. Todos sabiam quem era Juarez Bahia quando, definitivamente residindo no Rio de Janeiro, passou a redator-chefe do *Jornal do Brasil*.

Com sua generosidade, considera Conde, Bahia sempre ajudou os colegas de profissão. As pessoas que trabalharam ao seu lado tiveram oportunidade para se destacar. Com esse espírito de grandeza, doou parte do que tinha investido na JB Publicidade, como patrimônio aos seus irmãos. Aos seus discípulos alertava sobre a superficialidade do mundo, aconselhando que se aprofundassem no conhecimento, que fizessem muitas leituras dos livros e dos acontecimentos.

## Amestrador de focas

Muita gente que hoje desempenha funções importantes na cidade de Santos conviveu com Juarez Bahia, como aluno, como colega de estudos e de trabalho. Antônio Fernando Conceição, atual vice-reitor Comunitário da Universidade Católica de Santos, é um deles. Em 1966, entrou no curso de Direito e Jornalismo ao mesmo tempo. Nos dois cursos convivia com Juarez Bahia. No primeiro, como colega de classe; no segundo, como aluno.

Com a ajuda de Bahia o curso de Jornalismo sobreviveu, lembra Antônio Fernando. A classe tinha poucos alunos e quase fechou. Uma das razões para que isso não acontecesse foi o seu empenho, pois incentivou o pessoal da redação de *A Tribuna* a realizar o curso.

Lembrando o mestre, Antônio Fernando considera que ele era um homem calmo, até tímido no primeiro contato. Mas quando começava a falar em sala de aula se tornava um "monstro."Mesmo dono de toda tranqüilidade, sua aula estava longe de ser monótona. Além da "veia jornalística" para analisar e comentar os fatos, notava-se que era dotado do mais alto conhecimento, um filósofo. Saía e voltava ao tema que expunha com uma incrível facilidade.

O vice-reitor Comunitário da UniSantos recorda que, naquela época, Juarez Bahia como aluno do curso de Direito parecia um pouco mais solto, mas não era uma figura expansiva. Chegava reservadamente e se mantinha na reserva. Era respeitadíssimo e muito ouvido. Todo mundo queria saber a opinião do Bahia, o que ele pensava sobre as questões discutidas.

Tinha um aspecto muito marcante como ser humano, lembra Antônio Fernando: a preocupação com o jovem e a juventude. Preocupado primeiro em entendê-lo e depois proteger, no sentido de pessoas que estão começando a caminhar e precisam de apoio para a realização de seus sonhos.

Quando Juarez Bahia ocupou o cargo de editor-chefe de *A Tribuna*, deu um toque feminino no jornal. Responsável em modernizar a redação, levou muitos alunos recém-formados para o veículo de comunicação, na fase em que estava ampliando a editoria local. Entre os convidados estavam três mulheres, as primeiras a trabalhar na reportagem. Antes, as mulheres desempenhavam apenas a função de colunista social. Logo depois já faziam a diagramação. Isso em 1968.

Uma das três jovens repórteres convidadas foi Miriam Guedes de Azevedo, editora-chefe de *A Tribuna**. Ela lembra da exigência de Juarez Bahia quanto aos textos, títulos

*Miriam Guedes de Azevedo exerceu a função de editora-chefe do jornal *A Tribuna* até agosto de 2001, quando se desligou do jornal.

e conteúdo das matérias. Aprendeu a evitar, ao máximo, estabelecer relação de amizade com a fonte para se manter isenta. Nunca houve o sentimento de "a mulher que trabalha em uma redação de homens", frisa Miriam Guedes. A forma como ele convidou e apresentou as moças à redação deu oportunidade para que elas mostrassem as habilidades de profissionais competentes. E isso foi importante para que tivessem o respeito dos colegas. Não havia proteção para que elas fizessem essa ou aquela matéria, por se tratar de mulher jornalista.

Na lembrança de outro aluno de Juarez Bahia estão "os anos de chumbo."Para Roberto Perez, coordenador de cultura e arte do Centro Cultural Brasil-Estados Unidos, em Santos, a posição corajosa e assumida de seu professor no Curso de Jornalismo, em 1964, foi uma das grandes lições que marcaram a sua aprendizagem.

Além de admirar o mestre pelo texto primoroso, Roberto Perez – que ainda conserva a característica do elétrico jovem estudante de Jornalismo – sente orgulho ao recordar que Bahia defendeu os alunos, quando ocuparam a faculdade para protestar contra a ditadura, na luta pela liberdade de expressão. Conta que colocaram faixas pretas em frente ao prédio do curso e "muitas autoridades atrasadas e conservadoras quiseram colocar a polícia em cima dos estudantes." Mas Juarez Bahia e outros professores apoiaram os alunos, impedindo que fossem presos.

Para Roberto Perez, a atitude de Bahia, tomando a defesa dos alunos, não surpreendeu aqueles que conviviam com o mestre. "Sua aula era aberta, recheada de discussões, troca de idéias."Considera que Bahia não vinha com a verdade definitiva. Permitia experimentações, permitia vislumbrar outros caminhos.

Mesmo não estando em classe, Bahia foi sempre um mestre. Nasceu para ensinar e toda conversa com ele se transformava em uma aula. Assim, mesmo estando longe da carreira acadêmica, continuou angariando alunos, discípulos como Cláudio Amaral, o rapaz que conheceu em 1971, e que veio do interior para trabalhar no jornal *O Estado de S. Paulo*.

Nessa altura Bahia já trabalhava no *Jornal do Brasil* e Cláudio Amaral, sempre que tinha oportunidade, saía do *Estadão* e visitava o seu ídolo, que nunca se negou a recebê-lo. Conversavam sobre pautas, reportagens e para cada assunto ele tinha uma observação, algo a ensinar.

"Era o melhor aprendizado que um foca, devorador de quase todos os livros do guru, poderia ter. Sempre dizia que o jornalista é um homem público, o que traz uma grande responsabilidade e cuidado com o que se escreve, fala e como se trata o assunto", lembra Cláudio Amaral.

Certa vez Cláudio fez uma reportagem, de página inteira, sobre o gás liquefeito de petróleo. Naquele dia, claro, ele passou no *Jornal do Brasil* para conversar com o mestre, até porque sabia que ele teria lido sua matéria e queria saber a sua opinião. Para espanto e orgulho do jovem repórter, Bahia o cumprimentou pela competência e por ter furado uma pauta que ele vinha desenvolvendo há semanas. Foi inesquecível e gratificante para quem estava começando aos 23 anos.

Outra lembrança do mestre Bahia vem de quem hoje desempenha o papel social "de orientar para a aquisição do conhecimento."Trata-se da professora Benalva da Silva Vitório, da Universidade Católica de Santos.

# O homem e o mito

*"Juarez era um cara notável em todos os aspectos. Irmãos, amigo, pai, conselheiro, educador. Uma pessoa extraordinária. Ele foi embora cedo. Gostaria que ainda estivesse aqui ..."*

**Raimundo Bahia,** irmão / publicitário.

*"Era um homem extremamente vivo, dono de uma inteligência brilhante. Ele tinha um poder de crítica e de visão da realidade incrível; ágil e muito bem humorado."*

**Roberto Perez**, ex-aluno / coordenador cultural e artístico do Centro Cultural Brasil-Estados Unidos.

*"Todos queriam saber a opinião do Bahia sobre assuntos importantes. Formava opiniões ... Ele foi pioneiro ao falar sobre o universo da comunicação em uma época em que não havia muitos teóricos ..."*

**Antonio Fernando Conceição Santos** , *ex-aluno, ex-colega de classe, vice-reitor Comunitário da Universidade Católica de Santos desde 1990 (terceiro mandato).*

*"Nos idos da década de 60, como aluna da graduação em Jornalismo, na cidade de Santos, aprendi com Juarez Bahia que o aluno tem direito à voz em sala de aula. Não a voz das "certezas" que o professor espera ouvir do discente, como ressonância de seu discurso didático, ou paráfrase dos autores adotados na bibliografia do curso. Mas a voz das incertezas, das dúvidas, das discordâncias, que vão conformando as "verdades" do aluno, dando base ao seu conhecimento.*
*Na profundeza do seu olhar, que não cheguei a construir sentido, Bahia incentivava os questionamentos na aprendizagem da técnica sem recursos para a prática. Quando não sabia ou não podia responder, prometia 'estudar' o assunto. E sempre nos trazia 'respostas'. Sábias respostas! Entendi, anos depois, na redação do Jornal do Brasil, no Rio de Janeiro, onde fui trabalhar por sua intermediação, a sabedoria de suas respostas. E mais. Passei a cultivar a lição de humildade que, por vezes, confundem com transigência, receio ou submissão. Tive em Juarez Bahia mais que o mestre e amigo, um exemplo de vida".*

**Benalva da Silva Vitório**, discípula / professora da Faculdade de Comunicação da Universidade Católica de Santos

*"Ele modernizou a diagramação de* A Tribuna, *que é feita até hoje... Nunca me senti uma mulher trabalhando em uma redação de homens. Ele dava chance aos alunos que mostravam vontade, independente de sexo ..."*

**Miriam Guedes de Azevedo**, ex-aluna / editora-chefe do jornal *A Tribuna*, de Santos

*"Aqueles que estiveram perto dele reconheceram seu talento. Foi um jornalista de grande valor, um grande profissional, com ética e sempre com esperança de que as coisas iriam melhorar. Também era um grande e agradável conversador..."*

**Francisco Prado de Oliveira Ribeiro**, amigo, reitor da Universidade Católica de Santos / secretário da Habitação do Estado de São Paulo

*"Juarez sempre tinha alguma coisa para nos ensinar e gostava disso. Foi um professor nato. Explicava tudo com muita clareza e tinha uma visão do futuro muito interessante. Sempre incentivava os mais jovens a ler, estudar, ir fundo num assunto; orientar e conduzir um lugar à frente no mundo ..."*

**Cláudio Amaral**, discípulo / ex-gerente de Redação da Imprensa Oficial do Estado de São Paulo

*"Juarez amava Santos. O último texto que escreveu foi uma crônica sobre a cidade. Uma das coisas mais tristes é conversar com as pessoas e ver que não conhecem Bahia. É uma memória que precisa ser cultuada! É um dos maiores jornalistas de Santos. No final, eu brincava com ele e dizia: 'Juarez, vamos fazer outro jornal em Santos, vamos fazer uma agitação cultural', e ele dizia: 'Não, eu já estou muito velho'. Acho que ele acabou muito sozinho ..."*

**Carlos Conde**, amigo / ex-vice-presidente da Imprensa Oficial do Estado de São Paulo

# Pensamento jornalístico de Juarez Bahia

## Liberdade de imprensa

"Exercitando a opinião pública, falando a linguagem das elites e do povo no anseio de promover o bem comum, informando para interpretar, esclarecer, orientar, divertir, inspirar, moldar e instruir, o Jornalismo evoluiu nas dimensões da evolução social e política dos povos, entrou pela porta que se abria à civilização industrial para uma era em que o gênio criador do homem possibilita à humanidade desfrutar as vantagens de um estágio superior de desenvolvimento. Porém, ontem como hoje, a independência na divulgação da notícia, o critério, a verdade, a exatidão, a imparcialidade, a honestidade e a responsabilidade são exigência fundamental tanto quanto é fundamental a liberdade de imprensa."

## Profissionalização da imprensa

"Uma imprensa mais participante é chamada a ocupar lugar de maior significação no quadro da vida pública do País. A abolição e a República criam outras perspectivas. Se no setor político a renovação de valores é legenda de ação outra reforma econômica é reivindicada. Compreendem os editores que o âmbito restrito estabelecido pelo jornalismo sem muitas pretensões, mais literário e opinativo que informativo, não atende às necessidades humanas que se multiplicam. Aceitam, afinal que a imprensa deve ser veículo de interesse público de sólida base material, e não, exclusivamente, veículo de interesse restrito. Ademais, a profissionalização também vai se definindo."

### Censura

"A terceira fase da imprensa registra um dos mais lamentáveis episódios da história do periodismo latino-americano. O crescente desenvolvimento das artes gráficas, o progresso na caminhada cotidiana do jornalismo e o real aprimoramento dos processos de fazer jornal, contrastam com o advento da censura ostensiva que se tornou conhecida como 'regime da rolha', a partir de 1939, com o Departamento de Imprensa e Propaganda e por obra e graça do Estado Novo, de 1937."

### Assis Chateaubriand

"Os processos, que permitiram o domínio de tão extensa rede de informações em todo o território brasileiro, são muito discutíveis. Parece mesmo fora de dúvida que o ardil, a chantagem e a picaretagem contribuíram decisivamente para o fortalecimento da cadeia."

"Participando ativamente da vida pública, o diretor dos Associados jamais tornou-se um porta-voz dos profissionais da imprensa. Pelo contrário: devem-se-lhes aqueles, em boa parte, a soma de entraves que ainda enfrentam para o estabelecimento de justa posição profissional."

"Acendendo uma vela para Deus e outras ao diabo, Chateaubriand, quando fechava um jornal, abria dez em dez pontos diferentes do País".

### Jornalismo brasileiro

"Um país em desenvolvimento, sem estabilidade política e diante de dramáticos desafios sociais, aspirando a um justo lugar de primeiro plano, tem no jornalismo uma tribuna irrecusável."

"O pior que pode acontecer, no atual estágio do desenvolvimento brasileiro, é a 'imprensa dirigida' ou o controle da opinião por conhecidos métodos de pressão. Esse fenômeno ocorre infelizmente entre nós e responde, naturalmente, pelos aspectos negativos do jornalismo no Brasil."

"O jornalismo representa a formas pela qual o público participa da vida social, direta ou indiretamente. Jornalismo significa o registro e a apreciação dos acontecimentos de interesse geral, a transmissão de informações, fatos ou notícias, com exatidão, clareza e rapidez, conjugando pensamento e ação. O jornalismo é uma arte, uma técnica e uma ciência, um processo histórico, uma necessidade humana e social na sociedade de massas."

"A lei que rege o jornalismo é a surpresa, é o acontecimento, é o fato, é o assunto. A sua seiva é a liberdade. Não se pode compreender jornalismo sem liberdade, da mesma forma como não existe democracia sem livre manifestação de opinião, sem livre comunicação do pensamento. A liberdade é vital para o jornalismo, tanto quanto o é para o homem."

## Perseguido pela ditadura

No período da ditadura militar, além do trabalho no jornal *A Tribuna*, de Santos, Juarez Bahia passou a ser chefe do gabinete do prefeito da Cidade, José Gomes. Ali, estreitou sua relação com o advogado Francisco Prado de Oliveira Ribeiro, reitor da Universidade Católica de Santos e secretário da Habitação do governo do Estado de São Paulo.

Francisco Prado foi nomeado, em 1963, Secretário de Justiça de Santos. Com ele Juarez Bahia viveu os problemas "pré-revolucionários" e tornaram-se amigos nas longas e prazerosas conversas, como lembra o reitor da UniSantos.

Em março de 1964, Juarez Bahia acompanhou o amigo Francisco Prado a Brasília, onde ele receberia informações sobre o cargo que iria assumir como interventor em uma companhia estatal, nomeado por Darci Ribeiro, chefe da Casa Civil do presidente da República João Goulart. Tomando o avião em São Paulo, estranharam o pouso em Belo Horizonte. O aeroporto estava cercado por policiais. Ninguém sabia que o Golpe Militar estava se desencadeando. O vôo prosseguiu até Brasília. O Palácio do Planalto estava vazio. Darcy Ribeiro, que esperava os dois, aconselhou-os a voltar imediatamente, pois um grande problema ganhava força. Colocou um carro da Universidade de Brasília à disposição deles para o regresso a Santos. Pelo aeroporto, já não conseguiriam sair.

Depois de alguns quilômetros, aparentemente em direção a Goiânia, avistaram dezenas de carros oficiais e barreira na estrada. Sem saber o que fazer, Bahia propôs que retornassem para o Congresso. Lá encontraram Athiê Jorge Curi, deputado federal e que fora presidente do Santos Futebol Clube. Ele abrigou Francisco Prado e Juarez Bahia em sua casa, pedindo que não saíssem em hipótese alguma, pois se Prado fosse identificado como interventor do governo do PTB, os dois seriam presos. Assim permaneceram por 15 dias.

No regresso a Santos, tomaram conhecimento da perseguição ao governo de José Gomes. Bahia foi intimado a prestar depoimento e Prado o acompanhou como seu advogado. Após o depoimento na Capitania dos Portos, o comandante avisou Bahia de que estava detido. A prisão foi no navio Raul Soares. O advogado continuou acompanhando o amigo jornalista sem restrições, pois o capitão era um colega da faculdade de Direito. Bahia, homem de muita esperança, sentia que o momento seria passageiro. Foram nove dias de prisão no navio.

Líbero Badaró
Samuel Wainer
Trajano Coelho Neto
Edmar Morel
Carlos Lacerda
Odylo Costa Filho
Otto Lara Resende
João Calmon
Luiz Beltrão
Mário Erbolato
Juarez Bahia
Alberto André
Herbert Levy
Monteiro Lobato
Arnon de Mello
Vitorino Prata Castelo Branco
Amaral Raposo
Landell de Moura

XII

# ALBERTO ANDRÉ
# Baluarte gaúcho da liberdade de imprensa

Paula Casari Cundari e Renata Sturm

Publicada na edição nº 179 da revista *Imprensa*, janeiro/fevereiro de 2003, p. 58-64

**Paula Casari Cundari** - Jornalista, advogada, mestre em Comunicação Social pela Umesp e doutoranda em Comunicação pela PUC/RS. Foi coordenadora do Curso de Comunicação Social do Centro Universitário Feevale (Novo Hamburgo, RS), onde ocupa atualmente o cargo de assessora de Relações Internacionais.
**Renata Sturm** - Estudante do Curso de Comunicação Social do Centro Universitário Feevale (Novo Hamburgo, RS)

*"Liberdade de imprensa, liberdade de informação e direito à informação, sobretudo significam bens inalienáveis a serem resguardados e definidos e exigem, para tanto, normas claras e definidas de conduta e de comportamento a fim de que, defendendo-se os direitos próprios, os direitos alheios e os da sociedade, possamos não somente preservá-los, mas adequadamente atender às necessidades do bem comum."*

*Alberto André*

## Símbolo da ética jornalística

Alberto André (1915-2001) é sinônimo de ética jornalística. Foi presidente, por 34 anos consecutivos, da Associação Riograndense de Imprensa, a ARI, e os textos da mensagem comemorativa ao qüinquagésimo aniversário da associação, em 1985, revelam os seus próprios princípios: citando Cervantes, diz que "as palavras honestas revelam a honestidade de quem as pronuncia ou escreve" e com Austregésilo Athaíde conclui que "a liberdade é o máximo de aspiração e o seu maior corolário é a justiça."Liberdade de expressão e direito à informação foram as grandes causas defendidas ao longo dos 85 anos de vida de Alberto André.

## Trajetória jornalística

Nascido em Porto Alegre, Rio Grande do Sul, em 2 de dezembro de 1915, filho de pais libaneses, Alberto André não deu continuidade à tradição de comércio da famí-

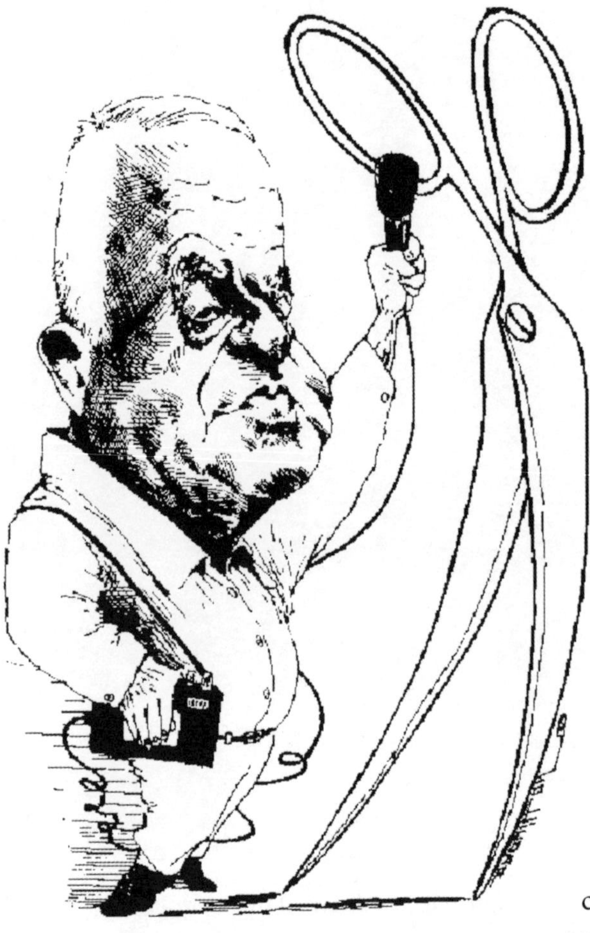

lia, nem tão pouco seguiu a profissão sonhada para ele pelo pai, a de médico.

Jornalismo foi a opção. A primeira experiência com a profissão escolhida foi como redator do jornal da Escola Nossa Senhora das Dores, quando cursava o segundo grau. Profissionalmente, foi em 1936 que, aos 21 anos de idade, iniciou carreira na Rádio Sociedade Gaúcha, em Porto Alegre. Foi o jornalista, radialista e dirigente da emissora, Nilo Ruschel, que lhe deu a chance de escrever notas sobre problemas da cidade. Assim, as grandes paixões de Alberto estavam interligadas: o jornalismo e a cidade de Porto Alegre. Sobre a importância de produzir reportagens urbanas e regionais, Alberto André, disse o seguinte: "porque é na cidade que as pessoas nascem, crescem, vivem, têm lazer, trabalham, suam, passam necessidades ou recebem benesses e morrem."

Convicto de que o jornalista "tem que possuir conhecimentos, além de técnicas de redação, dos fatos e dos acontecimentos", em 1937, ingressou na Faculdade de Direito da Universidade Federal do Rio Grande do Sul (UFRGS). No mesmo ano, começou a trabalhar no *Jornal da Noite*, onde teve a oportunidade de melhorar seus conhecimentos sobre a cidade de Porto Alegre. Durante quatro meses, ele redigiu uma coluna com matérias locais. Mas o Jornal da Noite não resistiu ao exílio de seu dono, o general e então governador do Estado, Flores da Cunha, que, contrário ao presidente Getúlio Vargas, exilou-se do País, deixando o jornal sob a responsabilidade da família. O *Jornal da Noite*, que resumia notícias do dia e recebia noticiário da *Agência Brasileira de Notícias*, acabou fechando suas portas logo. Alberto André, recebia salário baixo, mas a redação era freqüentada por expressivos jornalistas e políticos, assim as experiências adquiridas proporcionaram mais qualificação para o próximo emprego.

## Jornalismo em tempo de guerra

Foi no jornal *A Nação* que aconteceu uma das histórias marcantes do início de carreira de Alberto André. O jornal, pertencente à Cúria Metropolitana e à família de origem alemã Metzler, mantinha um noticiário neutro, apesar da simpatia que os alemães e seus descendentes nutriam pela causa germânica. O então novato, Alberto, foi contratado para a editoria internacional. No dia 6 de agosto de 1942, *A Nação* foi invadida. Só deu tempo para Alberto e seus colegas guardarem suas matérias nas escrivaninhas e trancarem a redação. Todas as máquinas foram destruídas. O jornal , no qual trabalhou como editor internacional e tradutor de matérias em inglês e espanhol, durante quatro anos, fechou. Depois dessa experiência, não querendo afastar-se do jornalismo, aceitou trabalhar sem remuneração, no Jornal *Correio da Noite.*

A saga de Alberto André parecia ser trabalhar em jornais que seriam logo extintos. Mas a realidade era de que o período era conturbado. A 2ª Guerra Mundial era eminente. O Estado Novo de Getúlio Vargas dominava ditando os rumos políticos e ideológicos no País e, um desses efeitos era de que todos os meios de comunicação que fossem julgados simpatizantes da causa alemã, eram fechados. Foi o que aconteceu com a *Agência Brasileira de Notícias*, terceiro emprego de André, onde exerceu o cargo de redator-chefe. A organização era nacional, com correspondentes em todo País, tendo como uma das conveniadas a agência alemã *Transocean*. Quando teve início a 2ª Guerra Mundial, a sede da agência foi invadida pela Polícia Política e Social e todo seu material foi confiscado, de receptores a máquinas de escrever.

Essas experiências e outras tantas, acumuladas em 65 anos de atuação jornalística, levaram-no à seguinte constatação extraída de seu livro *50 anos de imprensa:*

> *"O exercício do jornalismo não só é perigoso nos conflitos, revoluções e eventos graves, como aflitivo, exigente e inquieto do cotidiano.*
> *Jornalismo não tem hora, nem descanso de dia ou de noite, em todos os tipos de veículos de comunicação. Enfrenta os dramas na natureza, incêndios e comoções, a criminalidade urbana, as violências do trânsito... Na sociedade, tem outros inimigos que ameaçam os profissionais com crimes de difamação, injúria e calúnia. No conjunto, sofremos de insalubridade, conceituada até agora para as atividades nocivas e não para as liberais."*

## Censor redimido

Desempregado e com casamento marcado, em 1940, Alberto André aceitou trabalhar no Departamento de Imprensa e Propaganda do Estado, censurando os jornais nos assuntos de guerra. Segundo Alberto, pouca coisa era cortada. "As ordens eram de acertar as coisas e nunca punir ninguém. Na época eu não tinha uma maior preocupação em ser jornalista profissional, defendendo a liberdade de imprensa e informação. Por isso aceitei o papel de censor em jornal." Incrível pensar que anos mais tarde Alberto ficaria conhecido como um grande defensor da ética no jornalismo e da liberdade de imprensa.

## Correio do Povo

Alberto André entrou para o *Correio do Povo*, jornal da empresa jornalística Caldas Júnior, como tradutor e redator da primeira página, no ano de 1941. Nessa empresa trabalhou por 43 anos, exercendo atividades também nos jornais *Folha da Tarde* e *Tarde Esportiva.*

O jornalista e escritor Walter Galvani conta que na época em que entrou no Grupo Caldas Júnior, em 1955, Alberto André já era um dos mais importantes redatores do *Correio do Povo*. "Tu imaginas que tu olhavas numa mesa tinha o Mário Quintana, na outra Carlos Reverbel, o poeta Paulo Gouveia, Rivadávia de Souza, grande cronista, Antônio Carlos Ribeiro... de mesa em mesa a gente ia encontrando um monumento do jornalismo, e tinha o Alberto André, que era um deles." Walter conta que ele era tido como um mestre por diversos fatores: dedicação ao trabalho, competência, conhecimento dos diversos setores daquela engrenagem que era a redação.

Ele era o editor internacional. Essa era sua função devido ao conhecimento que ele tinha dos acontecimentos internacionais, e da fluência em espanhol e em inglês que permitia o acompanhamento do noticiário das agências Associated Press e United Press.

## Defensor dos jornalistas perseguidos

No período da revolução militar, muitos jornalistas foram presos. "Eu nunca fui preso", relembra Galvani e completa "eu fui detido para depoimento, fiquei na Polícia Federal durante mais de 12 horas. Mas me liberaram. Foi uma besteira, mas por muito menos, gente desapareceu. E o Alberto se dedicou naquele período a visitar quartel. Era importante que se mantivesse um bom relacionamento com os militares, senão ele não conseguiria tirar da cadeia os jornalistas que tirou. Ele e o Antoninho Gonzalez, que o sucedeu, tiraram dezenas e dezenas de jornalistas. Ele era um homem tão sério que não podiam dizer nada dele. A única coisa que podiam criticá-lo era sua posição política, mas aí a posição dele era absolutamente clara: ele era do PTB, o PDT é o sucessor do PTB. PTB, Leonel Brizola, João Goulart, essa era a linha. E o Alberto André foi inclusive vereador por esse partido. Ele não escondia a posição dele. A presidência da ARI lhe concedia certa imunidade naquele período conturbado. Os militares o respeitavam e isto o ajudou na tarefa de tirar gente de situação difícil. Foi fantástico, fantástico."

O atual presidente do Sindicato dos Jornalistas do Rio Grande do Sul, José Carlos Torves, lembra que em 1976, quando trabalhava na editoria de política do Jornal Zero Hora, foi detido depois da publicação de uma matéria sobre a manifestação de trabalhadores em São Paulo. Alberto André foi liberá-lo assim como o fez com vários colegas seus em inúmeras ocasiões. As características que destaca em Alberto André são as seguintes: ética e mediação de conflitos, "nunca foi polêmico, não cultivou inimigos", conclui.

Alberto André (em primeiro plano) na companhia de amigos

"Pelo amor de Deus, Alberto, leva uma escova de dente e uma pasta", falava d. Lourdes Cafruni André, esposa e mãe dos três filhos de Alberto André, sempre que ele ia buscar um jornalista preso, por acreditar que ele seria o próximo a ser detido. Idealista é a forma como ela o define. O jornalista e advogado, cuja maior causa era a defesa do direito de expressão, em frente de sua máquina de escrever, é a imagem indelével que d. Lourdes preserva das seis décadas de vida em comum.

## Jornalista multifacetado

Jornalista, advogado, professor, escritor, diretor da Faculdade dos Meios de Comunicação da PUC do Rio Grande do Sul, vereador, presidente da Associação Riograndense de Imprensa, juiz de contas do Tribunal de Contas do Município de Porto Alegre, fundador do Museu de Comunicação Social Hipólito José da Costa .... sempre jornalista. O profissionalismo jornalístico de Alberto André pode ser avaliado no episódio da morte de sua filha. Em 1971, mesmo chorando a perda da filha, no dia do enterro, não deixou de enviar a coluna antes do fechamento do jornal.

O jornalista Ercy Pereira Torma, presidente da Associação Riograndense de Imprensa, apresenta o autor do livro *Ética e Códigos da Comunicação Social,* Alberto André, da seguinte forma, "... sempre esteve envolvido em uma multiplicidade de atuações profissionais, demonstrando competência, liderança, lealdade, dedicação e tenacidade. Ao lado destas qualificações, teve a imagem realçada por sua honestidade, responsabilidade e humildade. Todos os aspectos o tornaram um patrimônio jornalístico-cultural do Rio Grande do Sul e do Brasil".

O Jornal da Universidade Federal do Rio Grande do Sul, em matéria de 1999, diz que Alberto André "foi 'foca' 60 anos atrás e, após longa carreira, chegou a 'dinossauro'. Agora, com o tempo de profissão e o respeito que conquistou, é o decano dos jornalistas gaúchos. Presidente da Associação Riograndense de Imprensa (ARI), de 1956 a 1990, lá permanece, à frente do Conselho Deliberativo. Por sua serenidade e sabedoria foi algodão entre cristais na ditadura militar, salvando amigos e colegas da prisão ou de coisa pior. Fundou a Famecos/PUC e chefiou o Departamento de Direito Econômico e do trabalho da UFRGS. Tem mais de 50 distinções, entre títulos, troféus e medalhas. Foi atuante vereador e chegou a deputado."Perguntado sobre os projetos para os próximos dez anos, Alberto André respondeu: "Tenho um único projeto: continuar prestando serviços à categoria dos jornalistas." Foi o que fez até o final da vida.

## "Seu Ari"

Serenidade para liderar, essa habilidade, juntamente com competência e respeito, é sempre destacada por seus pares. Ele tinha o respeito e a consideração dos adversários políticos, que não tinham nenhuma dúvida da seriedade com que ele agia. O jornalista Ubirajara Prates diz que ele era uma unanimidade, sua palavra prevalecia nas grandes decisões da ARI . Prates atribui esse respeito à experiência, comedimento e bom senso que sempre demonstrou em suas ações.

A Associação Riograndense de Imprensa foi o fórum no qual Alberto André potencializou sua habilidade de mediador e defensor da liberdade de expressão. A iden-

tificação de Alberto André com a Associação Riograndense de Imprensa era tão grande que ele também era conhecido por "Seu Ari".

Alberto André orgulhava-se por ter conseguido, através da ARI, juntamente com outras entidades, trocar o Dia da Imprensa de 10 de setembro para 1º de julho. É Ercy Torma, atual presidente da ARI, que explica a razão da mudança: "O dia 10 de setembro é relativo à fundação da *Gazeta do Rio de Janeiro*; um jornal da Corte Portuguesa, impresso no Brasil a partir da vinda da família imperial para cá, fugida da invasão napoleônica." A *Gazeta* era o órgão oficial da coroa, fazendo apologia aos seus costumes e criticando mordazmente os que ousassem simpatizar com a independência brasileira.

A fundação da ARI em 1935, por um grupo de 114 jornalistas de 8 redações da capital gaúcha, liderados pelo escritor Érico Veríssimo, é assim descrita por Alberto André:

## A fundação da Ari

*Alberto André*

A Associação Riograndense de Imprensa é sociedade civil, fundada em 19 de dezembro de 1935, em um dos momentos críticos em que já se preparava a ditadura do Estado Novo. Estatutariamente, ela tem por princípio fundamental a plena liberdade de imprensa e, como fins, a orientação, a defesa, a assistência social e cultural e a união dos jornalistas e seus demais associados, em todas as áreas de atividade profissional, visando a assegurar proteção moral e material à classe.

Graças ao seu trabalho, não só em favor do jornalismo, como também do relacionamento da imprensa com o Poder Público e a sociedade em geral, recebeu a entidade três títulos de Utilidade Pública, por leis municipal, estadual e federal. Através de uma atuação consciente em defesa dos jornalistas e suas causas, de suas necessidades e da ética profissional, venceu as dificuldades naturais do seu pioneirismo e das crises políticas dos anos de 1937 e 1964 que supriram entre nós o regime democrático, recuperado pela Constituição de 1988.

Seu edifício-sede foi construído entre os anos 1942 e 1944, na central Avenida Borges de Medeiros, nele se processando muitos eventos que fizeram história. Seus destinos objetivam a continuidade e o aperfeiçoamento dos princípios que determinaram sua instituição.

Já o 1º de julho indica o surgimento do *Correio Brasiliense*, jornal do gaúcho Hipólito José da Costa, editado em Londres (onde o jornalista estava exilado) e distribuído no Brasil. O *Correio Brasiliense* foi um dos responsáveis por uma imprensa livre que conduziu os rumos para a nossa independência. O 10 de setembro se consagrou na memória nacional devido a indiferença de historiadores, e a conivência de jornalistas pouco aperfeiçoados a trajetória da profissão na década de 30. D. Lourdes André lembra da satisfação do marido com a alteração da data de comemoração do Dia da Imprensa. "Os jornais do Rio de Janeiro e de São Paulo não queriam, mas eles conseguiram mudar."

Quando a ARI comemorou 65 anos, em dezembro de 2000, em entrevista ao jornal *Zero Hora,* Alberto André falou sobre a necessidade de atualização da Associação e destacou como prioridade motivar a participação dos jovens. Para alcançar essa meta a ARI reativaria o departamento universitário da instituição. "É fundamental trazer gente nova, ou a entidade não terá como sobreviver", apoiava Alberto André. E a forma de atrair as novas gerações para a Associação incluía o projeto de transformar o edifício-sede, do centro de Porto Alegre, em centro cultural com salas de conferência, espaços para exposições, biblioteca e um café.

## Instituto Alberto André

Nas eleições municipais de 1999, um grupo de pesquisadores gaúchos das áreas da comunicação, ciências políticas, filosofia, sociologia e educação reuniu-se na Associação Riograndense de Imprensa – ARI e, em parceria com a TVE, produziu 14 programas sobre mídia e eleições. A ação foi bem sucedida e o grupo resolveu sistematizar essas produções.

O repouso do guerreiro

A idéia inicial foi manter o grupo para estudos e disponibilizar um espaço na ARI para as reuniões. A ARI, tendo como presidente de honra Alberto André, entendeu que a proposta do grupo merecia a consolidação desses trabalhos em uma organização maior. Essa é a gênese do Instituto de Comunicação, Cultura, Educação e Formação Política Alberto André – IAA.

O IAA, que funciona na sede da ARI, entende que a Comunicação, a Cultura, a Educação e a Política são basilares na formação integral dos cidadãos e, partindo desta concepção, relaciona em seu estatuto os seguintes objetivos:

Prédio da Associação Rio Grandense de Imprensa

– buscar novos conhecimentos, nas áreas acima relacionadas, a fim de poder levar às diferentes regiões do Estado, do País e da América Latina, subsídios que possam auxiliar um desenvolvimento solidário;

– propor estratégias no campo da comunicação, da cultura, da educação e da política, que, pesquisadas, estudadas e refletidas, possam beneficiar os cidadãos em geral, respeitando suas diferenças regionais, suas necessidades e peculiaridades;

– propor estratégias que busquem preencher lacunas existentes no campo da comunicação, visando a interligar as diferentes regiões, repassando informações que forem julgadas necessárias para o seu desenvolvimento;

– apresentar estratégias que busquem resgatar a identidade cultural das comunidades,valorizando, preservando e divulgando a cultura e o patrimônio histórico e artístico de cada região, tornando-os conhecidos nas demais regiões;

No discurso de fundação do IAA, em 23 de dezembro de 1999, Alberto André agradeceu a homenagem dizendo da sua satisfação pelo Instituto "que visa integração da América Latina, quando nenhuma cultura se sobreporá às demais, quando todas as partes terão expressão irrestrita, fortalecendo o todo. Encerrou dizendo ser este um encontro com o futuro, quando, através de estratégias que conscientizem os cidadãos, teremos ação e comprometimento de todos, na construção de uma sociedade livre e democrática".

## Pauta de uma homenagem tardia

Durante o XXIV Intercom – Congresso Brasileiro de Ciências da Comunicação, o coordenador da Rede Alfredo de Carvalho, para a Preservação da Memória e a Construção da História da Imprensa no Brasil (José Marques de Melo), concitou a coordenadora do Curso de Comunicação do Centro Universitário Feevale (Paula Casari Cundari) a resgatar e documentar a vida do jornalista Alberto André, baluarte inequívoco da liberdade de expressão no Rio Grande do Sul.

O professor Marques de Melo confessou sua dívida de gratidão com Alberto André. Mencionou que, num gesto grandioso de solidariedade, ele se empenhou em trazê-lo para o Rio Grande do Sul, nos idos de 1974, momento em que era vítima de perseguição política na Universidade de São Paulo. Lembrou que Alberto André lançara a idéia de se criar um Programa Interinstitucional de Pós-Graduação em Comunicação no Rio Grande do Sul. Obtendo o compromisso prévio dos reitores de 3 universidades: UFRGS, PUC-RS e UFSM, ele o convidou para liderar a iniciativa. Por razões históricas, o projeto acabou sendo adiado, vindo a frutificar na década de 90, quando as universidades gaúchas criariam de forma independente programas de mestrado/doutorado na área comunicacional.

A agenda deste encarte foi compartilhada pelo coordenador do Programa de Pós-Graduação em Comunicação da PUC-RS (Antonio Hohlfeldt). Grande conhecedor das personalidades que compõe a trajetória da imprensa gaúcha, ele enfatizou a urgência na realização deste trabalho, dadas as condições de saúde de Alberto André.

O professor Marques de Melo sugeriu que se fizesse uma exceção na série publicada pela revista *Imprensa*, realizando em vida a homenagem a Alberto André. Em se tratando de unanimidade gaúcha, querido pelos colegas de profissão e respeitado pelos adversários, a quebra do princípio de só destacar as histórias de vida de personalidades legitimadas pela História seria compreendida por todos. Alberto André se transformara numa legenda viva em terras gaúchas.

Paula Cundari disse que confiaria a um dos seus alunos a tarefa de entrevistar Alberto André. A pauta foi esboçada na manhã do dia 5 de setembro de 2001, em Campo Grande (MS). Neste mesmo dia, às 18 horas, Alberto André faleceu em Porto Alegre.

Renata Sturm não teve o privilégio de entrevistar Alberto André, mas sua pesquisa mapeou o consenso de toda uma geração a respeito do trabalho constante, firme e sereno realizado pelo eterno presidente da ARI. Embora tardia, completa-se, um ano depois de sua morte, e no calendário dos 15 anos da revista *Imprensa*, a merecida homenagem ao gaúcho que defendeu a liberdade de imprensa com tenacidade, audácia e coragem cívica.

Líbero Badaró
Samuel Wainer
Trajano Coelho Neto
Edmar Morel
Carlos Lacerda
Odylo Costa Filho
Otto Lara Resende
João Calmon
Luiz Beltrão
Mário Erbolato
Juarez Bahia
Alberto André
Herbert Levy
Monteiro Lobato
Arnon de Mello
Vitorino Prata Castelo Branco
Amaral Raposo
Landell de Moura

XIII

# HERBERT LEVY
# Dinamizador do jornalismo econômico

Samantha Castelo Branco

Ensaio publicado na edição nº 180 da revista *Imprensa*, março de 2003, p. 81-88

**Samantha Castelo Branco** - Jornalista. Doutora em Comunicação Social pela Umesp. Foi professora da Faculdade de Jornalismo da Umesp e coordenadora do Curso de Jornalismo do UniFiam-Faam. Atualmente é coordenadora do Curso de Pós-Graduação em Jornalismo Cultural do Instituto Camilo Filho (Teresina, Piauí).

No Brasil, falar de jornalismo especializado em economia e negócios sem mencionar o diário *Gazeta Mercantil* seria um grande desafio. Mas contar a história desse jornal sem estabelecer uma ligação direta com o nome de Herbert Victor Levy seria, com certeza, uma tarefa impossível.

Os rumos de um dos mais importantes jornais do País se misturam, ao longo dos anos, com a própria história da Família Levy.

## Legado paterno

Tudo se iniciou com Albert Levy, pai de Herbert, que se comprometeu, aos 14 anos, a servir de intérprete para as caravanas que percorriam o deserto do Saara, uma vez que dominava o árabe, o inglês e o fenício-maltês, sua língua natal. Exerceu a atividade por quatro anos, quando percorreu a região do norte da África e a Ásia Menor. Assim, aprendeu a falar também o francês, o italiano e, com menor fluência, o alemão e o espanhol.

Algum tempo depois, decidiu vir ao Brasil, ao encontro de um irmão, proprietário de um dos maiores engenhos de açúcar de Pernambuco. Já em São Paulo, em 1896, aos 31 anos, casou-se com Ana De Martino, italiana da cidade de Salermo, à época com 15 anos. Naturalizou-se brasileiro e tornou-se professor catedrático de inglês na Escola Normal – atual Caetano de Campos, na Praça da República. Sem abandonar a cátedra, acabou sendo corretor de câmbio, como preposto do corretor oficial, e faleceu em 3 de novembro de 1926, aos 60 anos de idade, deixando dez filhos. "*Sua memória ficou imortalizada no Instituto de Educação e Colégio Professor Alberto Levy. A idéia foi de um seu ex-*

*aluno, o professor Olavo de Carvalho, quando diretor do Ensino Secundário, e sancionada pelo governador Lucas Nogueira Garcez"*, relata Herbert Levy, em seu livro *Viver é Lutar*, da Editora Saraiva, lançado em 1990.

O filho mais velho, Percy D. Levy, assumiu as atividades de corretor iniciadas pelo pai, com a ajuda dos irmãos Roberto e Haroldo, originando a firma "Percy D. Levy & Irmãos, Corretora de Câmbio e Títulos."Herbert Victor Levy, que nascera em 2 de novembro de 1911, tinha apenas 15 anos, mas se juntou aos irmãos mais tarde nas atividades da família, processo detalhado no livro autobiográfico.

## Informações econômicas

Paralelamente, os negócios corriam na capital paulista. Estava sendo publicada a *Gazeta Mercantil Comercial e Industrial*, fundada por José Francesconi no dia 3 de abril de 1920. Esse italiano, ex-funcionário do Banco Francês e Italiano, aproveitou seu *background* no mercado financeiro e criou, inicialmente, a Agência Comercial e Financeira, vendendo notícias sobre movimentação de mercadorias em São Paulo, que contava com 580 mil habitantes, 1.207 fábricas e 6 mil "negócios."O Estado era responsável por 31,5% da produção industrial brasileira, contra 21% do Rio de Janeiro. Sem falar na Bolsa de Mercadorias, inaugurada dois anos antes e animadora do setor.

Não foi difícil transformar uma agência de notícias na *Gazeta Mercantil Comercial e Industrial*. A publicação era mimeografada, em tamanho ofício, e acompanhava o perfil do mercado paulista, já considerado um dos motores do mercado nacional. A cobertura do mercado financeiro, no entanto, ainda deixava a desejar.

Produzida por três funcionários, a *Gazeta* funcionava em um escritório da Rua da Quitanda, 17 – 1º andar. O primeiro número da publicação, arquivado na biblioteca da atual *Gazeta Mercantil*, estampa na primeira página "confidencial e sem responsabilidades", uma alusão ao fato de que a responsabilidade era de quem realizasse o negócio ali informado. O Brasil, nos anos 20, ainda estava preso a uma economia sustentada pela exportação de produtos primários, especialmente o café, com a industrialização dando seus primeiros passos. Assim, não é difícil imaginar que um boletim com assuntos financeiros já possua, nesse período, público e mercado, até porque somente alguns membros da elite tinham linha direta com o exterior na aquisição de informações sobre economia.

Em 4 de agosto de 1926 a *Gazeta Mercantil Comercial e Industrial*, ainda mimeografada e sob a direção de José Francesconi, anuncia em sua primeira página a expansão dos serviços do veículo não apenas na capital paulista, mas também no interior, em Santos e no Rio de Janeiro.

## Ascensão jornalística

Um ano depois, em 1927, o jovem Herbert Levy começou a trabalhar como atendente de um depósito de material elétrico, onde chegou a ser balconista. Depois, passou a exercer a função de tradutor de filmes americanos e se tornou jornalista do *Diário Nacional*, órgão do Partido Democrático de São Paulo, cujo chefe de redação era Paulo Duarte. Como tinha íntima ligação com a natação (praticava e conquistou títulos brasileiros), Herbert era responsável pela seção de esportes e chegou a promover, juntamente com o jornal *O Globo*, uma corrida de automóvel Bugatti, a qual objetivava incentivar novos recordes de velocidade na estrada entre o Rio de Janeiro e São Paulo.

Sua experiência como repórter não se limitou à área esportiva. Fez cobertura policial, ronda de secretarias de Estado e crítica de ópera nos jornais *Diário da Noite* e *São Paulo Jornal*. Como destaca em *Viver é Lutar*, a atividade jornalística tornou-o mais comunicativo, sendo um começo da atividade política, que mais tarde viria a exercer de fato.

Foi em 1929 que Herbert Levy passou a ter uma participação decisiva nos negócios da família. Com a crise provocada pela falência da Bolsa de Nova York, que repercutiu em vários setores da economia mundial, a corretora Percy D. Levy & Irmãos vivenciou um momento delicado. "*Fui convocado com outros irmãos para tomar pé na grave situação criada para a firma. Desta eu até então não participava*", registra no livro autobiográfico. Percy se viu obrigado a dirigir o escritório do Rio de Janeiro, como representante da empresa, e Herbert ficou à frente da firma em São Paulo.

No momento dessa reorganização da empresa, se deu a criação do *Boletim Comercial Levy* (1929), que tinha como objetivo inicial aumentar a gama de serviços que a firma prestava aos seus clientes. Quando perceberam o potencial da publicação, fundaram, em 1931, a revista *Financeira Levy*, criada para explorar com mais profundidade o mercado de informações sobre câmbio, títulos, movimento bancário e ações.

No ano seguinte, juntamente com os irmãos Roberto e Haroldo, Herbert foi convocado a lutar na Revolução Constitucionalista de 1932, quando a firma encontrava-se em uma fase de grande endividamento: "*Quando fomos chamados a lutar em 1932, na Revolução Constitucionalista, Roberto, Haroldo e eu, já que Eduardo era convalescente de tuberculose, nossa posição de endividamento ainda era pesada e a trincheira não deixou de constituir para nós um lenitivo que nos permitiu acumular forças e voltar com ânimo redobrado para a luta de salvamento da empresa*", escreve Herbert Levy.

Apesar dos contratempos, em 1934 a firma estava salva da falência, com o endividamento e os juros pagos, além de sobras no caixa para novos negócios. Face ao equilíbrio financeiro da firma dos irmãos Levy e com experiência de publicações na área, foi possível, em 1934, fazer uma oferta de compra da *Gazeta Mercantil Comercial e Industrial* que, nessa época, já era de propriedade do sucessor de Francesconi, outro italiano, chamado Pietro Pardini. Por 60 contos de réis, o veículo se juntou ao boletim e à revista dos Levy, originando a *Gazeta Mercantil Industrial e Financeira*. Nascia, assim, o embrião da atual *Gazeta Mercantil*, que viria a se firmar como o mais importante jornal do País no setor

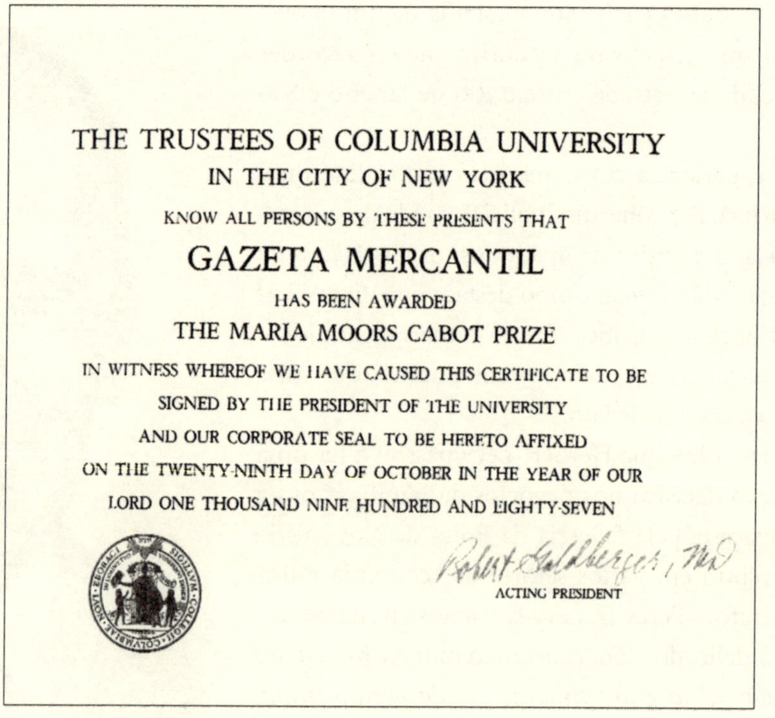

THE TRUSTEES OF COLUMBIA UNIVERSITY
IN THE CITY OF NEW YORK
KNOW ALL PERSONS BY THESE PRESENTS THAT
GAZETA MERCANTIL
HAS BEEN AWARDED
THE MARIA MOORS CABOT PRIZE
IN WITNESS WHEREOF WE HAVE CAUSED THIS CERTIFICATE TO BE
SIGNED BY THE PRESIDENT OF THE UNIVERSITY
AND OUR CORPORATE SEAL TO BE HERETO AFFIXED
ON THE TWENTY-NINTH DAY OF OCTOBER IN THE YEAR OF OUR
LORD ONE THOUSAND NINE HUNDRED AND EIGHTY-SEVEN

ACTING PRESIDENT

**Diploma do Prêmio Maria Moors Cabot, recebido em 1987**

de economia e negócios, apesar de surgir quase cem anos depois da primeira publicação da área econômica no País, o *Jornal do Comércio*. Este, fundado em 1827, apresentava, segundo Aylê-Salassiê Figueiras Quintão, como característica inicial a publicação de editais de cartório, protestos, atas de assembléias, balanços de empresas e comunicados de empresas ao público.

## Laços de família

Herbert Levy se casou com Wally Ferreira, filha do professor Waldemar Martins Ferreira, catedrático de Direito Comercial da Faculdade do Largo de São Francisco, deputado federal, presidente do Partido Democrático em São Paulo e secretário da Justiça à época da Revolução Constitucionalista de 1932.

Do casamento de Wally com Herbert Levy nasceram nove filhos: Maria Stella, Luiz Carlos, Herbert Victor Filho, Luiz Fernando, Paulo Roberto, Nelson Luiz, Maria Christina, Maria Lúcia e Maria Cecília (veja boxe).

Fortalecendo-se como empresário, Herbert tornou-se responsável pelo Escritório Levy, em substituição à Percy D. Levy & Irmãos, e acabou criando, em 1943, o Banco da América. Em seu livro autobiográfico, ele relata o fato:

> *"Foi essa performance à testa do Escritório Levy, nome da firma que sucedeu a Percy D. Levy & Irmãos, que me permitiu, na organização de um novo banco, o Banco da América, conseguir amplo apoio de amigos e do meio financeiro, tanto que o capital inicial de 20 mil contos de réis foi subscrito com excesso, fazendo-se uma devolução de 20% da subscrição. Isso em 1943."*

Nesse momento, Luiz Fernando, o filho que se tornaria o diretor-responsável da *Gazeta Mercantil*, tinha apenas três anos. Porém, o mais velho dos filhos homens, Luiz Carlos, começou a trabalhar no banco e desenvolveu uma carreira que teve como ponto alto, em 1969, a fusão com o Banco Itaú, no qual foi diretor-executivo.

## Veia empresarial e política

Desde os tempos do Partido Democrático, Herbert Levy demonstrava paixão pela política. Paralalemente às atividades empresariais, trilhou essa carreira. Somente no período entre 1937 e 1945, durante o Estado Novo, foi preso seis vezes. Na década de 40, na linha de frente da União Democrática Nacional (UDN), posicionou-se contra a ditadura de Vargas, integrando um grupo formado por Adauto Lúcio Cardoso, Affonso Arinos de Mello Franco, Aliomar Baleeiro, Bilac Pinto, Carlos Lacerda, Juracy Magalhães e Milton Campos. Apesar da UDN chegar ao poder nas eleições presidenciais de 1960, com Jânio da Silva Quadros, desse grupo somente Affonso Arinos ocupou um cargo alto, tornando-se ministro das Relações Exteriores.

Herbert Levy foi eleito suplente de deputado federal em 1946, assumindo a cadeira logo depois. Ficou na Câmara dos Deputados até 1988, sendo reeleito sucessivamente a cada quatro anos, somando um total de 42 anos de mandato. Chegou a ser presidente nacional da UDN, líder da oposição e um dos líderes do movimento pró-regime militar que tomou o poder em 1964.

No que se refere ao diário dirigido pela família Levy, em 1950 a *Gazeta Mercantil Industrial e Financeira* continuava sendo mimeografada, mas era distribuída diariamente. No dia 17 de abril, no entanto, a primeira edição da *Gazeta Mercantil* – agora ampliada e com a palavra "Econômica", além de Industrial e Financeira – passou a ser impressa em máquinas planas, no tamanho 27 x 36 centímetros, diagramada em seis colunas. A circulação girava em torno de 6 mil exemplares, com vendas na capital paulista e alguns pólos mais dinâmicos do interior do Estado.

Em 1954, ano marcado pelo IV Centenário de São Paulo e pelo suicídio de Getúlio Vargas, pela primeira vez a estampa do jornal é incrementada. Isso aconteceu devido à compra de uma impressora rotoplana e novos linotipos. Seis anos depois, a *Gazeta Mercantil* adquiriu sede própria na Rua do Gasômetro e passou a ser impressa em rotativa. Era 1960 e o jornal comemorava 40 anos com um faturamento estável, oriundo de clientes de publicações legais exigidas por normas do governo, como balanços, editais, atas e convocações.

## Padrão internacional

A "era Luiz Fernando" na Gazeta *Mercantil* foi marcada pela decisão de modernizar o diário no início dos anos 70, como relata o filho de Herbert em depoimento extraído da matéria "80 anos: o que pensa, faz e vai fazer a *Gazeta Mercantil*", publicada na revista *Imprensa*, nº149, de junho de 2000: *"Comecei em 1968. Não como diretor. Em 1973, nós decidimos transformar a* Gazeta *num jornal de economia e negócios voltado para o mercado. Eu achava que o País estava pronto para um jornal com essas características. Meu pai concordou e me deu essa missão. Então, eu, na condição de vice-presidente da* Gazeta, *comecei a coordenar esse trabalho. Foi em agosto de 1973".*

O jornalista Omar Bittar, que trabalhava para o grupo e ocupava o cargo de diretor superintendente, mostrou um artigo da revista *Fortune* sobre o *The Wall Street Journal* a Herbert Levy, diretor-presidente do jornal. Não tardou para Luiz Fernando, então vice-presidente-executivo, dizer a Omar que gostaria de ver a *Gazeta* com projeto semelhante ao do jornal dos Estados Unidos. Havia, sim, uma vontade de se guiar pelo modelo internacional do jornalismo econômico praticado nos grandes mercados.

Dois anos depois, em 1973, a família Levy vendeu a velha rotativa, de 1918 e o prédio da Rua do Gasômetro, no bairro do Brás, onde funcionavam as oficinas e a redação. Os Levy decidiram investir em recursos humanos os recursos financeiros obtidos, com o objetivo de transformar o veículo em uma publicação similar àquela norte-americana: *"Nessa altura, eu e meu filho, Luiz Fernando Ferreira Levy, resolvemos transformar o até então boletim mimeografado em um jornal econômico moderno e completo"*, conta Herbert em *Viver é Lutar*.

A ordem dada a Omar era clara: procurar um jornalista capaz de pôr em prática o projeto. A tarefa era árdua, afinal dever-se-ia substituir "máquinas por talentos."Omar Bittar, após algumas entrevistas, ficou indeciso entre dois nomes: Hideo Onaga, do Grupo Visão, e Roberto Müller Filho, diretor de redação da revista *Expansão*, que pertencia ao norte-americano Harvey Popell e ao brasileiro Francisco Crestana, mas acabou sendo vendida à Editora Abril e, em 1975, foi incorporada à revista *Exame*. O jornalista escolhido foi Hideo Onaga, que, apesar de ficar na *Gazeta* por apenas nove meses do ano de 1973, foi responsável pelo início da transformação do jornal.

Economicamente, o Brasil e o mundo viviam o início da primeira grande crise do petróleo. Para a imprensa econômica, isso se configurava como um bom sinal: cresciam as necessidades de informação e, conseqüentemente, as vendas da imprensa especializada. Em substituição a Onaga, veio, em abril de 1974, Roberto Müller Filho, que à época trabalhava na *Folha de S. Paulo*, onde foi editor de Economia. Müller conta, no livro *Anábase: história da Gazeta Mercantil*, que o incentivo foi dado pelo ex-professor e amigo Claudio Abramo: *"Vá, eles são pessoas sérias, dá para trabalhar pelo menos dez anos."*

Para concretizar o projeto de modernização da empresa, Luiz Fernando, depois da venda do prédio da Rua do Gasômetro, levou a redação, a produção e a impressão da *Gazeta Mercantil* para o edifício da Barão de Limeira – anexo à sede da *Folha de S. Paulo* –, onde dividia o quinto andar com o diário *Cidade de Santos*, que pertencia ao grupo "Folha."Nessa época, os Levy já tinham vendido para a empresa Folha da Manhã o jornal *Notícias Populares*, fundado por Herbert. A publicação circulou até o dia 20 de janeiro de 2001, quando o Grupo Folha anunciou o fechamento do periódico popular.

## A concorrência e o futuro

A chamada nova fase da *Gazeta Mercantil* teve continuidade durante as décadas de 80 e 90, tendo Herbert Levy como diretor-responsável. A empresa mudou-se, então, para

GAZETA MERCANTIL

Tesouro em primeiro lugar nas captações

Alta de 62% na emissão externa

*O esforço americano pelo êxito em Seattle*

Agências líderes na preferência dos anunciantes

Pesquisa aponta predileção por DM9 e W/Brasil

*Fazenda fecha hoje acordo com SP*

*A Imprensa, a notícia e a ética jornalística*

Quem fez a testemunha da CPI

Muita conversa, investigação e sorte levaram ao motorista que fala tudo sobre narcotráfico

Itaúsa recompra ações em leilão

Fisco leva a melhor nas brigas no STF

*A grande defesa contra a Vodafone*

Privilégios só para as mães

Empresas dão apoio a gestantes

*Estiagem pressiona tarifa de energia*

Seus títulos cambiais na troca por NTNs

*Salto do javali no campo e na mesa*

Página do Jornal
*Gazeta Mercantil*

a sua sede atual, localizada na Rua Engenheiro Francisco Pitta Brito, 125, no bairro Santo Amaro, zona sul de São Paulo.

O ano 2000 foi especial para o Grupo. Não apenas marcou os 80 anos de criação do jornal, comemorados, entre outros eventos, com o lançamento do livro *Anábase: história da Gazeta Mercantil*, de Claudio Lachini, mas também trouxe para o mercado um concorrente direto para o veículo – o *Valor Econômico*, criado por meio de uma parceria entre as empresas Folha da Manhã e Organizações Globo. Depois de muitos anos como o único diário de circulação nacional especializado em economia e negócios, a *Gazeta* teria que ficar mais atenta na manutenção de seus leitores e na conquista de novos públicos.

Herbert Levy presenciou, no ano seguinte, alguns momentos delicados pelos quais sua empresa passou. Divergências entre a direção da *Gazeta* e alguns de seus jornalistas na condução das negociações referentes ao pagamento dos salários atrasados aos funcionários levaram à demissão de Mário de Almeida, diretor de redação; Delmo Moreira, editor-chefe e Maria Aparecida Damasco, editora-executiva. Os cargos foram ocupados por outros profissionais, mas continuaram os rumores sobre os problemas financeiros da empresa. No segundo semestre do ano, houve novamente atraso no pagamento dos salários.

Diante dessas dificuldades, a *Gazeta Mercantil* firmou um acordo com o *Jornal do Brasil* no início de outubro de 2001. Pela primeira vez, a empresa iria dividir o controle acionário com outro grupo midiático, mas as negociações com o *Jornal do Brasil* foram interrompidas. Quinze dias depois de noticiado pela *Gazeta Mercantil*, o negócio foi desfeito, como divulgado no site do *InvestNews*, no dia 19 de outubro daquele ano: "*O sr. Luis Fernando Levy declarou hoje que o contrato de comercialização de publicidade e assinaturas entre a Gazeta Mercantil e a JB Comercial está suspenso de comum acordo em razão da contração pela Gazeta Mercantil da Worldinvest, presidida pelo sr. Sérgio Thompson Flores, para a partir desta segunda-feira realizar trabalhos de captação de recursos e estudos para a reestruturação da empresa.*"

Embora sendo um dos importantes grupos de mídia brasileiros – face às suas diferentes áreas de atuação, às publicações, aos dados do Instituto Verificador de Circulação (IVC) e ao número de jornalistas –, pode-se dizer que esses recentes acontecimentos sinalizaram uma fragilidade financeira da *Gazeta Mercantil*. Com o processo de reestruturação da empresa em andamento, envolvendo inclusive a demissão de funcionários no final de 2001, Herbert Levy continuou sendo peça fundamental no desafio de fazer continuar circulando o diário. Guardou, durante toda a sua trajetória, a carteira de jornalista, demonstrando que a profissão o honrava muito.

Ainda que contando com seu filho Luiz Fernando à frente do jornal, Herbert Levy, com 90 anos de vida, além de continuar escrevendo sobre temas que considerava importante, não se desvencilhou da administração da empresa, onde ocupou, até a sua morte, em 15 de janeiro de 2002, o cargo de presidente do Conselho de Administração. Mesmo a partir desse dia, a história da *Gazeta Mercantil* jamais poderá ser contada sem as contribuições deste jornalista.

## Concorrente do Última Hora

Além do jornal *Gazeta Mercantil*, principal veículo do grupo, outras publicações merecem destaque. São jornais, revistas e guias que oferecem diversas informações aos leitores e contribuem para reafirmar a posição da empresa nos mercados nacional e internacional.

No caso dos jornais, um dos importantes títulos já publicados pela *Gazeta Mercantil* não está mais em circulação. Trata-se do *Notícias Populares*, criado por Herbert Levy para concorrer com o *Última Hora*, de Samuel Wainer. Levy escreve, em *Viver é Lutar*, que "*logo após ter logrado êxito no plebiscito sobre o parlamentarismo, para o qual mobilizou toda a máquina e os recursos do Estado, João Goulart fez um acordo com os comunistas, fazendo-os seus aliados para a derrubada da democracia. E o jornal Última Hora, sob a direção de Samuel Wainer, passou a ser um instrumento escancarado para ganhar terreno popular para essa estranha aliança entre um direitista caudilho, obcecado pelo poder, e a esquerda marxista. (...) A propaganda do* Última Hora *junto às classes trabalhadoras era perniciosa e conduzida com habilidade, e os jornais liberais e conservadores fiéis à democracia tinham pouca penetração nessa área*".

Nesse cenário, Herbert Levy foi procurado pelo jornalista romeno Jean Mellé para lançar um jornal popular, sob a garantia de que o veículo equilibrar-se-ia em pouco tempo, com gastos relativamente pequenos, para depois tornar-se lucrativo. Estimulado pelo apoio de alguns amigos, o proprietário da *Gazeta Mercantil* tomou uma decisão: "*Pouco*

### A Família Levy – De Albert a Luiz Fernando

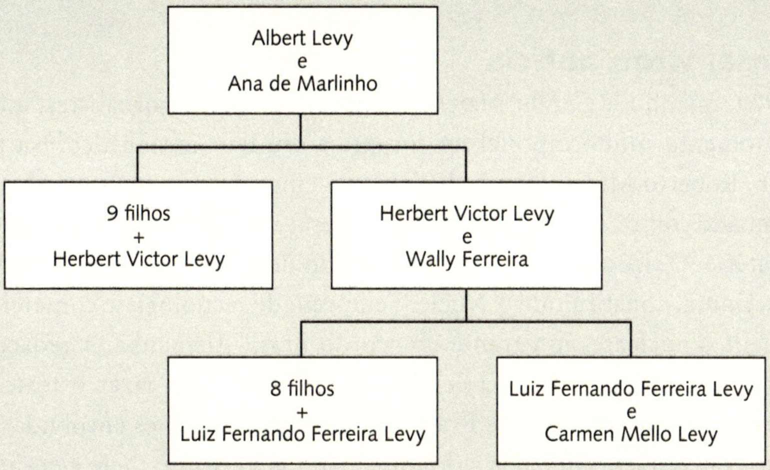


*interessado em eventuais lucros, mas achando importante surgir um órgão de imprensa que neutralizasse a mensagem extremista que o* Última Hora *levava às classes trabalhadoras, resolvi lançar o jornal* Notícias Populares, *com a promessa de empresários amigos de que colaborariam financeiramente.*"

O jornal popular, sob a direção de Jean Mellé, circulou pela primeira vez em 15 de outubro de 1963 e, em apenas seis meses, conquistou 2/3 dos leitores do concorrente *Última Hora*. Sobre o conteúdo da publicação, Herbert Levy admite, em seu livro, "*que se fosse espremido o jornal daria em essência sangue, sexo e esporte*".

Embora Herbert Levy nunca tenha recebido a ajuda financeira prometida por alguns empresários, em menos de um ano o jornal havia equilibrado receita e despesa, não exigindo novos investimentos do Grupo Gazeta Mercantil. Impresso nas oficinas da empresa Folha da Manhã, o veículo passou a dar lucro depois da Revolução de 1964 e despertou o interesse de Otavio Frias. Na certeza de que fizera oposição ao *Última Hora*, seu principal objetivo, e mesmo contrariando Jean Mellé, Herbert Levy fechou a venda do *Notícias Populares* ao empresário do Grupo Folha: "*Afinal acertei o negócio com Otavio Frias, com o compromisso dele dar todo o apoio a Jean Mellé, a quem se devia o grande êxito do jornal. Dei-lhe, praticamente, o jornal, em troca de assumir os débitos, que eram moderados, e gratificar Mellé. Se desejasse, eu poderia ter ganho bom dinheiro, pois o jornal valia mais e passou a ser um dos mais lucrativos do Grupo Folha.*"

Até a morte de Jean Mellé, Octavio Frias cumpriu a promessa de mantê-lo à frente do veículo. O *Notícias Populares (NP)* perteceu à Folha da Manhã até o seu último dia de circulação, em 20 de janeiro de 2001. O fechamento do impresso foi noticiado pela *Gazeta Mercantil*, na edição de 22 de janeiro, que enfatizou o motivo da decisão do Grupo Folha: "*A empresa alega que a extinção do diário se deve à concentração de esforços nesse segmento em um único produto: o Agora SP. Estão previstas demissões de 40 pessoas – o NP conta com 42 profissionais.*"

Vale destacar que, sem conseguir competir com a televisão junto às classes populares, nos últimos dez anos de sua circulação a tiragem do *NP* tinha caído de 130 mil exemplares para 20 mil.

## O jornal virou notícia

Em 1979, quando a *Gazeta Mercantil* contava com 127 jornalistas, a empresa viveu um momento muito especial no tocante a seu teor jornalístico. Na tarde de 21 de agosto, Roberto Müller, que trabalhava na empresa, entregou um documento oficial carimbado como "secreto" ao secretário-geral e solicitou um bom redator para redigir a matéria. O documento tratava do acordo de acionistas entre a Nuclebrás e a Kraftwerk Union, constituindo a Nuclen, empresa de tecnologia e comercialização de equipamentos nucleares integrante do acordo Brasil-Alemanha. A redação tinha uma "bomba" nas mãos. Fausto Cupertino foi escalado para fazer o texto e, pelo telefone, recomendou à sucursal de Brasília que ouvisse as partes envolvidas. Sidney Basile, diretor dessa sucursal, havia sido informado pelo editor-chefe e encarregou a repórter Míriam Leitão de ouvir o ministro das Relações Exteriores, Saraiva Guerreiro. O ministro não forneceu nenhuma declaração sobre o caso, e ainda alertou seu cunhado, o general Octávio Medeiros, chefe do Serviço Nacional de Informações. O "circo estava armado".

Luiz Fernando conta, na obra de Claudio Lachini, que o general Hugo Abreu e o ministro da Justiça, o piauiense Petrônio Portela, telefonaram a seu pai pedindo que a matéria não fosse veiculada. No entanto, Luiz Fernando disse a Herbert Levy que fecharia o jornal caso o texto não fosse publicado. Assim, como registrado no livro *Anábase: história da Gazeta Mercantil*, Herbert autorizou a continuação do processo que resultaria na manchete "O poder de decisão da Nuclen": *"Quando conheci os detalhes desse acordo, concordei com o meu filho Luiz Fernando e com o jornalista Roberto Muller, que estavam na direção efetiva da Gazeta Mercantil, que devíamos divulgá-lo, até como tentativa de torpedeá-lo, no interesse do País."*

A matéria dizia que, embora a Nuclebrás participasse com 75% do capital da nova empresa e designasse o seu presidente, este não possuía poder de voto. Além disso, os alemães da Kraftwerk Union, com 25%, deteriam as diretorias comercial e de tecnologia – as que realmente tinham o poder de decisão. O mais grave é que esse acordo havia sido assinado em 17 de dezembro de 1975, tendo sido ocultado dos brasileiros por quatro anos.

A preocupação do governo era tanta que o funcionário da *Gazeta* que levava os fotolitos daquela edição para ser impressa na gráfica de *O Estado de S. Paulo* foi preso. A polícia achava que, de posse dos fotolitos, não haveria jornal. Desconhecia que os fotolitos eram fotografados das páginas montadas pelo *paste-up*. Henrique Araújo se dirigiu à Polícia Federal para tentar libertar o funcionário. Luiz Fernando e Roberto Müller foram à gráfica de *O Estado* e ordenaram que o jornal fosse providenciado novamente e impresso, inclusive com a primeira página. Para distribuição, os pacotes da *Gazeta Mercantil* foram camuflados com o *Jornal da Tarde*, assim a Polícia Federal não desconfiou e a publicação circulou normalmente.

Na manhã do dia 22 de agosto, a manchete estava nas ruas e a polícia ainda chegou a apreender alguns exemplares. Era tarde, a *Gazeta* havia cumprido seu papel, como comemora Herbert Levy em seu livro: "*A Gazeta Mercantil conseguiu, num furo jornalístico, divulgar a íntegra do acordo do governo brasileiro com o governo alemão, para a construção de oito usinas nucleares.*"

A apreensão foi comunicada no início da manhã do dia 23 de agosto, pela direção da *Gazeta Mercantil*, ao ministro da Comunicação Social, Saïd Farhat. Depois de divulgar diversas versões sobre o fato, o Departamento de Polícia Federal afirmou que não houve apreensão da publicação, mas uma requisição para estudo do material noticioso sobre a Nuclen. Farhat acabou admitindo a apreensão.

O ministro Petrônio Portella acomodou a situação e nada mais grave aconteceu. Às 9 horas da manhã, a redação da *Gazeta* havia sido invadida por todos os canais de televisão, por repórteres dos grandes jornais e até correspondentes estrangeiros. No dia seguinte, a notícia estava na primeira página dos principais veículos de todo o mundo, inclusive no *Pravda*, da cidade de Moscou. Esse foi o último ato da censura à imprensa praticado pelo regime militar. Nunca se soube como Roberto Müller conseguiu o documento secreto.

> "*Não quisemos em momento nenhum contrariar qualquer interesse do País. Podemos ter contrariado posições do governo; da mesma maneira temo-las apoiado, quando as julgamos corretas. É esta a função de qualquer jornal que quer ser idôneo*",
>
> declarou Herbert Levy a Claudio Lachini.

Somente anos depois os jornalistas e funcionários da *Gazeta Mercantil* ficaram sabendo que a grande preocupação do governo, naquele momento, era que o jornal houvesse descoberto a construção de um fosso para explosões nucleares no sul do Pará. Na verdade, esse fato só veio à tona nos anos 90, quando o presidente Fernando Collor, logo no início do mandato, mandou destruí-lo.

## Viver é lutar

"*Com minha franqueza, perdi ministérios e cargos importantes, no decorrer dos 40 anos de mandato na Câmara dos Deputados e mesmo depois. Mas fiquei em paz com minha consciência e deixo um nome respeitado para meus filhos e netos.*"

(LEVY, Herbert Victor. *Viver é lutar*. São Paulo: Saraiva, 1990, p. VII)

"*Hoje a* Gazeta Mercantil *retribui largamente os esforços para transformá-la num grande jornal. A circulação simultânea em vários Estados, o processo laser de transmissão por via de canal de TV, única na América Latina, foram iniciativas do Luiz Fernando, transformando-a num verdadeiro jornal nacional.*"

(LEVY, Herbert Victor. *Viver é lutar*. São Paulo: Saraiva, 1990, p. 206)

## Roteiro bibliográfico

CASTELO BRANCO, Samantha. *Internacionalização da Mídia Brasileira: a trajetória da Gazeta Mercantil*. São Bernardo do Campo: PósCom/Umesp, 2001 (tese de doutorado).

LACHINI, Claudio. *Anábase: história da Gazeta Mercantil*. São Paulo: Gazeta Mercantil, 2000.

LEVY, Herbert Victor. *Viver é lutar*. São Paulo: Saraiva, 1990.

QUINTÃO, Aylê-Salassiê Figueiras. *O jornalismo econômico no Brasil depois de 1964*. Rio de Janeiro: Agir, 1987.

80 anos: o que pensa, faz e vai fazer a *Gazeta Mercantil*. revista *Imprensa*, n. 149, junho de 2000.

Líbero Badaró
Samuel Wainer
Trajano Coelho Neto
Edmar Morel
Carlos Lacerda
Odylo Costa Filho
Otto Lara Resende
João Calmon
Luiz Beltrão
Mário Erbolato
Juarez Bahia
Alberto André
Herbert Levy
Monteiro Lobato
Arnon de Mello
Vitorino Prata Castelo Branco
Amaral Raposo
Landell de Moura

---

XIV

# MONTEIRO LOBATO
## O editor revolucionário

Rosângela Marçolla

Ensaio publicado na edição nº 181 da revista *Imprensa*, abril/maio de 2003, p. 57-64

**Rosângela Marçolla** - Jornalista. Mestre e doutoranda em Comunicação Social pela Umesp. Professora do Curso de Jornalismo do UniFiam-Faam.

A época em que viveu Monteiro Lobato foi marcada por uma série de transformações. O mundo buscava caminhos diferentes, em nome do progresso. Era hora das grandes invenções, das grandes descobertas.

O Brasil demoraria um pouco mais para conhecer esse progresso. Dividido em duas partes, representados pela zona urbana, pronta para receber as novidades, e a zona rural, onde muito havia para se fazer. Dois Brasis em busca de sua identidade.

Dentro dessa história, começa outra. A de um homem que, depois de 120 anos de seu nascimento, ainda é um dos mais famosos. Muitas pesquisas já foram realizadas sobre ele em suas mais diversas atuações, a fim de se desenhar o seu perfil.

A sua vida foi narrada e registrada através de cartas para os amigos e para a sua mulher, d. Purezinha. Com Godofredo Rangel, partilhou os seus sucessos, seus medos, angústias, sonhos e fracassos. Ele mesmo tratou de escrever sua história por meio dessas cartas, que serviram de base a todos os estudiosos e que sempre despertou a curiosidade dos leitores por esse tipo raro de literatura.

Conhecer um pouco da vida de Monteiro Lobato é imprescindível para a compreensão de sua atuação como editor e como escritor, atividades que não se separam durante toda a sua vida.

## História de vida

Em 18 de abril de 1882 começa a história de José Bento Monteiro Lobato. Uma história marcada pela irreverência em tudo o que fez. Um homem que viveu o futuro como se fosse o presente, através de suas muitas reinações.

O filho de Olímpia e de José Bento mostra a sua forte personalidade ainda com pouca idade. Aos 11 anos, decide mudar o seu nome de José Renato para José Bento, para satisfazer o seu desejo de herdar a bengala de seu pai. Eliminou o R que atrapalhava o seu sonho de portar a bengala. E com um cartão enfeitado com flores, comunica à sua mãe o seu novo nome.

Pertencente à classe mais abastada, Lobato teve todas as oportunidades que aquele tempo proporcionava aos bem-nascidos. Uma infância tranqüila, com os seus pais e suas freqüentes visitas à fazenda de seu avô, onde se fartava das melhores iguarias.

Monteiro Lobato inicia seus estudos no Colégio Kennedy, depois no Colégio Americano. Já sabia ler, desde os quatro ou cinco anos, com o incentivo de sua mãe. Passou, também, pelo Colégio Paulista, dirigido por Josias Soares Mostardeiro, positivista. Essas escolas não conseguiam se manter e fechavam com muita freqüência, por isso, freqüentou ainda o Colégio Sagrado Coração de Jesus, concluindo o ensino fundamental (antigo curso primário). Já, nesse período, participa dos jornais escolares, com seus textos.

Em São Paulo, aos 13 anos, ingressa no Instituto Ciências e Letras. Registra, em uma carta à sua mãe a sua primeira decepção: a reprovação em um exame. Nessa escola, Monteiro Lobato conhece o dr. Quirino, o professor de gramática. Admirava-o pela sua postura e altivez e, sobretudo, pela sua cartola, que utilizava diariamente para passear, igual à de seu avô que a usava apenas em enterros. Da cartola, o interesse pela bengala, aquela que o fez mudar de nome.

Os conhecimentos de dr. Quirino e seus ensinamentos de gramática foram os componentes fundamentais para que mais tarde escrevesse *Emília no País da Gramática.* Na infância de Lobato estão todos os personagens de sua obra infantil. Ao escrever o *Sítio do Pica-pau-amarelo*, o autor revive cada momento de sua infância e traz fatos que sempre fizeram parte de sua vida.

Esse período de felicidade da vida de Lobato, o menino que cresceu Juca para seus familiares, começa a mudar de rumo. As alegrias são substituídas por tristezas. Primeiro a morte do pai, aos 48 anos, quando Lobato tem apenas 15. Um ano mais tarde, a morte de sua mãe, aos 39 anos, que já estava doente e internada em um hospital por mais de quatro anos.

Continuou seus estudos agora sob a responsabilidade e proteção de seu avô, o visconde de Tremembé. Era para sua fazenda que retornava do colégio. Estava definitivamente vivendo no campo, em contato com a natureza e de uma vez por todas perto dos livros. É da biblioteca de seu avô que Lobato conhece o outro lado do mundo, apesar da carência de livros para a sua idade, uma vez que ele se torna o grande escritor para as crianças, no papel de precursor.

Monteiro Lobato sempre demonstrou grande interesse pelas artes. Sonhava desenhar, quando criança, depois pintar. Queria ser pintor. Vai para as letras, com quem se entende perfeitamente de uma maneira não premeditada. Talvez não tencionasse escrever livros, principalmente para crianças, muito menos inaugurar uma literatura para elas.

A infância, de tão boa que fora, seria sempre uma lembrança acesa em suas histórias para crianças. Mostrou o menino Lobato e o seu mundo para elas, em um ato de sociabilidade. Dividiu o seu sítio, os seus sonhos, as suas histórias com todas as crianças brasileiras, em textos de estrutura clara e engendrou, de forma discreta, todas as suas ideologias do homem Lobato, descrente do seu próprio mundo de adultos.

## Lobato jornalista

De seu antigo sonho de ser pintor, restou apenas a vontade. Seu avô o convenceu (uma das poucas vezes que alguém o convenceu de alguma coisa) a seguir Direito e, em 1900, entra na Faculdade do Largo de São Francisco, onde conclui o curso em 1904.

Cursa a faculdade sem o menor apreço. Não tem estímulos para ser o melhor aluno da turma, mesmo assim não decepciona seu avô. Durante esse período a vida de Lobato torna-se mais intensa, pois freqüenta reuniões políticas, intitulando-se socialista, além de participar de jornais estudantis, que traziam matérias de ordem cultural, como música, teatro e arte.

A vida de Lobato em São Paulo é muito ativa. Juntamente com seus amigos Ricardo Gonçalves, Albino Camargo Neto, Cândido Negreiros, Godofredo Rangel, Tito Lívio Brasil e Lino Moreira, forma o grupo "Cenáculo", com o objetivo de desenvolver suas habilidades artísticas e culturais.

Lobato inicia-se no jornalismo com grande veemência. Escreve e publica muitas matérias, ora com o seu próprio nome, ora como Mem Bugalho, Lobatoyewsky, Pascalon, o engraçado, Josbem, Hélio Bruma, Enoch Vila Lobos, Antão de Magalhães, Ed Schelling, Marcos Twein, She, Nero de Aguiar, Bartolo, Nhô Dito, Oswaldo Oscarino, Olga de Lima, Gustavo Lannes, F. H. Rangel, entre outros.

Participa dos jornais *O Minarete*, de Pindamonhangaba, *O Povo*, de Caçapava, *O Combatente*, de São Paulo, e do *Jornal de Taubaté*, da cidade de mesmo nome, como ativo participante das causas sociais, além de escrever textos literários.

Dentre suas muitas participações, Lobato escreve matérias para vários jornais, além de *O Minarete*, que era editado em São Paulo, mas publicado em Pindamonhangaba (SP), *O Combatente* de Oscar Breves, de São Paulo, *Jornal de Taubaté*, como crítico de arte. Data de 1908, as traduções que Lobato faz de artigos do jornal *Weekly Times*, de Londres para *O Estado de S. Paulo*.

Colabora, também com a *Tribuna de Santos*, com seus textos. Desenha caricaturas para a revista *Fon-Fon*, do Rio de Janeiro. E é no jornal *O Estado de S. Paulo* que suas matérias causam repercussão e o projetam no cenário das letras.

## Lobato empresário

Para fugir dessa rotina intelectual, planeja montar uma fábrica de geléias em sociedade com um amigo, Eugênio de Paiva Azevedo, inclusive com "reclames" à moda americana, para dominar as vendas desse produto.

Diplomado, em 1905, retorna à sua cidade, Taubaté, onde conhece Maria da Pureza de Castro Natividade, a "eterna" Purezinha, para quem Lobato vai destinar muitas correspondências durante a sua vida. Dessa união, nascem quatro filhos: Martha, Edgard, Guilherme e Ruth.

Notoriedade e destaque, Monteiro Lobato já obtinha nessa época. Promotor público em Areias, uma cidade tranqüila, onde nada acontecia e sobrava muito tempo para ele se dedicar à leitura e aos artigos escritos para os jornais.

Essa vida pacata não duraria por muito tempo. Lobato, aos 29 anos, herda as terras de Taubaté, juntamente com suas irmãs, por causa da morte de seu avô, o visconde de Tremembé. Era o ano de 1911 e Lobato se vê diante de mais de 5 mil hectares (aproximadamente 2 mil alqueires) de terra, contando com as de seu pai.

Diante desse fato, Lobato abandona a vida calma em Areias, muda-se com a família para assumir a Fazenda Buquira, aquela da sua infância e da biblioteca. Não pára, quer descobrir novos rumos. Um deles é modernizar o trabalho da lavoura e a criação de animais.

Ao mesmo tempo, envolve-se em um negócio de estradas de ferro e abre um externato, em Taubaté. A versatilidade de Lobato é sua marca registrada. Sempre à frente de seu tempo, em busca de modernidades.

Concilia suas atividades e, mesmo ocupado com suas terras, continua escrevendo para os jornais. Data de 1914, a publicação do artigo "Uma Velha Praga", no jornal *O Estado de S. Paulo* e, no mesmo ano, "Urupês".

O primeiro texto apresenta o caboclo, sem vontade e ânimo para trabalhar, de modos feios e grosseiros, vivendo do que a natureza oferece sem o menor esforço. Essa é a primeira versão do Jeca Tatu que, tempos depois, transforma-se em personagem dos anúncios publicitários do "Biotônico", do Laboratório Fontoura, para vender remédios para vermes. Nessa época, desanimado com o seu papel de fazendeiro, com a decadência do café, Lobato decide vender a Fazenda Buquira e muda-se com a família para São Paulo.

## Lobato escritor

A partir de 1918, Monteiro Lobato começa a trilhar seu caminho literário. Publica *Urupês*, um ano depois, *Cidades Mortas*, com as anotações que fez no tempo em que morou em Areias e, logo em seguida, *Negrinha*.

Sua irreverência, destoante da época em que vivia, já era percebida nos seus livros. É considerado, na literatura, um escritor pré-modernista pelos críticos literários. O fato

de Lobato não ter sido nomeado modernista, pelos próprios membros dessa corrente literária na época, deve-se às conseqüências pela publicação de seu artigo "Paranóia ou Mistificação" publicado no jornal *O Estado de S. Paulo,* criticando o trabalho de Anita Malfatti, o que ocasionou a decadência da artista e o distanciamento entre eles, inclusive Mário de Andrade e Oswald de Andrade.

A veia literária de Lobato salienta-se. Publica, ainda em 1918, o livro *Problema Vital,* reunindo uma série de artigos sobre saúde pública e saneamento, aproveitando mais uma vez a imagem já apresentada anteriormente de Jeca Tatu, só que em sua segunda versão. Lobato reconhece que, na verdade, a falta de objetivo de vida do caboclo não é culpa sua e sim do fazendeiro que não lhe oferece a menor condição de trabalho e respeito como ser humano. Ele passa a ser visto como vítima de um problema social.

Nesse mesmo ano, Monteiro Lobato mostra mais um pioneirismo, ao dar início a uma pesquisa de opinião pública sobre o saci, realizada pelo *Estadinho*, uma edição vespertina do jornal *O Estado de S. Paulo*. Reúne as respostas de leitores e textos de sua autoria, publica o livro *Saci-Pererê:* resultado de um inquérito, lançado também em 1918.

Monteiro Lobato dedicava-se em tempo exclusivo para seus textos. Escrevia, com prazer, cartas, matérias para jornais, livros. Inicia-se, também, desde o ano de 1916, a colaboração com a *Revista do Brasil*, que viria, em 1918, a adquirir e ser o responsável por sua publicação até o ano de 1925. A revista encerra suas atividades retornando em 1940, sob a direção de Otávio Tarquínio de Souza.

Nessa revista, os amigos tinham espaço para escrever seus textos de cunho cultural, além de trechos literários, ensaios, inclusive Lobato utiliza-se desse espaço para divulgar os seus trabalhos.

# Aventuras editoriais

"Fui um editor revolucionário"
(Monteiro Lobato)

Primeiro anúncio do livro de Lobato

O trabalho de editor exercido por Lobato começa a tomar proporções. Através do selo *Revista do Brasil*, como editora com o qual publicava livros de autores diversos, inclusive Godofredo Rangel, José Antonio Nogueira e Martim Francisco.

A iniciativa inusitada de Lobato em colocar livros em prateleiras de todos os tipos de casas comerciais, incrementa o mercado editorial, aumentando as vendas e os números de exemplares.

A indústria editorial passa a ser vista de outra forma, alterando os rumos do setor. Os cuidados com as publicações fazem parte do trabalho de Lobato, pois segundo ele "editar é fazer psicologia comercial".

A obra *Cidades Mortas* marca o ano de sua publicação, em 1919, com uma nova produção de Lobato. O livro traz uma diversidade de textos, alguns escritos no tempo de estudante, outros, mais tarde, mostrando a realidade que passou a conhecer mais de perto, a decadência das regiões cafeeiras.

Entusiasmado com o rumo que a sua vida toma, inserido nos livros, Lobato resolve criar uma editora, associando-se à Olegário Ribeiro & Cia, nascendo em março de 1919, a Olegário Ribeiro, Lobato & Cia. Essa sociedade dura apenas alguns meses.

Apesar desse intento não ter ido adiante, Lobato, como escritor, está em excelente maré. Rui Barbosa, em campanha eleitoral, cita o personagem Jeca Tatu ao proferir um discurso no Teatro Lírico do Rio de Janeiro e isso faz com que aumentem as vendas de seu livro, esgotando a terceira edição de *Urupês*.

Embalado com o seu sucesso editorial, Lobato publica, em 1920, a obra *Negrinha*, dando continuidade à sua produção literária. Escreve exclusivamente para adultos e suas obras, segundo as críticas da época, eram consideradas avançadas, posicionando esse autor no quadro pré-modernista da literatura brasileira.

Lobato não desiste de seus objetivos empresariais, o que sempre o motivou, durante toda a sua vida. Queria ser reconhecido pelas suas iniciativas nos negócios. Frustrou-se em quase todas, mas pelo menos tentou, de várias formas e em diferentes tempos.

Para este trabalho, o ano de 1920 é marcante, pois Monteiro Lobato inicia-se como escritor de livros para crianças, com a obra *A Menina do Narizinho Arrebitado*, apresentando capa ilustrada, em formato 29cm x 22 cm, contendo 43 páginas e desenhos coloridos produzidos por Voltolino.

O sucesso dessa obra é comprovado através da tiragem de 50.500 exemplares, impressa por sua própria editora. Esse primeiro trabalho, de 1920, incentiva outros livros a serem escritos por Lobato por mais de 20 anos.

Em junho de 1920, juntamente com Octalles Marcondes Ferreira, Monteiro Lobato funda a editora Monteiro Lobato & Cia. O negócio prospera muito rapidamente, com a publicação dessas obras, inclusive a que inicia a literatura infantil no Brasil.

Em 1921, o livro *Urupês* ganha uma versão argentina com tradução de Benjamin de Garay. No mesmo ano, publica *A Onda Verde*, obra que reúne os textos jornalísticos sobre as áreas de expansão da produção cafeeira.

Lobato, ainda neste ano, amplia as histórias de *Narizinho Arrebitado*, com aventuras inéditas, complementando a primeira publicação de *A Menina do Narizinho Arrebitado*, com 181 páginas e tiragem de 50 mil exemplares, que após negociação, passou a ser adotada pelas escolas públicas, em acordo com o governo de São Paulo.

Com o incentivo financeiro dos acordos com o governo, passa a utilizar os livros como didáticos. Lobato motiva-se a publicar outras obras e, em 1922, lança *O Marquês de Rabicó* e *Fábulas*. Nesse mesmo ano recusa-se a publicar *Paulicéia Desvairada*, de Mário de Andrade, que contém todos os fundamentos do modernismo que se iniciava no Brasil.

Em 1924, publica os livros *A Caçada da Onça* e *Jeca Tatuzinho*. O primeiro traz novas aventuras infantis e o segundo mostra a preocupação de Lobato com as questões de higiene e saúde, ensinando agora as crianças. Além desses, lança, também, *O Garimpeiro do Rio das Garças* e *Mundo da Lua*. Investe na editora, incorporando-lhe modernos equipamentos gráficos.

O sucesso editorial da Monteiro Lobato & Cia atrai novos sócios ao empreendimento que se unem a Lobato e a Octalles, Martinho Prado, José Carlos de Macedo Soares, Paulo Prado, Alberto Seabra, Alfredo Machado, Heitor de Morais, Renato Maia, Alfredo Costa e José Antonio Nogueira.

Na Rua Brigadeiro Machado, no Brás, em prédio com 5 mil metros quadrados, Lobato monta o maior parque gráfico da América Latina. Para dar suporte ao projeto de expansão, a Monteiro Lobato & Cia transforma-se na Companhia Gráfico-Editora Monteiro Lobato, sociedade anônima presidida por José Carlos de Macedo Soares, que reunia a nata da classe dirigente paulistana.

A editora atinge a sua ascensão e, em 1923, transformou-se em Cia. Gráfica Editora Monteiro Lobato, mas veio a falir em 1925, por problemas de fornecimento de energia elétrica em São Paulo, devido à seca por que passa a cidade. Além disso, há dívidas contraídas pela importação das máquinas e as conseqüências da mudança na política econômica do governo de Artur Bernardes, com a desvalorização da moeda corrente e a falta de incentivos à indústria por parte do governo.

Descontente com esses acontecimentos, Monteiro Lobato escreve um texto intitulado "O voto secreto", que se transforma em panfleto. A reação de Bernardes é imediata e, como represália, suspende as encomendas dos livros didáticos que a sua editora imprimia e distribuía às escolas públicas. Com isso, a situação da editora fica insustentável.

Com a falência, Lobato perdeu todos os seus bens, inclusive os pessoais, como o piano, a máquina de costura, um vaso com o retrato de D. Pedro, livros, documentos, quadros, tudo vendido em leilão para amortizar as suas dívidas.

Por causa da falência, as máquinas impressoras que Lobato havia importado são vendidas para duas gráficas, que começavam a despontar no mercado editorial, a São Paulo Editora e a Editora Gráfica Revista dos Tribunais.

Lobato não esmoreceu. Não vivia do passado, porque, segundo Lobato, "quem vive a olhar para o passado é como quem caminha de calcanhares para a frente."Levantou-se do tombo, com muito mais força. A garra e a disposição em ser alguém na vida, pelos seus próprios méritos, fizeram com que ele não abandonasse a luta.

Uma mudança de cidade pareceu-lhe um bom reinício. Rio de Janeiro recebeu Monteiro Lobato, que permaneceu de setembro de 1925 a maio de 1927. Novos amigos escritores, como Coelho Neto, entre outros. Voltou a escrever em jornais, por exemplo, *A Manhã*, onde publica o artigo "O Choque das Raças".

Nasce, em 1925, no Rio de Janeiro a Companhia Editora Nacional, contando com nove sócios, inclusive Octalles Marcondes Ferreira. Apesar de comandar o novo empreendimento, o nome de Lobato não aparecerá como sócio antes que a editora transfira-se para São Paulo, em 1926.

Pretende dar novos rumos ao empreendimento, eliminando os problemas que julgavam ter causado a sua falência. Monteiro Lobato escreve para o seu amigo Godofredo Rangel, desabafando: "O que nos fez mal foi a montagem daquela enorme oficina. A nova empresa será só editora – imprimirá em oficinas alheias. A indústria editora é uma e a impressora é outra. E como nada faremos a crédito (que por felicidade não teremos), a nova árvore crescerá com solidez de granito, à prova de secas, terremotos e vulcões."

Inicia suas atividades com a publicação de *Meu Cativeiro entre os Selvagens do Brasil*, com as histórias de Hans Staden, com a edição de 3 mil exemplares. Neste mesmo ano publica *O Presidente Negro* ou *O Choque de Raças*, com o subtítulo de "Romance americano do ano de 2.228", o seu romance de ficção futurista. Não obteve o êxito que esperava com essa obra. Mesmo assim, continua sua jornada, escrevendo artigos para jornais, que depois reúne e publica-os nos volumes *Mr. Slang e o Brasil* e *Na Antevéspera*.

## Na terra do Tio Sam

Depois de suas exposições de ordem política e social, Lobato é indicado pelo presidente Washington Luís, a quem dirige carta defendendo os interesses da indústria editorial, a ser transferido para os Estados Unidos a fim de ocupar o cargo de adido comercial do Brasil.

Durante quatro anos, Lobato e sua família vivem em Nova Iorque. Nesse período, planeja fundar a *Tupy Publishing Company*, com o objetivo de publicar os livros em busca do mercado norte-americano. Lança , em 1917, o livro *As Aventuras de Hans Staden*.

Lobato encanta-se com o progresso dos Estados Unidos. Vibra com o *american way of life*, imaginando o mesmo para o Brasil e conclui que o País necessita de investimentos para seu desenvolvimento industrial.

A distância entre Monteiro Lobato e a literatura está cada vez maior. Nos Estados Unidos não se sente motivado a escrever. Dedica seu tempo a pensar nos negócios. Visita, em Detroit, a Ford e a General Motors. Impressiona-se com um novo processo siderúrgico, denominado *sponge iron*, inventado por William H. Smith, que produzia aço em fornos de baixa caloria. Convive com empresários bem-sucedidos e investe na Bolsa de Valores.

O ano era 1929, marcado pela queda da Bolsa de Valores. Lobato perde todo o seu dinheiro. Os Estados Unidos passam a viver uma interminável crise econômica e social. Lobato conhece novamente a decadência econômica e, com a queda do governo de Washington Luís, volta com sua família ao Brasil.

## Literatura infantil

Sem dinheiro mais uma vez, Lobato volta para a literatura. Publica *América* (1932), com anotações que fez enquanto estava em terras norte-americanas e reuniu as várias histórias de Narizinho, formando a obra *Reinações de Narizinho*; além dessas, *O Irmão de Pinóquio* e *O Circo de Escavalinho*.

Buscando uma forma de recuperar um pouco suas perdas financeiras, Lobato vende suas ações da Companhia Editora Nacional. Publica *A Pena de Papagaio* e *Peter Pan*, adaptação do livro escrito pelo inglês J. M. Barrie.

Através de correspondência, Lobato faz o presidente Getúlio Vargas tomar conhecimento de sua luta a favor do desenvolvimento industrial no Brasil. É convidado para dirigir o Ministério da Propaganda, mas não aceita.

Lobato tenta, através de cartas, artigos para jornais e até notícias transmitidas pela BBC de Londres, mostrar o regime republicano do País e os limites impostos por ele. Relatava, inclusive, a importância econômica do ferro, a modernização do processo Smith e a necessidade de o País adequar-se ao progresso e elevar a sua situação financeira.

Nesse tempo, lança outras obras: *O Pó de Pirlimpimpim, Ferro* e as adaptações de *Robinson Crusoé* e de *Alice no País das Maravilhas*, em 1931. No ano seguinte, *Viagem ao Céu* e as adaptações de *Contos de Andersen* e *Contos de Grimm*. Em 1933, publica *História do Mundo para Crianças*, que acaba sofrendo severas críticas da Igreja Católica e *Caçadas de Pedrinho*. No ano de 1934, *Emília no País da Gramática*.

Incansavelmente, Lobato escreve e publica uma obra seguida de outra. Em 1935, *Aritmética da Emília, Geografia de Dona Benta e História das Invenções*. Livros de valor pedagógico, com o intuito de servir de material didático às crianças.

Lobato interessa-se pela questão do petróleo e funda a "Companhia de Petróleo do Brasil."Persegue por um longo tempo esse ideal, com a garantia financeira que lhe oferecem as publicações infantis. Publica, para o leitor adulto, *O Escândalo do Petróleo*, livro que se esgota rapidamente, vendendo 20 mil exemplares, depois recolhido e proibido pelo governo.

Sem abandonar a literatura infantil, gênero que inaugura e permanece pelo sucesso de suas obras, Lobato lança, em 1936, *Dom Quixote das Crianças e Memórias de Emília*. É eleito para a cadeira 39 da Academia Paulista de Letras.

No ano seguinte, Lobato insiste no assunto do petróleo, publicando *O Poço do Visconde*; depois, *Serões de Dona Benta e Histórias da Tia Nastácia* e a adaptação da obra *Viagens de Gulliver*.

Uma peça de teatro é escrita, em 1938, "O museu da Emília", para ser encenada na Biblioteca Infantil Municipal de São Paulo. Lobato é um escritor muito conhecido e passa, também, a abraçar outros países. *Don Quijote de los niños, Travesuras de Naricita Respingada, Tremendas Cacerias de Pedrito* e *Los Contos de la Negra Nastácia*, entre outros livros do mesmo autor, foram lançados na Argentina.

## Remando contra a maré

Lobato sofre uma grande perda. Morre precocemente seu filho Guilherme. O ano de 1938 fica marcado por essa tragédia. Enfraquecido e acabrunhado, busca forças para se recuperar por meios de seus ideais.

Nessa mesma época havia sido instaurado um inquérito sobre o petróleo, como resultado de uma carta enviada ao ministro da Agricultura. Dirige cartas também ao presidente Getúlio Vargas, pedindo a sua participação na defesa da soberania brasileira referente ao petróleo, apresentando denúncias ao Departamento Nacional de Produção Mineral. A carta é considerada subversiva, atentando contra os princípios nacionais.

Mesmo conseguindo provar que estava certo, as autoridades não lhe davam ouvidos. Em 22 de janeiro de 1939, o petróleo é descoberto oficialmente no Brasil, no poço de Lobato, situado em uma região periférica de Salvador, na Bahia, nas terras que pertenceram a Vasco Rodrigues Lobato, no século 16.

A questão estreita-se cada vez mais. Lobato persiste com seus ideais e, em 1939, envia outra carta, reafirmando suas opiniões e registrando uma acusação contra o Conselho Nacional do Petróleo de favorecer os interesses do imperialismo da *Standard Oil* e da *Royal Dutch*, a fim de não se promover a dependência econômica do País.

Paralelamente a essas discussões, Lobato continua a publicar suas obras infantis. É a vez de *A Reforma da Natureza* e *O Espanto das Gentes*, seguidas das traduções de *Lágrimas de Homem*, *Por Quem os Sinos Dobram*, entre outros. O ano é de 1941.

Em janeiro do mesmo ano, Lobato é interrogado no Deops e, depois de assumir total responsabilidade pelos seus atos, é libertado. Três meses depois, Lobato tem a sua prisão preventiva decretada pelo Tribunal de Segurança. Em segundo julgamento é condenado a seis meses de prisão, mas indultado por Getúlio Vargas depois de passar três meses na cadeia.

Suas obras infantis também passaram por censura e Lobato foi acusado de ser impróprio aos costumes e deformador de caráter. A sua adaptação feita ao livro *Peter Pan* tem os seus exemplares recolhidos e destruídos. Ainda nesse mesmo ano, Getúlio Vargas é eleito para a Academia Brasileira de Letras.

Em 1942, Lobato retoma suas forças e publica *A Chave do Tamanho* e dedica-se a traduções para o público adulto. Sua produção literária não cessa, mesmo intercalada com acontecimentos que o afastam da concentração na elaboração dos livros.

Uma nova tragédia marca o ano de 1943. Morre o seu filho Edgard, na cidade de Tremembé. Mais um golpe que deve ser superado em sua vida. Ainda nesse ano, presencia uma novidade: Edgard Cavalheiro e Carlos Lacerda criam o programa *Sítio do Picapau-amarelo*, que vai ao ar pela Rádio Gazeta, em São Paulo.

A Companhia Editora Nacional mostrava sinais de decadência. O último trabalho que levou o seu selo foi *A Barca de Gleyre*, as cartas enviadas a Godofredo Rangel por mais de 40 anos e reunidas em obra de dois volumes.

Em 1944, publica *Os Doze Trabalhos de Hércules*, agora pela Editora Brasiliense. Recusa a sua indicação para a Academia Brasileira de Letras, alegando que só faria parte dela, como imortal, depois da saída de Getúlio Vargas.

No ano seguinte, *A Menina do Narizinho Arrebitado*, sua primeira história infantil, recebe o formato de novela para o público infantil, transmitida pela Rádio Globo, no Rio de Janeiro. Lobato assina contrato com a Editora Brasiliense para a edição de suas *Obras Completas*, que serão lançadas no ano seguinte, com 13 volumes.

Em 1944, Lobato torna-se sócio da Editora Brasiliense, fundada em 1943, por Caio Prado Júnior, Leandro Dupré e Artur Neves. No mesmo ano, muda-se para a Argentina e cria a Editora Acteon, juntamente com Manuel Barreiro, Miguel Pilato e Ramón Prieto.

A Editora Brasilense lança a segunda série, agora com 17 volumes, das *Obras Completas*. Suas obras tornam-se mais conhecidas e elogiadas. Seus leitores se multiplicam a cada edição de suas obras.

Lobato em seu escritório em São Paulo

Em 1947, Lobato está de volta ao Brasil. Muda-se com sua mulher, a Purezinha, para o apartamento cedido por Caio Prado Júnior, localizado no último andar do prédio da Editora Brasiliense, no centro de São Paulo.

Lobato mostra forças para continuar os seus trabalhos. Parece não desanimar com facilidade. Nos idos de 1948, ainda participa da criação da revista *Fundamentos*, onde publica "De quem é o petróleo na Bahia" e "Georgismo e comunismo".

A sua presença sempre constante em jornais e revistas (a televisão não havia chegado ainda ao Brasil), fez com que Monteiro Lobato se tornasse uma pessoa bastante conhecida no mundo das letras.

Monteiro Lobato conheceu o sucesso das suas obras infantis. Viveu o fracasso, o sabor e o dissabor das suas lutas políticas e sociais. Em busca de seus ideais, sacrificou sua fortuna, perdeu seu patrimônio mais de uma vez. Caiu e levantou como se tivesse molas em lugar de pernas.

## Personagem destemido

Antes de morrer em 1948, vítima de derrame, expressou sua satisfação por tudo o que fez. Não deve ter se arrependido de nada, pois tudo o que pensou, deve ter falado, em voz alta. Até suas dúvidas sobre a vida após a morte, dizendo querer saber se ela era uma vírgula, um ponto-e-vírgula ou um ponto final.

Durante toda a sua vida, Monteiro Lobato questionou, buscou respostas. Colocou suas palavras na boca da boneca Emília, que ainda fala até os dias de hoje, depois de libertar a sua "fala recolhida", tudo o que ele pensou dizer.

No mundo das letras, um editor inusitado que arriscou o dinheiro conseguido pela venda de sua fazenda, herdada do avô, o visconde de Tremembé, na criação de uma editora, atividade ainda muito pouco desenvolvida no País.

Como editor, iniciou três empresas, a Monteiro Lobato & Cia, a Companhia Editora Nacional e a Editora Brasiliense, gravando seu nome na indústria editorial.

Nacionalista de grande convicção, o que se pode notar até pelos nomes de suas empresas. Sonhou com um País desenvolvido e rico, independente, produtor de petróleo e ferro. E de livros. Com eles, a independência do homem, através da cultura.

Escreveu durante a sua vida toda. Através de jornais, revistas e cartas. Uma infinidade de mensagens foi trocada com os amigos, leitores adultos e crianças. Sentia prazer em escrever e descobre, mais tarde, a sua popularidade através das cartas que recebe de seus pequenos leitores. Crianças de várias partes do País, elogiando seu trabalho.

O *Sítio do Pica-pau-amarelo* é a obra infantil de Monteiro Lobato que marcou o início da literatura para crianças no Brasil. Ele não a escreveu de uma só vez. Na verdade, passou grande parte de sua vida escrevendo essas histórias, em meio a outros tantos projetos.

## O diálogo com os leitores

Há uma particularidade no trabalho de Lobato, porque ele como editor interferiu em suas próprias obras. Tinha o domínio da impressão de seus livros, através de suas editoras, alterando os textos sempre que achava necessário, com o objetivo de atender aos gostos de seus leitores. Mudava o rumo das histórias, quando percebia que poderia adequá-las à realidade das crianças, moldando-as em busca de um trabalho com mais perfeição.

Esse poder de decisão que Lobato detinha, principalmente em relação à sua obra infantil, determinou a trajetória da literatura infantil brasileira. Os livros infantis de Lobato passaram a fazer parte das obras destinadas à educação, justamente pela falta de textos criativos e interessantes escritos para as crianças.

Lobato, como editor, prepara seus livros para serem inseridos nas escolas, vendidos às instituições públicas, com grande tiragem, numa "imprudência editorial", segundo Edgard Cavalheiro.

O livro *As Reinações de Narizinho*, que se chamava *Narizinho Arrebitado*, em sua primeira publicação, teve uma distribuição extraordinária e passou a ser material didático para as crianças.

O sistema educacional brasileiro tinha uma grande necessidade de material didático, próprio às crianças desse país, já que tudo do que disponha eram livros traduzidos, que se referiam a uma cultura diferente. E isso deu toda a sustentação para o desenvolvimento da indústria editorial. Livros e mais livros vendidos para leitores famintos por textos inteligentes.

E assim Monteiro Lobato viveu a sua vida. Entre os livros. Escrevendo e editando, ficou famoso. Seus livros até hoje são lidos pelas crianças e pelos adultos. Seu trabalho como editor revolucionou a indústria editorial brasileira, colocando o livro nas mãos das pessoas, de uma maneira muito especial.

O papel de editor possibilitou a sua trajetória como escritor e, em sentido inverso, o papel de escritor deu à indústria editorial o impulso de que precisava. Em Lobato não se consegue separar o escritor do editor nem tampouco engrandecer um em detrimento do outro. Os dois existem em Lobato. Lobato existe por causa dos dois.

Líbero Badaró
Samuel Wainer
Trajano Coelho Neto
Edmar Morel
Carlos Lacerda
Odylo Costa Filho
Otto Lara Resende
João Calmon
Luiz Beltrão
Mário Erbolato
Juarez Bahia
Alberto André
Herbert Levy
Monteiro Lobato
Arnon de Mello
Vitorino Prata Castelo Branco
Amaral Raposo
Landell de Moura

---

XV

# ARNON DE MELLO
## O repórter que se tornou empresário

Rossana Gaia e Boanerges Lopes

Ensaio publicado na edição n. 182 da revista *Imprensa*, junho de 2003, p. 43-50

**Rossana Gaia** - Bacharel em Jornalismo e especialista em Literatura Brasileira (Ufal).Mestre em Educação (UFPB) e doutoranda em Letras (Ufal).Professora do Centro Federal de Educação Tecnológica de Alagoas – Cefet-AL.
**Boanerges Lopes** - Mestre em Comunicação Social (Umesp) e doutor em Comunicação (UFRJ). Professor-adjunto da Ufal e diretor do Departamento de Assessoria de Comunicação da Fenaj

Preocupado em criar estratégias para atrair o leitor, Arnon deixa, ainda na década de 40, uma vida consolidada de repórter para se tornar um empresário bem-sucedido, ingressando também na política. Sua imagem pública ficou, porém, estigmatizada pelo grotesco episódio que teve como cenário a Praça dos Três Poderes, em Brasília, no ano de 1963. Dois senadores alagoanos protagonizaram, no plenário do Senado, cenas típicas do cangaço nordestino. Ameaçado previamente por Silvestre Péricles de Góis Monteiro, seu antecessor no Governo de Alagoas, Arnon de Mello ingressou no recinto daquela casa legislativa, ocultando um revólver. Silvestre Péricles, que também escondera sua arma, cumpriu o prometido, logo no início da sessão legislativa. Diante da arma sacada pelo adversário, Arnon procurou defender-se. Atirou primeiro, revelando pouca destreza bélica. O alvo fatal foi o senador José Kairala, que veio a falecer momentos depois.

Julgado e absolvido, Arnon de Mello concluiu o primeiro mandato senatorial (1963-1971), assumindo segundo mandato (1971-1979). Voltou pela terceira vez, como senador biônico (eleito pelo Colégio Eleitoral), justamente quando o filho Fernando Collor assumia o cargo de deputado federal. Mas não chegou a concluir o último mandato, pois faleceu no dia 23 de novembro de 1983.

## Precursor do livro-reportagem

O jornalismo de empresas em Alagoas tem a sua profissionalização estabelecida a partir do jornal *Gazeta de Alagoas*, adquirido por Arnon de Mello quando foi governador.

Além disso, ele tem o mérito de ter sido, na linhagem de Euclides da Cunha e João do Rio, um dos precursores do livro-reportagem no Brasil.

Arnon de Mello produziu, em sua carreira, três *best sellers*. O primeiro deles foi *Os sem trabalho na política*, lançado em 1931 pelos Irmãos Pongetti Editores. Trazia uma série de entrevistas feitas pelo jovem jornalista com deputados e senadores destituídos pelo Golpe de 1930. O livro foi prefaciado por Gilberto Amado, que apresenta o escritor da seguinte forma:

> *Arnon de Mello tem dezenove anos, e mostra que os tem... na fácil profusão dos seus períodos, nas suas observações apressadas, na sua boa-fé, no seu desinteresse. Com este, afirma-se-lhe o caracter, a independência moral. Estreando-se no jornalismo, não foi procurar os poderosos do dia, mas os abatidos da hora [...]. Não interrogou os vencedores, mas os vencidos [...].*

*São Paulo venceu!*, o segundo livro, foi lançado em 1933, contendo uma grande reportagem sobre o Movimento Constitucionalista de 1932 em São Paulo. Arnon de Mello atuou como correspondente de guerra junto às forças em operação, no Vale do Paraíba. O livro atingiu cinco edições, superando o anterior. O prefaciador, João Neves Ventura, saúda com entusiasmo "o jornalismo adolescente, que, entre os clarões da sua juventude iluminada pela inteligência, foi o primeiro a proclamar com desassombro São Paulo venceu!"

Já *África* é de 1942. Foi lançado após uma viagem que Arnon fez àquele continente, em 1939, como representante da Associação Brasileira de Imprensa (ABI), instituição da qual foi membro do Conselho Diretor. O livro foi editado pela José Olympio, trazendo impressões sobre os vários países africanos visitados.

Em Maceió, há um único exemplar de cada um desses títulos no Instituto Arnon de Mello, instituição cultural mantida pelas empresas jornalísticas dirigidas por seus filhos e netos, cujo carro-chefe é o jornal *Gazeta de Alagoas*.

## História de vida

Filho de Manuel Affonso Calheiros de Mello e Lúcia de Farias Mello, Arnon de Mello nasceu em 19 de setembro de 1911, no Engenho Cachoeirinha, tendo sido o nono de uma família com 11 filhos. A propriedade – que hoje faz parte do município de Rio Largo, situado nos limites da cidade de Maceió – integrava na época a Vila de Santa Luzia do Norte.

O jornalismo na vida dessa importante personagem da história alagoana começa na infância, quando escrevia notícias que eram copiadas pelas irmãs. Em 1923, com o pequeno jornal *O Eco*, editado em manuscrito, conforme registra o historiados Moacir Medeiros Sant't anna, Arnon de Mello empreendeu seu primeiro ensaio jornalístico.

Menino de engenho que testemunhou a extinção das economias paternas, em 1925, durante a crise açucareira, ele cedo foi obrigado a trabalhar para sobreviver. Começou num armazém de açúcar, em Maceió, sendo depois revisor, repórter e diretor do *Jornal de Alagoas*. Mudou-se para o Rio em 1930, iniciando o curso de Direito e palmilhando uma carreira promissora como jornalista.

Fontes: MORAES, Fernando. *Chatô, o rei do Brasil*. São Paulo: Círculo do Livro, 1994. PILAGALLO, Oscar. *O Brasil em sobressalto. 80 anos de história contados pela Folha*. São Paulo, Publifolha, 2002. CALHEIROS, Valmir. Arnon de Mello. Encarte do jornal Gazeta de Alagoas da série Memória Cultural de Alagoas. Maceió: Gráfica e Editora Gazeta de Alagoas, 23 de junho de 2000.

No Rio de Janeiro, Arnon de Mello trabalhou nos jornais *Vanguarda*, *Diário de Notícias*, *Diário Carioca* e *O Jornal*. O historiador e diretor do Arquivo Público de Alagoas, Moacir Sant'Ana, informa que Costa Rego (o legendário jornalista alagoano que se converteu, nas décadas de 30/40, em todo-poderoso redator-chefe do jornal carioca *Correio da Manhã*) foi quem introduziu Arnon de Mello no chamado "grande jornalismo."Três meses após a sua chegada à então capital da República, o jovem jornalista já estava engajado no jornal *Vanguarda*, onde trabalhou como auxiliar de redação.

Formou-se pela Faculdade de Direito do Rio de Janeiro (vinculada hoje à Universidade Federal do Rio de Janeiro), atuando como advogado, nas décadas de 30 e 40. Após o Golpe de 37, afastou-se do jornalismo para dedicar-se ao comércio.

Funda uma empresa de negócios imobiliários, associando-se a Roberto Marinho. Dessa antiga amizade resultou a posterior filiação da sua TV Gazeta à Rede Globo de Televisão. A ela tem sido atribuído, também, pelos analistas políticos, o apoio ostensivo que as Organizações Globo deram, em 1989, à candidatura presidencial do seu filho Fernando Collor de Mello.

## Arnon e Chatô

Em 1925, Arnon de Mello consegue um emprego como revisor do Jornal de Alagoas, onde publicou os seus primeiros artigos. Posteriormente, passa a integrar o Grêmio Literário Guimarães Passos, fundado em 1927 por ilustres alagoanos como Aurélio Buarque de Hollanda e Manuel Diegues Júnior.

Ele era o diretor do *Jornal de Alagoas* quando Assis Chateaubriand passa, em 7 de julho de 1936, a ter o controle acionário da empresa. Mesmo morando no Rio, Arnon fica na direção do jornal até 1942.

Lançado em 31 de maio de 1908, por Luis Magalhães Silveira, o *Jornal de Alagoas* deixou de circular em julho de 1993. Tendo-se firmado no mercado como um dos mais tradicionais e importantes do Estado foi, durante vários anos, o principal concorrente da *Gazeta de Alagoas*.

O *Jornal de Alagoas* serviu como um território experimental para que o futuro empreendedor Arnon de Mello pudesse perceber a importância de investimentos em novas tecnologias. Segundo o jornalista Valmir Calheiros, contemporâneo de Arnon de Mello e admirador confesso da sua trajetória biográfica, o empresário sempre foi mais jornalista do que político. Isso o tornava diferente dos seus pares, até na forma de se dirigir aos eleitores.

O jornalista Arnon de Mello com dirigentes da UDN, no Rio de Janeiro

Sobre esse diferencial, vale registrar que ele ousou também no terreno da comunicação política ao lançar um gibi como peça-chave da campanha eleitoral.

"Um acontecimento abalou a cruzada local contra os gibis. Ele ocorreu durante a campanha eleitoral em que Arnon de Mello (pai de Fernando Collor) candidatou-se e venceu o pleito para governador do Estado. A campanha se estribou em técnicas usuais na propaganda norte-americana. Mas a sensação, para a meninada, foi o gibi que contava a vida do candidato, transformando-o em herói. Desde então, meu pai, seu correligionário, nunca mais me advertiu a propósito da leitura dos gibis." [...]. Depoimento de José Marques de Melo, contido no texto: "Quem tem medo do gibi?", São Paulo, Sesi, 2003.

As inovações foram uma marca constante na vida profissional de Arnon de Mello. Na revolução paulista de 1932, quando ainda era apenas mais um repórter, ele teve uma idéia que, segundo Fernando Moraes, multiplicou por quatro a tiragem diária do *Diário da Noite*, de Chateaubriand:

> *[...]Ao realizar uma entrevista com Góis Monteiro (...) ele pediu ao general que dirigisse, por meio do jornal, um bilhete tranqüilizando seus familiares quanto à sua segurança. A mensagem manuscrita foi transformada em clichê e estampada no jornal do dia seguinte. O repórter descobria ali um inesgotável filão: pedia a cada soldado que encontrava no* front *que escrevesse cinco linhas para a mãe, o pai, a noiva ou os irmãos. Recolhia uma montanha de papeizinhos e os reproduzia, um por um, na edição do dia seguinte. Os mais emocionados, dramáticos ou poéticos eram separados e editados como ilustração, sob a forma de clichês[...].*

Fontes: MARQUES DE MELO, José. Quem tem medo do gibi? Depoimento apresentando ao ciclo de debates "Heróis e Vilões", São Paulo, Sesi – Serviço Especial da Indústria, 28 de novembro de 2002. MORAES, Fernando. Chatô, o rei do Brasil. São Paulo: Círculo do Livro, 1994.

O retorno do público foi imediato, passando a abarrotar o jornal com correspondências respondendo às mensagens dos familiares combatentes. O jornal instituiu uma seção fixa intitulada "Correio da Frente."

## Hegemonia informativa

A *Gazeta de Alagoas* é o jornal alagoano mais antigo em circulação, tendo sido fundado em 25 de fevereiro de 1934. A empresa pertence à família Collor de Mello desde 1952, quando Arnon de Mello foi governador. O jornal alinhava-se politicamente com a oposição, mas, ao ser incorporado ao patrimônio familiar do novo governador, perdeu sua "pátina de liberal", deixando de ter no governo o alvo das suas críticas.

Arnon de Mello foi o 14º governador de Alagoas, tendo sido eleito no pleito de 1950, quando vence também as eleições para deputado federal. Ao fazer a opção pelo governo estadual, o jornalista começa também a montar, a partir do jornal *Gazeta de Alagoas*, o que viria a ser a maior organização midiática do Estado de Alagoas.

O casal Arnon de Mello e Leda Collor, ao lado de três dos seus cinco filhos: Leopoldo, Ana Luísa e Fernando

Quando passa a integrar a Organização Arnon de Mello, a *Gazeta de Alagoas* introduziu o teletipo, radiofoto, telefoto e telex na imprensa alagoana. Essa marca de pioneirismo continua quando a segunda geração assume o comando das empresas (Pedro Collor e Fernando Collor de Mello, com eventual participação de Ana Luíza Collor) e o jornal continua sendo um dos mais modernos do Nordeste. A *Gazeta* foi pioneira na modernização em Alagoas, tendo sido o primeiro jornal a ser impresso em cores e em *off-set*, a ser acessado pela Internet e a informatizar a redação.

É preciso registrar ainda a última fase em que Pedro Collor foi superintendente da Organização Arnon de Mello, nos dois primeiros anos da década de 90, quando o jornal viveu um período rico em experimentações.

É dessa fase a história do primeiro e único *ombudsman* da história do jornalismo alagoano. O cargo foi confiado ao jornalista Dênis Agra (1950-1992), que o ocupou até a sua morte por câncer no esôfago. Ele foi eventualmente substituído por Joaldo Cavalcante, atual secretário de Comunicação do Governo Ronaldo Lessa.

Havia a perspectiva de ingresso, no mercado local, de um veículo concorrente. *Tribuna de Alagoas*. Jornal planejado pelo empresário Paulo César Farias, ex-tesoureiro de campanha do então Presidente da República, foi o pivô da desavença entre os irmãos Collor de Mello, gerando o escândalo que culminou com o *impeachment* de Fernando Collor.

Hoje esse jornal pertence ao *pool* da Família Collor de Mello, confirmando o seu domínio sobre o mercado de comunicação no Estado (com TV, gráfica e editora, jornal, rádios AM e FM, instituto de pesquisas e a Gazeta Eventos). Dessa maneira, ela fortalece sua hegemonia informativa.

Atualmente o conglomerado empresarial encontra-se sob a égide dos herdeiros da terceira geração. Seu diretor-executivo é o jovem Joaquim Pedro Collor de Mello, filho de Fernando Collor e neto de Arnon de Mello.

Fontes: CAVALCANTE, Joaldo. A última reportagem. O jornalista alagoano Dênis Agra deixa depoimento emocionante, dias antes de morrer de câncer. Maceió: Gráfica e Editora Gazeta de Alagoas, 1993.
CONTI, Mario Sergio. Notícias do Planalto: a imprensa e Fernando Collor. São Paulo: Companhia das Letras, 1999.
FREITAS, Antonio Francisco R. de. Análise do discurso jornalístico – caso Tribuna de Alagoas: os pressupostos e subentendidos na reportagem "Dossiê explosivo." Maceió: Edufal, 1999.
SANT'ANA, Moacir Medeiros de. História da imprensa em Alagoas (1831-1931). Maceió: Sergasa/Arquivo Público de Alagoas, 1987.

# 1963: conflitos, ameaças e tiroteio

Boanerges Lopes

O ano de 1963 foi realmente estranho para o Brasil.

Logo em seu início, o País viveu o episódio conhecido como Guerra da Lagosta.

Até hoje lembrado como um *thriller*, bem no estilo de 007, o fato rendeu boas risadas pelo mundo afora. O general De Gaulle, presidente da França, ganhou as páginas da imprensa mundial com caricaturas gozadíssimas, ao nos ameaçar com ataques de navios de guerra, para garantir os direitos dos pescadores franceses à pesca de lagostas do Nordeste. João Goulart, presidente brasileiro, teve que resolver o impasse pessoalmente.

Deixou de lado o Itamarati, tratando diretamente com o serviço secreto francês.

Jango pediu, mais adiante, ao Congresso, a decretação do Estado de Sítio. Ele agiu em função das circunstâncias golpistas que se delineavam. Seus líderes eram os governadores do Rio de Janeiro, Carlos Lacerda, e de São Paulo, Ademar de Barros, que contavam com o franco apoio do governo norte-americano.

Uma entre as tantas crises que Jango viveu durante o seu tão curto mandato e em especial nesse ano de efervescência política.

Infelizmente também foi um ano marcado por tiros e mortes trágicas.

Uma delas abalou o mundo: o assassinato do presidente John Kennedy, em novembro.

A outra marcou para sempre o Senado brasileiro, em dezembro.

Esse fato provocou a indignação nacional, retratada pelo jornalista Stanislaw Ponte Preta – na verdade Sérgio Porto – na época cronista do jornal *Última Hora*, do Rio:

"O que irritou mais a opinião pública foi a foto estampada por esta vibrante folha informativa, em que aparece o decrépito sr. Silvestre Péricles dando uma gargalhada, ao ser preso por ser figura central de um tiroteio onde morreu um homem que nada tinha a ver com suas arrotadas bravatas."

Para as famílias envolvidas, a tragédia deixou marcas profundas, principalmente nas crianças. Pedro Collor, então com 11 anos, guardou, nas lembranças registradas em seu livro "A trajetória de um farsante", a notícia que veio pelo rádio: "Brasília – o Senador Arnon de Mello acaba de atingir com um tiro, no plenário do Congresso Nacional, o senador José Kairala. Ferido com uma bala de calibre 38, Kairala, suplente de senador pelo Acre, foi levado gravemente ferido ao hospital."

Mesmo socorrido pelo já famoso cirurgião cardiovascular, Adib Jatene, que estava de passagem por Brasília e, convidado, integrou-se à equipe que o operou, o senador acreano veio a falecer, horas depois.

Os contornos novelescos deste episódio foram, na verdade, esboçados nos anos 50. Tudo começou quando o jovem jornalista e político Arnon de Mello resolveu enfrentar a oligarquia da família Góis Monteiro.

Derrotando o candidato de Silvestre Péricles para o governo do Estado, Arnon desencadeiou uma saga de ódio pessoal que vai trespassando a história política alagoana nos anos seguintes e atinge a sociedade brasileira no fatídico dia 4 dezembro de 1963.

Fontes: COLLOR DE MELLO, Pedro. Passando a limpo – a trajetória de um farsante. SP, Editora Record, 1993.
MOTTA LIMA, André. Datas e Fatos. RJ, editora Casa do Vídeo, 2002.
RIBEIRO, Darcy. Aos trancos e barrancos – como o Brasil deu no que deu. 2ª edição, RJ: editora Guanabara, 1985.
ROSA E SILVA, Cláudio Humberto. Mil dias de solidão – Collor bateu e levou. SP: Geração editorial, 1993.

Os detalhes do fato estão registrados no livro de Cláudio Humberto, *Mil dias de solidão*: o momento da queda da arma do crime, transportada na bolsa de d. Leda; o movimento despreocupado, no plenário, do senador Kairala e sua família; o lance em que João Agripino, senador paraibano, tentando desarmar Silvestre, foi bem-sucedido na intenção, mas acabou com o dedo esmagado, preso ao revólver; o batalhão de seguranças que tanto se movimentou, mas não conseguiu evitar o trágico desfecho.

Felizmente 63 foi o ano em que os frades dominicanos lançaram o semanário *Brasil Urgente*, no intuito de lutar pela justiça social e pelas reformas de base.

Nesse mesmo ano, o Brasil sagrou-se bicampeão mundial de basquete masculino.

## Patrão avaro, político sagaz

No anedotário político alagoano sobram casos pitorescos a respeito de Arnon de Mello. Mestre na utilização dos ditos populares, como "em terras de sapos, de cócoras com eles", protagonizou talentosamente algumas situações que deixavam sem condições de reação seus subordinados, na *Gazeta*, os devotos eleitores e os pares políticos.

Como era do conhecimento de muita gente, o empresário Arnon de Mello, patrão exigente mas avaro, talvez fruto dos anos de convivência com Chatô, não costumava facilitar a vida dos que com ele trabalhavam. E com isso mantinha a estrutura gazeteana com um mínimo de profissionais, geralmente com salários muito aquém de suas necessidades. Num belo dia, cansados de serem explorados, os jornalistas pediram ao presidente do Sindicato, Aldo Ivo, que conversasse seriamente com Arnon , o que prontamente foi feito. A recepção não poderia ter sido melhor, já que o sindicalista expôs o assunto com extremo cuidado, para não provocar atrito com o senador. Mas papo vem e vai e no meio da prosa, com muita sutileza e perspicácia, Arnon desviou o tema com um discurso sobre a profissão, enfatizando considerá-la um sacerdócio, levando Aldo Ivo a quase que sentir-se envergonhado por tal cobrança. "Macaco velho", sabedor das manhas de Arnon, ao perceber a manobra, Ivo prontamente se manifestou: "Senador, concordo com o senhor, mas os jornalistas da *Gazeta* estão passando fome."No que prontamente Arnon de Mello postou-se em pé, estendeu a mão ao presidente do Sindicato dos Jornalistas e encerrou a conversa com uma frase indignada: "Um jornalista deve alimentar-se de notícias, meu filho."

Em outra ocasião, lembrada pelo radialista Edécio Lopes, o episódio se deu com o ex-deputado Siloé Tavares. Tipo bem acabado do sertanejo, pele queimada, fala grossa e cara feia, estava sempre brigando pelas coisas do sertão. Durante um tempo andou colaborando com umas crônicas na *Gazeta de Alagoas*. Siloé acompanhava atentamente seus textos, que serviam como uma espécie de prestação de contas para o eleitorado. Sabe-se lá porque, num belo dia, uma das crônicas foi publicada na página de esportes. Coisas da rotina de uma redação. Como suas lutas não tinham nada a ver com esportes, era natural que o deputado não tivesse gostado. Não perdeu um só segundo e bandeou-se para a sede do jornal. Como tinha liberdade para falar com o dono da empresa, foi logo perguntando pelo senador Arnon de Mello e imediatamente informado que ele se encontrava em casa. Não satisfeito com a resposta vaga, avisou que ia desabafar na própria residência do senador. Claro que Arnon foi avisado imediatamente por funcionários zelosos. Então, assim que Siloé chegou na casa do senador, na bela praia de Pajuçara,

Fontes: ROSA E SILVA, Cláudio Humberto - Mil dias de solidão – Collor bateu e levou, SP: Geração Editorial, 1993.
COLLOR DE MELLO, Pedro - Passando a limpo – a trajetória de um farsante, SP, Editora Record, 1993.
LOPES, Edécio - Vaias e aplausos, Maceió, Edição do autor, s.d.
Conversas informais com alguns profissionais do Jornalismo de Alagoas.

encontrou-o já de mão estendida. Antes que o visitante pudesse dizer qualquer coisa, foi desarmado com essa: "Siloé, meu grande amigo! Meus parabéns! Você é um homem de um prestígio extraordinário! Seu prestígio é tão grande que chega a me assombrar! Inclusive, dentro do meu próprio jornal! Olhe que já pedi, encarecidamente, aos meus companheiros, para, quando possível, colocarem qualquer trabalho meu na página esportiva, que é a página mais lida da *Gazeta*. Nunca consegui. E você conseguiu este feito! Como é que você faz essas coisas, hein Siloé? A esta altura o deputado já estava estatelado numa poltrona, não se contendo de tanta satisfação."

Outro momento folclórico é contado pelo jornalista Cláudio Humberto, ex-porta-voz do filho de Arnon, conhecido pela política do "bateu-levou", durante a sua permanência na Presidência da República. De "vento em pôpa" na campanha pelo Governo do Estado, em 1950, Arnon chegou à cidade de Atalaia, distante 40 quilômetros de Maceió, para iniciar uma série de comícios no interior. No meio do discurso, apontou uma máquina de costura da marca Singer, estrategicamente exposta no caminhão transformado em palanque e lascou essa: "Vocês estão vendo esta máquina? Daqui a pouco mesmo, após este comício, estou levando esse verdadeiro instrumento de trabalho para presentear dona Raimunda, uma velhinha pobre lá de Marimbondo. Alguns de vocês devem conhecê-la. É viúva, o filho morreu, a filha é inválida, não tem ninguém, mas tem um sonho: ganhar uma máquina dessas para viver uma velhice digna, sem mendigar nada a ninguém."A multidão emocionada, aplaudiu o gesto de Arnon. Um pouco mais tarde, em Marimbondo a cena se repetia, como num *flashback*, só que com personagens um pouco diferentes: "Estão vendo a máquina de costura aqui?" – apontava Arnon. "É para dona Zefinha, uma velhinha pobre, minha comadre lá de Arapiraca, blablablá... A máquina Singer, na condição de cabo eleitoral, percorreu todo o estado durante a vitoriosa campanha de Arnon.

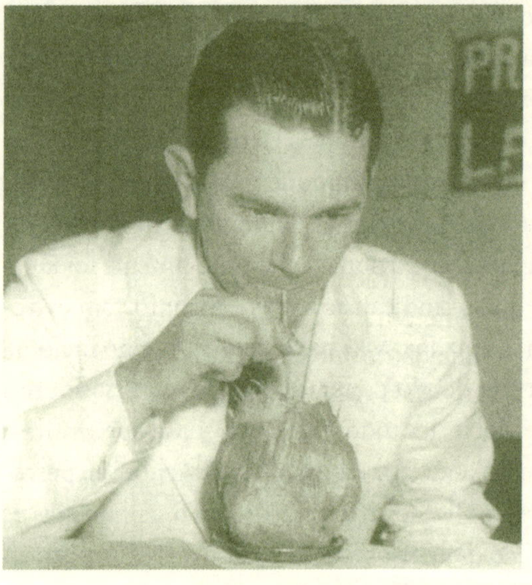

Na política existe outro fato original envolvendo Arnon, então filiado à UDN. Quando, em 57, estava na oposição, ele foi o principal articulador do *impeachment* contra o governador Muniz Falcão. Movido pela Assembléia Legislativa, foi o primeiro caso dessa natureza registrado no Brasil. (Anos depois, seu filho Fernando Collor foi vitimado por idêntico procedimento legislativo, no âmbito do Senado Federal.) Muniz Falcão tinha apenas 12 dos 35 deputados. O processo demorou quatro meses, houve tiroteio e mortes em plenário, dividindo a sociedade local. A Assembléia acolheu o pedido de *impeachment*. Constituiu-se um tribunal com cinco deputados e cinco desembargadores. No final, muito desgastado, Muniz Falcão ganhou por um voto.

Contam ainda nos bastidores do Grupo Arnon de Mello que, logo nos primeiros dias em que o futuro presidente Collor assumiu o comando da *Gazeta*, foi informado que o prefeito de Atalaia, Zeca Lopes, estava a caminho do gabinete do pai que funcionava no próprio jornal. Ele vinha pedir a publicação gratuita de uma reportagem elogiando o próprio desempenho na Prefeitura. Collor avisou o pai pelo interfone. Naquele exato momento, Arnon recebia o editor da *Gazeta*, o hoje repórter especial da Rede Globo de Televisão, Márcio Canuto. Mesmo assim, mandou entrar o prefeito, pediu que se sentasse e fingiu que retomava com Canuto uma conversa interrompida pela visita inesperada: "Márcio, o meu filho Fernando não pode fazer isso comigo. Até um discurso meu, do interesse de Alagoas, ele só publica como matéria paga? Isso é um absurdo! O Fernando não pode fazer isso comigo." Dispensou o funcionário e finalmente dirigiu-se ao prefeito: "Zeca, meu amigo, a que devo a honra de sua visita?" O prefeito desconversou: "Nada não, senador. Eu estava passando aqui perto e resolvi fazer uma visitinha."

Líbero Badaró
Samuel Wainer
Trajano Coelho Neto
Edmar Morel
Carlos Lacerda
Odylo Costa Filho
Otto Lara Resende
João Calmon
Luiz Beltrão
Mário Erbolato
Juarez Bahia
Alberto André
Herbert Levy
Monteiro Lobato
Arnon de Mello
Vitorino Prata Castelo Branco
Amaral Raposo
Landell de Moura

---

XVI

# VITORINO PRATA CASTELO BRANCO Autor do primeiro manual de jornalismo

Osni Dias

Ensaio publicado na edição nº 183 da revista *Imprensa*, julho-agosto de 2003, p. 67-74

**Osni Dias** - Mestre em Comunicação Social (Umesp). Professor de jornalismo na Universidade de Mogi das Cruzes (UMC).

Em 2003 completam-se 60 anos do Curso Livre de Jornalismo criado por Vitorino Prata Castelo Branco, numa época em que não existiam escolas de comunicação no Brasil.

O começo do século 20 foi marcado por iniciativas pioneiras. Tomava corpo a idéia de formar profissionais responsáveis para a imprensa. O País passava por transformações políticas, sociais e econômicas. A modernização viria a transformar o cenário urbano.

Os jornais começavam a utilizar fotografias, ilustrações, impressão colorida, aumentando suas tiragens. Em 1918, a Associação Brasileira de Imprensa (ABI) tentou criar a primeira Escola de Jornalismo no País, baseada nos moldes das organizações norte-americanas.

Mas foi só em 1935 que funcionaria na Universidade do Distrito Federal o primeiro curso superior de jornalismo. Procurando valorizar a formação humanística do profissional, a iniciativa de Anísio Teixeira foi frustrada pelo Estado Novo de Getúlio Vargas. Foi contraditoriamente o mesmo ditador que criou, em 13 de maio de 1943, o Curso de Jornalismo da Faculdade Nacional de Filosofia, inaugurado somente em abril de 1948, no Rio de Janeiro.

Ainda em 1943, Vitorino Prata Castelo Branco inicia uma série de palestras e conferências na sede da Associação dos Profissionais de Imprensa de São Paulo, culminando no primeiro Curso Livre de Jornalismo no Brasil.

## Vivendo além do seu tempo

Vitorino Prata Castelo Branco foi ardoroso defensor do diploma de jornalismo. Ele afirmava categoricamente: "criaram uma superstição, a de que o jornalismo não se aprende na escola porque para ser jornalista basta ter o dom inato de escrever. É um grave erro, pois que saber escrever deve ser apenas uma das condições, a outra, também indispensável, é saber pensar bem, e só pensa bem, não se afastando jamais da ética profissional, o jornalista que possua boa formação moral".

Diante das mudanças pelas quais passava a imprensa na época, citava entusiástico o curso de jornalismo nos Estados Unidos, principalmente a Universidade de Columbia. "A Escola de Jornalistas da Universidade de Columbia, fundada em 1912 por Joseph Pulitzer, diretor do famoso 'World', por exemplo, é procurada anualmente por mais de 3 mil candidatos, mas somente 60 conseguem ingressar, em vista do rigoroso exame de seleção a que são submetidos."Afirmou ainda que "o *New York Times* contava à época com 40 diplomados por aquela Universidade e que raros eram os jornais norte-americanos que não possuíam dois ou mais redatores formados pela Columbia University." Polêmico, indagava: "Se nos Estados Unidos é assim, por que não poderá ser também assim no Brasil?"

Aquariano, vivia além do seu tempo. Com seu Curso de Jornalismo, quebrou a monotonia secular da tarimba, provocou considerável agitação e, em função disso, sofreu muita resistência. E profetizava: "quebrando o rotinismo, outros mais capazes apresentarão novos cursos e, dessa forma, o sopro da renovação e de mocidade levantará a poeira das velharias jornalísticas para deixar em pleno sol as novas organizações em que cada setor caberá a um técnico especializado."

## Buscando paradigmas

Os trabalhos de Castelo Branco sempre foram voltados para o aprendizado, produzindo obras marcantes nas áreas do Ensino, Direito e Jornalismo.

No final do ano de 1942, vai para a Argentina participar de um curso na Sociedad Argentina de Periodismo y Redacción, onde recebe o certificado de conclusão com o resultado "sobresaliente."Em sua passagem pelo país, tem contato com o Círculo de Periodistas de la Provincia de Buenos Aires e com a Escola Argentina de Periodismo, da Universidad Nacional de la Plata, fundada em 1934. Ali, conhece a estrutura da Escola de Periodismo e seus antecedentes, seu primeiro plano de estudos, o regulamento e a início de seus cursos regulares, em 1935. Com a mente repleta de ideais, volta ao Brasil com muito entusiasmo e decide criar um curso de Jornalismo:

"Era, nesta época, um jovem idealista, um jovem cheio de fé, e que acreditava em todo o mundo. Acreditando que as minhas credenciais eram ainda insuficientes, procurei fazer um curso de Jornalismo em uma escola em Buenos Aires – a Sociedade Argentina de Periodismo e Redação – e recebi, ao final do curso, o respectivo diploma, com distinção, em 1942 quando, talvez, a maioria aqui presente nem tinha nascido. De modo que se trata de estória antiga e velha. E talvez tenha sido eu o primeiro professor de Jornalismo diplomado em São Paulo, e também no Brasil."

Somente em maio de 1947 funcionaria em São Paulo a Escola de Jornalismo Cásper Líbero, integrada à Faculdade de Filosofia, Ciências e Letras de São Bento, da Universidade Católica de São Paulo.

## Curso Livre de Jornalismo

A grande contribuição de Castelo Branco na área da Comunicação se deu no ano de 1943, quando realizou o Primeiro Curso Livre de Jornalismo no Brasil, na sede da Associação de Profissionais de Imprensa de São Paulo (Apisp), funcionando à época no último andar do prédio Martinelli. Aos alunos eram entregues apostilas impressas, as quais reunidas formaram uma grande obra, somente encontrada atualmente na Biblioteca Municipal Mário de Andrade, em São Paulo.

Para compor o livro, o autor nos mostra ao final da obra 67 referências bibliográficas, com publicações nacionais e internacionais, que vão desde norte-americanas, francesas, portuguesas a cubanas.

A obra encadernada possui 308 páginas em papel buffon, de primeira, 14 páginas em papel acetinado, também de primeira, e seis páginas em papel cuchê 24 quilos, de segunda. Possui dezenas de gravuras coloridas, trazendo a história do jornalismo no Brasil e no mundo, a técnica de reportagem, a imprensa paulistana em 1945, exercícios e questionários.

Para a sua divulgação, Vitorino produziu uma sofisticada mala-direta em duas cores, ilustrada e impressa em papel especial. Nela, anunciava que o curso era "o primeiro trabalho no gênero, em língua portuguesa, posto à venda nas principais livrarias do Brasil."Com a ajuda de suas filhas, ainda crianças, ele as enviava pelo correio. É importante notar que nela, o autor ainda esclarece: "o exercício cotidiano é que faz o jornalista. Alguns existem que 'falam' melhor com a pena do que 'redigem', na tribuna do parlamento, uma petição oral. Somente a prática é que faz o mestre, seja no jornalismo, seja na oratória, seja em outra profissão".

Castelo Branco dividiu o curso em 12 meses, com um programa englobando desde a história do jornalismo – passando por Gutenberg, o poder da imprensa, o Jornalismo norte-americano, as vantagens do *lead*, Ética, Administração e Legislação, bem como incluindo composição, impressão e artes gráficas, várias fotos coloridas e em preto-e-branco e ilustrações em cada capítulo. É importante ressaltar que o projeto gráfico do livro é bastante inovador, sobretudo para uma época em que não havia microcomputadores.

O livro foi composto num tipo redondo, não serifado. Os textos que se referem a alguma citação são sempre serifados e é grande o espaço entre parágrafos, resultando numa diagramação bem leve e arejada, mesclando textos curtos com ilustrações em quase todas as páginas. Além disso, a obra traz poesias abordando a Imprensa e também o "Hino à Imprensa", de Menotti del Picchia, executado no dia 10 de setembro de 1939, em comemoração ao Dia da Imprensa.

Os alunos eram avaliados mensalmente, constituindo assim a parte prática do curso. No último mês letivo era feito o *Exame Final do Curso*, através de um exercício onde o aluno comprovaria sua eficiência, estando apto, portanto, para desempenhar qualquer cargo de redação. O aluno deveria redigir um artigo com o tema "O Mundo Após Guerra", apresentando idéias e sugestões para "a formação do mundo do amanhã".

## O calvário do pioneiro

O Curso Livre de Jornalismo tornou-se o primeiro marco bibliográfico do ensino do jornalismo no Brasil. Porém, cercado por muita polêmica – pois não se admitia a possibilidade de aprendizagem acadêmica do jornalismo – a iniciativa de Vitorino Prata Castelo Branco foi considerada uma ousadia imperdoável, sofrendo ele terrível campanha apoiada pelos maiores órgãos da imprensa de São Paulo.

Na apresentação de seu livro, o autor ressalta a perseguição de que foi vítima: "este curso tem uma história. É o primeiro, no gênero, em língua portuguesa, e por ser o primeiro teve que sofrer os percalços das novidades. Foi atacado, apupado e apedrejado mas não foi vencido. Sempre renasceu, como a fênix da fábula, mais forte e mais completo".

O autor considerava o curso uma Escola Elementar de Jornalismo. Para ele, o curso fora organizado e escrito para "aqueles que desejam aprender sozinhos, estudando nas horas vagas, no calor do lar." A iniciativa fez com que o presidente do Sindicato dos Jornalistas Profissionais de São Paulo pedisse o cancelamento do registro de sua revista de ensino por ter publicado um curso de jornalismo.

Entre várias acusações, estavam as de que a escola de jornalismo por correspondência era mantida por uma associação de imprensa inidônea e que, com lições primárias, enganava aos incautos, ganhando fortunas com um negócio puramente comercial. Vitorino foi acusado de não ser jornalista e de manter em funcionamento cursos ilegais, pois a manutenção de cursos caberia somente ao governo.

Castelo Branco passou a ser alvo de uma campanha devastadora por parte de jornais de São Paulo. Segundo a família, os jornalistas Maurício Loureiro Gama e Tico-Tico eram os principais articuladores dos ataques contra o criador do curso. A partir de então, começou a sofrer uma grande pressão por parte dos jornalistas.

Anos mais tarde, na Universidade de São Paulo, Castelo Branco declarou que "assim, passei a ser alvo de uma campanha difamatória. As crônicas e notas foram aparecendo em vários jornais a cada dia. Um jornalista, do extinto *Diário de São Paulo,* publicou um violentíssimo artigo contra mim e contra o curso. Dizia que jornalismo é vocação e não se aprende em escola, e que aquele que se propusesse a ensiná-lo estava abusando da credibilidade pública. Segundo ele, abuso da credibilidade pública era crime e que, portanto, como ilegalidade prevista no Código Penal, eu deveria responder por ele, estando já aberto contra mim, inquérito na 1ª Delegacia Auxiliar de Polícia".

Em 15 de outubro de 1944 , o autor conseguiu publicar uma defesa em Seção Livre, mediante pagamento, no jornal *Folha de São Paulo*, num domingo. No final de sua defesa, o autor já anunciava o lançamento de seu livro no ano seguinte. "E depois, um trabalho deste não se extingue com facilidade. Fizeram tudo para matá-lo, quando realizado oralmente, e ele renasceu na revista. Fazem tudo para destruí-lo na revista e ele renascerá, brevemente, nas montras das livrarias, como prova de que é possível ferir o homem mas nunca sufocar seu pensamento."

Assim como a tentativa do general Lee, em 1869, no Washington College, o ensino de jornalismo no Brasil sofreu, de súbito, a oposição de jornalistas, que decidiram atacar Castelo Branco e sua iniciativa. "É interessante destacar que essa significou a primeira reação dos setores profissionais e empresariais ao ensino de jornalismo, o que persistiria depois, também em cursos oficiais. Aliás, o curso de Vitorino Prata Castelo Branco inicia a série de cursos livres de jornalismo que viriam a existir em várias cidades brasileiras, paralelamente aos cursos regulares e até mesmo como um desafio a eles".

As conseqüências das campanhas contra Vitorino causaram muitos problemas a ele e sua família. O autor chegou a ficar acanhado, com medo de sair às ruas e ser apontado com aproveitador da credibilidade pública.

A justiça tarda, mas não falha. Em 1984, Vitorino foi reconhecido pelo MEC como pioneiro do ensino de jornalismo no Brasil

## Reconhecimento tardio

Alguns anos depois, a Associação Paulista de Imprensa, em seu Jubileu de Prata, decide homenagear todos os jornalistas associados com mais de 25 anos de imprensa com um diploma de Honra ao Mérito, premiando Castelo Branco em 1º de maio de 1958.

Depois de muita luta e sofrimento, às vésperas do Golpe Militar de 64, Mauricio Loureiro Gama, redime-se, publicando um editorial com o título "Jornalismo", onde diz que para se ter orgulho da profissão é preciso exercê-la qual um sacerdócio, com coragem, sinceridade e pureza d'alma. E cita seu até então desafeto Castelo Branco. "Perante os interesses legítimos da pátria, o jornalista idôneo tem a mesma responsabilidade do professor. Ambos defendem ideais e idéias. E ambos porfiam quase na mesma lida sem desfalecimentos, lutando para edificar o País melhor de amanhã, agitando e esclarecendo, na mesma constante formação de novos caracteres, firmes e patrióticos ou céticos e dissolventes, segundo as expressões de Vitorino Prata Castelo Branco."

Em novembro de 1984, a Universidade de São Paulo inicia o I Curso de Aperfeiçoamento para Professores de Jornalismo, em conjunto com a Editora Abril e a Gazeta Mercantil. A abertura contou com a presença de Luiz Beltrão, Pompeu de Souza e Vitorino Prata Castelo Branco, que receberam medalhas das mãos da ministra da Educação, Esther de Figueiredo Ferraz, como pioneiros do ensino de jornalismo no Brasil.

Emocionado, Vitorino declarou: "me considero perfeitamente pago pela minha idéia jovem de 40 anos atrás."

## inovador e patriota

Filho de lavradores (Pedro Castelo Branco e Leonor Prata Castelo Branco), Victorino Prata Castelo Branco nasce a 29 de janeiro de 1904, em Itirapina, comarca de Rio Claro, interior de São Paulo. Casado com Beatriz Paula de Abreu Castelo Branco, teve três filhas: Ana Leonor, Beatriz e Maria Aparecida Castelo Branco.

Adepto da homeopatia, numa época em que esse ramo da medicina não era muito conhecido, tornara-se totalmente contrário aos antibióticos. Para convencer suas crianças a tomar os medicamentos, dizia: "tome filha, isso é para você ficar bonita."O gosto pela homeopatia o levaria a publicar, em 1962, "O Pêndulo Mágico", obra que oferecia um conhecimento e domínio da radiestesia. Orientando também sobre os princípios básicos da homeopatia, o livro concluía com um guia para o tratamento médico homeopático-radiestésico e uma série de medicamentos, segundo a doença. Ao fim, Castelo Branco traz um repertório de moléstias com o respectivo tratamento, hoje largamente utilizado pela homeopatia e pela antroposofia.

Cartaz de lançamento do primeiro manual brasileiro de jornalismo (1945)

Aos 22 anos de idade, o jovem Vitorino participava ativamente da vida social e intelectual de Limeira, contribuindo para uma *mise-en-scène* intitulada "Ave, Limeira", revista teatral criada por ocasião das festas de Natal da cidade. A peça, em três atos e uma apoteose, contava com 25 números de música dos maestros Mario Monteiro e Francisco Puzzone, riquíssimo guarda-roupa e cinco vistosos cenários.

O rapaz amadurece e se torna professor da Escola Normal de Limeira e diretor do Colégio São José, de Matão, interior de São Paulo. Em Rio Claro, foi professor da Escola Técnica de Comércio Professor Arthur Bilac. Foi também diretor do

Instituto Comercial de Limeira e diretor do Instituto Paulista de Comércio. Tornou-se bacharel em Ciências e Letras e cursou Ciências Contábeis, tornando-se contador pelo Instituto Comercial do Rio de Janeiro.

Introvertido, tinha poucos amigos e inúmeros admiradores. Tinha a personalidade forte e gostava do debate e da oratória. Trocava correspondência com notáveis e recebia diversas cartas de todo o País, elogiosas a seus artigos, conferências ou cursos que ministrava. Patriota, participou de várias marchas e atividades cívicas e criou hinos para todas as entidades a qual presidiu. Nacionalista, discursava sempre pela grandeza, pela unidade e pelo bem do País. Afirmava que "os jornais do interior devem ser, sobretudo, nacionalistas, patriotas e decididos na defesa do Brasil, dos seus heróis, das suas tradições, de suas coisas, fugindo sempre das idéias dissolventes e desnacionalizadoras".

Em 4 de junho de 1924, contata a Liga Nacionalista, com sede na Rua São Bento, 21, 2º andar, em São Paulo, para aderir ao movimento e solicitar folhetos de propaganda e boletins de adesão ao voto secreto.

Com breve passagem por Santos (de janeiro de 1936 a agosto de 1937), em 21 de setembro de 1936 entra em contato em com a Ação Integralista Brasileira (AIB), cujo gabinete do Chefe Nacional ficava na Rua da Quitanda, nº 51, 1º andar, em São Paulo e oferece um donativo no valor de 50$000 pelo Banco Comercial do Estado de São Paulo. Em 31 de novembro do mesmo ano, a AIB, por intermédio do chefe-de-gabinete interino e de seu secretário-assistente, Simões de Castro, agradece a boa vontade do professor em auxiliar a entidade. Na carta, a Ação Integralista, que teve a sua fundação em outubro de 1932, "se julga merecedora dos seus aplausos e até do seu voto nas próximas eleições, em virtude do trabalho que a mesma desenvolve no sentido da unidade nacional".

## Trajetória intelectual

Chegando a São Paulo em agosto de 1937, Vitorino Prata funda a Associação Educacional de São Paulo, cujo objetivo era difundir a educação popular. Por meio de cursos por correspondência, conferências públicas, jornais e revistas, pretende difundir a educação cívica e a educação individual, "incutindo em cada brasileiro a fé, o entusiasmo e o otimismo, procurando fazer de cada desanimado ou fracassado um vencedor."

A Associação Educacional de São Paulo tinha, entre outros objetivos, difundir a educação cívica, pregando os deveres dos cidadãos brasileiros para com Deus, para com a Pátria e para com a família. Curiosamente, foi fundada a 7 de setembro de 1937, dia da Independência do Brasil. Segundo as filhas, Vitorino era também muito católico. Sua família era numerosa: ele tinha também sete netos e 12 bisnetos.

Influenciado por sua passagem pelo litoral paulista, escreve em 1938 a obra "Santos – Resumo Histórico e Geográfico", para uso das escolas e colégios, com ilustrações de T. Mendonça.

Em 1952 ingressa na Faculdade de Direito da Universidade Federal do Estado do Rio de Janeiro, finalizando o curso em 1956, com a média final de 7,5 no 5º ano. Também na área de Direito, conclui doutorado pela Universidade de São Paulo em 1958.

Recebeu inúmeros certificados e homenagens, na área de comunicação, filosofia, letras e direito. Na área de jornalismo, participou de cursos de aperfeiçoamento na USP e na Sociedade Argentina de Periodismo e Redação, atuando também na área de rádio, com um programa ao vivo na Rádio Gazeta.

Em sua trajetória no jornalismo, fundou e dirigiu os periódicos *Cursos*, da Associação Educacional de São Paulo; *O Commercial* e *Pátria*, em Limeira e *Mocidade*, em Matão, todos ligados à área da educação. Também em Limeira, foi durante muitos anos colaborador do jornal *O Limeirense*, onde iniciou sua carreira no jornalismo por meio do diretor Luciano de Araújo. Em Matão, colaborou para *A Comarca*.

## A Família Castelo Branco

Os Castelo Branco surgiram em Portugal na Idade Média, deles dizendo-se que "nos campos d'Ourique Cartéis Brancos se chamavam aqueles que, sob a flâmula de Afonso Henriques, o sangue derramaram pela terra portuguesa". Soldados valentes que eram, os Cartéis Brancos traziam nos escudos o "rompante lyão dourado" da nobreza. Eram os Paio Soares, os Vascos Pais, os Sueiro Eannes, os primeiros Castelos Brancos, enfim.

Francisco da Cunha Castelo Branco, capitão de Infantaria do exército português, vindo para o Brasil em 1693, deu início à árvore genealógica dos Castelos Brancos.

Na viagem para o Brasil, nas costas do Maranhão, sofreu naufrágio, perdendo sua mulher, d. Maria Eugenia de Mesquita, e todos os seus pertences, salvando-se ele, porém, com três filhas – Ana de Mesquita Castelo Branco, Maria Monte Serrat Castelo Branco e Clara da Cunha e Silva Castelo Branco.

No Maranhão, casa-se pela segunda vez, tendo deste novo casamento um filho – Manoel Castelo Branco, chefe de numerosa família, cujos membros se estenderam para o Pará, Ceará, Piauí, Pernambuco e até mesmo para o Sul, formando o ramo paulista, fixado no século 19 em Brotas e Rio Claro, ramo ao qual pertence Vitorino Prata, por parte da mãe, e Castelo Branco por parte do pai, Pedro Castelo Branco e do avô – Francisco Castelo Branco.

Do ramo nortista, entre os descendentes de Francisco da Cunha, figura o ex-presidente e general Humberto Castelo Branco.

## Bibliografia de Vitorino


**Jornalismo**

*A Renovação da Imprensa*. Discurso na Associação dos Profissionais de Imprensa de São Paulo, 15/10/1943.

*O Jornal e o Livro*. Conferência na Biblioteca Municipal de São Paulo, 20/05/1943.

*Cultura Jornalística*. Discurso no Centro Gaúcho de São Paulo. 1º/4/1943.

*Jornalistas de Todo o Brasil, Uni-vos!* Discurso na Associação Brasileira de Imprensa, 1944.

*Curso de Jornalismo*. Editora Castelo Branco, São Paulo, 1945.

**História**

*Santos, Resumo Histórico e Geographico para uso das Escolas e Collegios*. Associação Educacional de São Paulo, São Paulo, 1938.

*Um Esteio da Liberdade na Côrte do 2º Império*. Sugestões Literárias S/A, São Paulo, 1973.

**Direito**

*A Naturalização de Estrangeiros*. Gráfica-Editora Michalany Ltda., São Paulo, 1960.

*Aprenda Sozinho Direito Romano*. Editora Pioneira, 1ª edição, São Paulo, 1965.

*Como se faz uma Defesa Criminal*. Sugestões Literárias, 6ª edição, São Paulo, 1968.

*Crimes Contra o Patrimônio*. Sugestões Literárias, 2ª edição, São Paulo, 1968.

*O Advogado em Ação*. Sugestões Literárias, 5ª edição, São Paulo, 1969.

*Prática Penal na Segunda Instância*. Sugestões Literárias, 1ª edição, São Paulo, 1970.

*Direito Penal, Parte Geral*. Sugestões Literárias, 1ª edição, São Paulo, 1970.

*Crimes Sexuais*. Sugestões Literárias, 3ª edição, São Paulo, 1973.

*O "Habeas-Corpus"*. Edição Especial em fita cassete, 1978.

*Aulas de Direito Penal*. 2ª edição. Livraria Freitas Bastos, São Paulo, 1986.

*A Defesa dos Empresários nos Crimes Econômicos*. 1ª edição. Livraria Freitas Bastos, São Paulo, 1982.

*Criminologia Geral*. 1ª edição. Livraria Freitas Bastos, São Paulo, 1980.

*O Advogado e a Defesa Oral*. 2ª edição. Livraria Freitas Bastos, São Paulo, 1979.

**Seleções Castelo Branco (Separatas da revista Cursos)**

*Datilografia em Seis Dias - Sem Professor*. Editora Castelo Branco, São Paulo, 1949.

*Lucros ou Perdas?* Editora Castelo Branco, São Paulo, 1949.

*Guia para os Mimeografistas*. Editora Castelo Branco, São Paulo, 1949.

*Arte de Fazer Versos*. Editora Castelo Branco, 2ª edição, São Paulo, 1949.

*Versos Simplesmente*. Editora Castelo Branco, São Paulo.s.d.

*Curso de Eloqüência: a Arte de Falar em Público ao Alcance de Todos*. 5ª edição, São Paulo, 1950.

*O Pêndulo Mágico*. Editora Melso S/A, 1ª edição, Rio de Janeiro, 1962.

*A Arte de Falar em Público*, 3ª edição, São Paulo, 1969.

Líbero Badaró
Samuel Wainer
Trajano Coelho Neto
Edmar Morel
Carlos Lacerda
Odylo Costa Filho
Otto Lara Resende
João Calmon
Luiz Beltrão
Mário Erbolato
Juarez Bahia
Alberto André
Herbert Levy
Monteiro Lobato
Arnon de Mello
Vitorino Prata Castelo Branco
Amaral Raposo
Landell de Moura

XVII

# AMARAL RAPOSO
## Protótipo do jornalista boêmio

Sebastião Jorge

Ensaio publicado na edição nº 184 da revista *Imprensa*, setembro-outubro de 2003, p. 43-50

**Sebastião Jorge** - Jornalista, advogado e professor aposentado do Curso de Comunicação Social da Universidade Federal do Maranhão.

José Raposo Gonçalves da Silva nasceu e se batizou com este nome. Consagrou-se, porém, no jornalismo, e morreu, como Amaral Raposo.

Natural de Grajaú (MA), veio ao mundo em 27 de maio de 1903, falecendo em 10 de abril de 1976. Pertenceu a uma geração de jornalistas com gosto pela boemia. Tocava violão e adorava uma serenata.

Era, sem dúvida, um autodidata com inclinação à filologia. E nela se aprofundou, conhecendo as filigranas do idioma. Tornou-se íntimo de Luís de Camões, ao estudar *Os Lusíadas*, e de Rui Barbosa, ao interessar-se pela famosa *Réplica* e *Tréplica* entre o grande baiano com o antigo professor, Ernesto Carneiro Ribeiro, por questões de gramática. Com um grande lastro cultural exerceu diversas funções públicas e trabalhou em vários jornais, rádios e televisão de São Luís.

## Perseguição política

O começo da vida nas redações não foi fácil, amargando frustrações que lhe deixaram profundas marcas. Escreveu em O *Combate*, de 1928, um jornal político e de oposição, que intimidava os adversários com uma linguagem ríspida, sendo intimado a deixar o Maranhão. A ordem partiu do capitão Zenóbio da Costa, chefe de Polícia do governador Magalhães de Almeida.

Aquele militar tornou-se famoso, no Estado, pelos atos de violência. O jornalista, como adepto de Marcelino Machado, líder do grupo oposicionista, vinha incomodando. Ao receber uma passagem de navio de terceira classe, viajou no ano seguinte, com destino à cidade de Salvador (BA), onde permaneceu oito anos.

Na presença do capitão Zenóbio este não fez rodeios, contou o jornalista:

*Por isso fui aconselhado por aquele militar a retirar-me daqui, pois, segundo me disse, da próxima vez que eu fosse chamado à polícia, mandaria ele furar-me as orelhas com agulha de saco. Tinha apenas 26 anos de idade!*

## As agruras do desterro

Filho de família pobre, sem dinheiro, desempregado e nenhuma pessoa conhecida em Salvador. A não ser o amigo, Fernando Viana, que cursava medicina naquela cidade, mas cujo endereço ele perdeu, vendo-se num dilema: viver ou morrer. Pensou em suicídio.

Era dezembro de 1929 – "Natal que não esqueço", escreveu depois. Debruçado sobre uma janela, ao pé da Ladeira da Montanha, teve este pensamento: "Jogar-me do Elevador Lacerda abaixo e acabar com o trem da existência."

Caricatura de Amaral Raposo, personagem lendário do jornalismo maranhense

Amaral foi salvo não apenas pela dúvida, como pela ponta de um cigarro de marca "Trocadero." Após fumar, jogou o toco no local onde o seu corpo se espatifaria, para alegria da crônica policial. Viu alguém juntando a bagana e refletiu: (...) "há gente muito mais desesperada, muito mais desiludida, muito mais pobre do que eu. E, entretanto, talvez não pensasse em desertar da vida..." Uma torrente de esperança penetrou no seu coração e reagiu.

## A defesa intransigente da gramática

Amaral Raposo era um jornalista que se transformava num felino bravo, literalmente, quando a caça era alguém que desafiava as regras da gramática. O nome diz tudo. Há que se entender esse lado selvagem.

Não tolerava escorregões nem pequenos deslizes por parte daqueles que se aventuravam em fazer acrobacias na superfície imaculada de uma página de jornal ou de um livro. Aquela justificativa que se respalda na elegância, com base no aforismo cunhado por Ferreira Gullar: "a crase não foi feita para humilhar ninguém" com ele não funcionava.

Erro era erro e tinha que ser combatido com palmatória grossa. O castigo não apenas doía como maltratava... Paciência, quem não gostasse, que se fosse queixar adiante.

Ou pedir arrego a um especialista no assunto. Muitos receberam o ato-disciplinar sem esboçar reação, enquanto outros, reconhecendo os escorregões, ainda elogiavam o mestre, passando recibo pelos equívocos idiomáticos. Houve quem reagisse.

O bicho-homem ou bicho-intelectual, quanto mais famoso na altura e nome, maior era a fúria contra a negligência. Ele investia pesado e o fazia com a seriedade e a coragem de um gladiador. Nada o demovia no intento em sovar o alvo. Era impiedoso nesses momentos. Quem gostava eram os leitores, sequiosos por mais tunda no lombo dos descuidados com o idioma.

Amaral Raposo era um predador natural, atento e de olho na ousadia dos que atravessavam o seu terreiro. Pouco interessava a procedência da autoria. O poder público com as mensagens e notas oficiais, as quais nem sempre zelavam pelas elementares regras de gramática, era outro repasto saboroso para satisfazer o apetite desse demolidor de mediocridades.

No dia 27 de maio do corrente ano ele teria completado, se vivo estivesse, 100 anos. A Academia Maranhense de Letras (AML) declarou 2003 como o *Ano de Amaral Raposo*, já que ele fazia parte da instituição.

## O carrasco dos revisores

Os livros lançados na área da prosa e poesia eram motivos para armar os ataques e armazenar desafetos, principalmente através das matérias que escreveu. Ao longo de muitas décadas, assinou as colunas: *Coisas do nosso tempo, Os carrascos do idioma, Os inimigos do idioma,* ou, para variar, as *Sabatinas dominicais*. Nelas, despia as vítimas, deixando-as envergonhadas e expostas ao sabor do riso.

Estilo claro, incisivo, dentro do rigor clássico, sem afetações, como convém a um arqueiro da gramática, apontava os erros, com extrema irreverência. Sentia um estranho prazer em maltratar as vítimas.

Lago Burnett (1929-1995), cronista dos melhores, que introduziu o *Manual de Redação* no JB, em *Avionemos sobre os aeroplanos* (*A língua envergonhada e outros escritos sobre comunicação*), fala da aversão do mestre pelas palavras que considerava fora do contexto, como por exemplo: aeroporto, que corrigia para aeroplano. Acrescenta Burnett (...) *não admitia que se desse o nome de aeroporto a pistas de pouso e decolagem de aviões em terra firme. Mesmo com o prefixo aero, a palavra porto, para ele, estava vinculada direta e tradicionalmente a mar e navio.* Adiante, dá depoimento sobre o autor das sabatinadas: *Amaral era dos últimos representantes de uma geração de polemistas que teve seu ponto alto em Erasmo Dias.*

Fernando Viana, médico, jornalista, político, membro da AML, lhe pintou o perfil em versos, com traços leves, cheios de ironia, mas fiéis:

*Mistura de filósofo e de cético,*
*Na completa inversao de um Dom Donzel.*
*É um gozo vê-lo, súbito, apoplético,*
*Sobre os doces da vida pingar fel.*
*Tendo horror ao grotesco, a que, cruel,*

*Pulveriza sem dó – seu senso estético*
*Ora, fá-lo vestir-se qual Brummell;*
*Ora impõe-lhe um desleixo ultra-sintético.*
*Poeta, de um lirismo que comove.*
*Tem olhos tumefatos, que nos dão*
*A lembrança do Mal de Basedow.*

*Boêmio de nascença e profissão,*
*É-lhe a prova, mais certa que as do nove,*
*Um cigarro, uma cana e um violão!.*
*(Correio da Tarde, 13/4/1944)*

O poeta conta que em Salvador (BA), onde Amaral estudou, o aluno teve um diálogo curioso com o professor... O assunto era Castro Alves e seu livro *Espumas Flutuantes,* tendo Amaral contestado o título, por considerar que toda espuma é flutuante.

Junto à revisão dos jornais tornou-se conhecido, pelas exigências e brigas, como o "carrasco dos revisores". Dava bronca, esclarecimento público e puxão de orelha pelos erros que passassem à revelia dos originais.

## Mencken maranhense

Em nome do português saudável, Amaral Raposo ficava contra todos aqueles que contrariavam e agrediam as mais simples regras da gramática. Não dispensava das críticas ninguém. Muito menos a si mesmo.

Assim o fez na coluna *Os carrascos do idioma* (*Jornal do Dia*, 18/4/1953), ao justificar um tropeço:

*Dizem que a justiça para ser boa começa pelos de casa. Eis que inicio esta crônica, incluindo-me a mim mesmo, no rol dos Carrascos do Idioma. Com efeito, relendo meu artigo de 15 do corrente, encontro [uma] calamidade (...).*

Das observações não escapavam os colegas de redação, os jornais, anúncios de cursinhos para o vestibular, convites de formatura; tinha como alvo ainda: membros da Academia Maranhense de Letras, os poetas de plantão e candidatos a aparecerem na vida cultural da cidade, as mensagens e comunicados do governo. Todos se transformavam em matéria prima para comentários, sempre ácidos.

Nesses momentos virava uma espécie de H. L. Mencken (1880-1950), outro jornalista dos EUA, que se transformou no terror dos intelectuais do seu país e da Europa. Entre muitos medalhões não escaparam da pena mordaz um Dostoievski, D. J. Lawrence, Henry James e Theodore Dreiser. Pela iconoclastia com que avançava para cima das vítimas, foi considerado pelo *New York Times,* como "o cidadão privado mais poderoso da América".[1]

1. *O livro dos insultos de H. L. Mencken*, seleção, tradução e prefácio: Ruy Castro. São Paulo, Companhia das Letras, 1988.

Fachada do prédio da Academia Maranhense de Letras, onde Amaral Raposo ingressou sem pedir votos

Agripino Grieco, conhecido no Brasil pelo veneno nas críticas, era também intransigente nesse particular, tanto que não dispensou nem a Machado de Assis, ao acusá-lo de "escorregar na casca de banana."Amaral, igualmente, pela atuação no jornalismo e o papel que desempenhou como guarda e zelador do idioma em São Luís, foi sem dúvida o mais famoso e respeitado no seu tempo. Há muitas paradas que o envolvem nesse observatório das coisas da gramática, que se transformaram em primorosos episódios, dignos de melhor atenção.

Na mensagem (1964), do governador Newton de Barros Bello, ele reclamou dos assessores pela "seqüência incessante de espantosos solecismos" para denunciar com irritação: *Há ocasiões em que, como tomados de uma espécie de sadismo literário, conseguem o milagre de cometer três erros em duas palavras* (...). E não satisfeito diz que ouvidos insensíveis às cacografias, levaram os redatores a escrever, seguidamente "política governamental", para condenar: *frase que nos leva, instintivamente, a procurar o lenço para levar ao nariz.*

O soneto *Falso amor* de L. Felix mereceu cuidadosos reparos. Depois de transcrevê-lo e comentá-lo, foi impiedoso: *Pelo que aí fica, o que se depreende é que o poeta do "Falso amor" é muito mais falso... Em seus versos não há gramática, não há ritmo, não há sentimento, não há inspiração, não há poesia, não há nada.*

## Por um jornalismo ético

Amaral não era apenas um bom articulista, um exímio editorialista, mas o cronista sensível e criativo na exploração desse gênero. O autor de *Os inimigos do idioma* fazia a diferença. Sabia atirar com todas as armas.

Era, acima de tudo, um jornalista ético. Houve um episódio na década de 50, entre ele e o diretor de o *Jornal do Dia,* João Pires Ferreira, o J. Pires, pessoa de sua relação de amizade, que reafirma esse ponto de vista. Antes que se falasse, nos anos 70 do século passado, na "cláusula de consciência", defendida nos congressos de jornalistas, como meio de proteger o profissional de escrever sobre assunto que não concordava, Amaral na década de 50 praticou esse gesto, embora lhe custasse o emprego. Aquele jornal dava cobertura ao governo do Estado. J. Pires, o diretor pediu que ele, como editorialista do periódico, escrevesse um texto, por ordem do governador Eugênio de Barros, "baixando o pau" no dentista e político ligado ao PSP, José Silva, diretor da Delegacia do IAPETC. Não aceitando a incumbência, alegou amizade pessoal com o mesmo. O diretor da folha não gostou da recusa e o despediu.

No ano de 1964, duas funcionárias do Sesc foram ao jornal *Correio do Nordeste,* onde trabalhava, convidá-lo para ministrar aulas num curso de extensão de jornalismo. Educadamente aceitou a tarefa, mas no próximo número do jornal, depois de agradecer a lembrança do convite, fez divagações a respeito da profissão, nas quais desabafava queixas e mágoas:

> (...) *ser jornalista, muito especialmente no Maranhão, constitui uma das maiores desventuras que pode alguém sofrer, neste mundo... Jornalismo nestes tempos em nossa terra, não é, propriamente, um meio de vida. É um meio de morte. Não é caminho aberto para conquistas ou vitórias. É, pelo contrário, uma estrada ingrata, amarga e desesperante, que só nos leva a fracassos e derrotas.* (...) *jornalismo é, antes de tudo, uma vocação. Uma vocação que se torna vício.*

Reclamando no *Jornal do Dia,* ano de 1953, contra a "invasão" das redações por aqueles que não eram do ramo, concitava a categoria a se unir:

> *É necessário, pois, que os jornalistas maranhenses, os homens capazes de pensar, de argumentar, de raciocinar se reúnam e protestem. Os fariseus estão invadindo o templo. Ponhamo-los para fora. Do contrário, nunca seremos uma classe. Nunca teremos uma profissão (...).*

## Campanha pela educação

O filho de Grajaú dispensava um carinho especial aos professores, sem esquecer o papel da alfabetização no desenvolvimento de uma sociedade. Foram muitos os artigos e editoriais escritos para defender um salário digno aos educadores, incluindo este problema como responsável pela má qualidade do ensino. Muitos desses mestres de primeiras letras, segundo denúncias, não ganhavam a metade de um salário mínimo.

Escrevendo a respeito do *Dia do Professor* comparou data ao "*Dia do Mendigo* Nacional".

> *Acrescentar que são mendigos é pouco. Porque os mendigos andam de pés no chão, andam maltrapilhos, andam sem gravata, andam como Deus é servido. O professor, não. O professor tem que dar satisfação à sociedade, através da roupa que usa e da*

*decência que a profissão lhes impõe. É, assim, duplamente sacrificado. Está, portanto, em situação muito mais desesperadora do que os infelizes que esmolam na porta da Igreja ou pedem resto de pão à porta dos hotéis.*

Em *Carta Aberta ao Governador Newton de Barros Bello* (MA), em 1964, reclamou do salário das professoras do interior, denunciando:

*Essas criaturas, delas com tempo de serviço além de 20 anos, estão percebendo um vencimento que nenhuma cozinheira hoje em dia aceita. Não recebem um ordenado. Recebem uma humilhação, uma afronta, um acinte mensal à sua dedicação, ao seu esforço, ao seu sacrifício.*

As estatísticas do analfabetismo o preocupavam. Não aceitava a idéia de que o Brasil tivesse tantas pessoas sem ler. Não acreditava num país próspero, sem antes, deflagrar um programa de alfabetização que atingisse crianças e adultos. Daí ser contra o voto do analfabeto. Quando uma proposição nesse sentido obteve consenso no Congresso Nacional, no começo da década de 60, registrou opinião com o artigo *Passou finalmente o monstrengo.* Logo depois, como ocorreu o inverso, ou seja, a proposta foi rejeitada, voltou ao assunto: *Caiu o voto do analfabeto* – e justificou: *Tenho, agora, o consolo cívico que essa inqualificável imoralidade não logrou ser enxertada no processo eleitoral vigente.*

TEME CAPANEMA O EXITO DE PILA
JORNAL DO DIA
UM ÓRGÃO A SERVIÇO DA VERDADE
Diretor - ARIMATHÉA ATHAYDE
ANO I—N. 35
S. LUIZ-Maranhão
PÂNICO E FOGO
NAS RUAS DE BUENOS AIRES
INCENDIADOS O JORNAL "LA VANGUARDIA", A "CASA DO POVO", O "JOCKEY CLUBE"—DEMAGOGIA CONTRA O COMÉRCIO—PERON LANÇA MÃO DE CONHECIDOS PROCESSOS PARA FAZER CESSAR A RESISTÊNCIA DO POVO A' TIRANIA DO SEU GOVERNO
PROCISSÃO
RUMO AO RIO NEGRO
JANIO ANTECIPOU A VIAGEM
Também em greve os grafi cos Paulistas

## Discurso sem verbo

Eis, abaixo, alguns trechos, da segunda parte do discurso, este sem verbo, do jornalista Amaral Raposo, ao ingressar na Academia Maranhense de Letras, em 9 de dezembro de 1926.

Sem pedir votos, assumiu a vaga de Luiz Lobato Viana, o que se constituiu num caso raro na vida literária brasileira:

*Em tais circunstancias, já agora, sou compelido a cumprir, embora em parte, a promessa, ou a empresa a que me aventurei, bem inadvertidamente.*

*Consegui-lo-ei? Dir-no-lo-á, depois, vosso julgamento, Senhores Acadêmicos:*

*Onde, agora, os elementos essenciais à consecução da meta: em pauta? Ante o fulgor sideral da personalidade de Luiz Viana, surpreendente de ilustração e de cultura, onde em mim a energia espiritual, a força de análise, os recursos de intuição, e, ainda, onde os documentos imprescindíveis ao estudo e à crítica para o elogio do vitorioso didata? Acaso por minha causa, acaso para mim, obscuro combatente de campanhas sem vitórias, por mim, vaga figura sem projeção e sem nome, além das fronteiras provinciais de nossa terra? Certo que não. Para quem esta honra grandiosa, tão repleta de beleza espiritual, de encantamento e de sonho? Para mim, para a inútil insignificância do meu nada? Ainda não. Para quem, pois, a homenagem? Para Luiz Viana, para o infatigável mestre de sucessivas gerações, para o professor do Instituto de Manguinhos, para o belo cronista de* O Estado de São Paulo, *para o diretor de Instrução Pública da Parnaíba, para o catedrático de história natural do Liceu Maranhense; num crescendo incessante de funções e de cargos, cada qual mais à altura de nossos louvores, de nossa admiração e de nosso respeito, para o diretor do Liceu Maranhense, para o idealista e o pioneiro da Escola Normal do Maranhão, para o fundador, logo depois, do Colégio de São Luís, essa tradicional fonte de educação moral e cívica de nossa mocidade estudiosa.* (*Revista da Academia Maranhense de Letras*, junho de 1998).

Líbero Badaró
Samuel Wainer
Trajano Coelho Neto
Edmar Morel
Carlos Lacerda
Odylo Costa Filho
Otto Lara Resende
João Calmon
Luiz Beltrão
Mário Erbolato
Juarez Bahia
Alberto André
Herbert Levy
Monteiro Lobato
Arnon de Mello
Vitorino Prata Castelo Branco
Amaral Raposo
Landell de Moura

XVIII

# LANDELL DE MOURA
## O brasileiro que inventou a radiodifusão

José Marques de Melo

Ensaio publicado na revista *Imprensa* nº 155, dezembro/2000, p. 67-74.

**José Marques de Melo** - Bacharel, doutor e livre-docente em Jornalismo. Docente-fundador da Escola de Comunicações e Artes da Universidade de São Paulo, foi também o responsável pela implantação do Centro de Pós-Graduação da Universidade Metodista de São Paulo.

Ser inventor na periferia global significa candidatar-se ao anonimato histórico. A julgar pelos casos dos brasileiros Santos Dumont e Landell de Moura, a resposta parece afirmativa. Fatalismo?

Santos Dumont perdeu a batalha do pioneirismo da aviação para os Irmãos Wright, ianques de nascimento. Isso ocorreu não obstante as acrobacias aéreas do brasileiro terem sido realizadas nos céus da gloriosa Paris...

Outro destino não poderia ter o gaúcho Roberto Landell de Moura. Ele precedeu Marconi na demonstração de que o som pode ser transmitido a distância, sem a necessidade de fios condutores.

Esse acontecimento foi protagonizado, não nos pampas longínquos, mas nas elevadas montanhas paulistas. Em 1893, ele realizaria transmissões eletromagnéticas entre dois morros da cidade de São Paulo. Mas esse episódio permaneceu no âmbito restrito da história oral.

Landell de Moura voltaria a confirmar publicamente suas experiências, no dia 3 de junho de 1900. Nessa ocasião, teria como testemunha ocular um representante do governo inglês. O fato inusitado mereceu registro da imprensa da época. E a patente respectiva lhe foi conferida pelas autoridades brasileiras.

Antes disso, porém, o físico italiano já escrevera uma dissertação sobre o telégrafo sem fio (1895), patenteando seu invento em Londres (1896). Dessa maneira, ganharia a batalha do reconhecimento internacional.

Roberto Landell de Moura, padre e cientista

## Trajetória

Nascido em Porto Alegre, em 21 de janeiro de 1861, Roberto Landell de Moura revelou-se um cientista precoce. Aos 16 anos, construiu um aparelho telefônico, um ano depois da invenção de Graham Bell e um ano antes da instalação dos primeiros telefones no Brasil.

Estudou em colégios católicos do Rio Grande do Sul, optou pela carreira eclesiástica. Matriculou-se no Seminário de São José, no Rio de Janeiro, continuando sua formação clerical em Roma. Na Universidade Gregoriana freqüentaria também o curso de Física e Química. Ali acumulou os conhecimentos que conduziriam ao invento de aparelhos de telecomunicações. No retorno ao Brasil, trabalhou no Rio de Janeiro, Rio Grande do Sul e São Paulo.

Em Campinas (SP) consolidou seus postulados sobre radiotelefonia. Mas experimentos científicos que realizava nem sempre foram encarados como tal. Chegaram até mesmo a ser confundidos com atos de bruxaria. Isso explica porque suas primeiras transmissões radiofônicas não tenham sido feitas abertamente.

Quando ele decide tornar públicos seus inventos, já era tarde para ser considerado pioneiro. Inconformado com a pouca receptividade encontrada no Brasil e não tendo sido correspondido no seu intento de reconhecimento pelo governo inglês, decide buscar notoriedade na emergente potência norte-americana. Nos Estados Unidos ele patenteia seus inventos, conquistando atenção da imprensa diária. Uma reportagem publicada no *New York Herald* (1902) atribui-lhe o título de inventor do telefone sem fio.

A Família Landell de Moura, tendo ao centro o patriarca Ignácio e a matriarca Sara

## Anonimato

Landell de Moura ali permanece durante três anos, não logrando a comercialização dos seus inventos: transmissor de ondas, telefone sem fio, telégrafo sem fio, além de protótipos que antecipam os princípios da fibra ótica, televisão e teletipo.

Sem apoio da hierarquia católica, não tem como sobreviver nos Estados Unidos, vendo-se obrigado a retornar ao país de origem. Aqui, insiste em novos experimentos, enveredando pelo exorcismo e pelo hipnotismo.

Em 1908, volta a Porto Alegre, onde termina seus dias de vida, isolado e incompreendido. Tuberculoso, faleceu em 1928, no completo anonimato.

Mas deixou manuscritos com os registros dos seus inventos. Preservados pela família, eles forneceriam evidências capazes de garantir o reconhecimento público que hoje lhe é tributado.

A reabilitação histórica de Landell de Moura deve-se em grande parte ao trabalho de divulgação da sua obra como precursor das telecomunicações no Brasil, realizado pelos biógrafos Ernani Fornari e B. Hamilton de Almeida.

## Nos tempos do rádio[1]

*Gildo Magalhães*[2]

"Foi na segunda metade do século XIX que os trabalhos teóricos e práticos dos cientistas Bernhard Riemann, James Maxwell, Henrich Hertz e outros demonstraram ser possível a transmissão 'sem fio' de ondas eletromagnéticas.

No Brasil, o pioneiro, o padre Roberto Landell de Moura, fez em 1893 uma transmissão eletromagnética à distância em São Paulo, entre o Alto de Santana e o que seria depois a Avenida Paulista. Este inventor, cuja formação científica se dera na Escola Politécnica do Rio de Janeiro, e que viria a residir em Campinas após se ordenar em Roma, também consta como tendo inventado uma válvula eletrônica tríodo bem antes de outros inventores. No entanto, Landell de Moura vivia sendo ridicularizado no Brasil e suas idéias não foram aqui aproveitadas, levando-o a se mudar para os EUA, onde registrou em 1904, diversas patentes do telefone e telégrafo 'sem fio' (mais de 70; depois, ele seria escolhido como patrono do Centro de Pesquisas da Telebrás).

Enquanto isso, Guglielmo Marconi, em 1901, conseguiu cruzar o Atlântico com suas ondas 'sem fio' e, em 1906, o norte-americano Lee de Forest patenteou sua válvula eletrônica tríodo, aperfeiçoando-a constantemente até 1912, tornando possível à amplificação de sinais. Assim, não é de estranhar que, na primeira década do século XX já existissem os radioamadores, inclusive no Brasil, e que seriam importantes aperfeiçoadores da técnica das comunicações, com suas improvisações, que depois se tornavam produtos. É interessante registrar que, antes da invenção da radiodifusão comercial, a comunicação para veiculação de música, anúncios e notícias chegou a ser feito pelo telefone, como demonstra a concessão feita em 1891 para 'correr fios de arame na cidade do Rio de Janeiro, com o fim de transmitir notícias comerciais.' Nesta época já eram disponíveis o disco e o gramofone, invenções de Thomas Edson."

1. Fonte: Telecomunicações, In: VARGAS, Milton, org. História da Técnica e da Tecnologia do Brasil; São Paulo, Editora Unesp, 1994, p. 323.

2. Pesquisador do Centro Interunidades de História da Ciência e da Tecnologia da Universidade de São Paulo.

# As inovações comunicacionais de Landell de Moura

## Máquinas Comunicantes [3]

3. Fonte: FORNARI, Ernani - O 'Incrível' Padre Landell de Moura, 2ª ed., Rio de Janeiro, Biblioteca do Exército, 1984, p. 26/27.

"Conquanto sejam muitos os aparelhos que tenho imaginado para demonstrar algumas leis, em parte desconhecidas pelo mundo científico, as quais foram por mim descobertas no estudo da propagação do som, da luz e da eletricidade, através do espaço, da terra e do elemento aquoso, todavia, por falta de recursos e de bons mecânicos de minha inteira confiança, apenas cinco serão exibidos, a saber: o Teleauxiofono, o Caleofono, o Anematofono, o Teletiton e o Edifono, todos deduzidos, como tantos corolários, das leis supracitadas. Estes aparelhos são eminentemente práticos e podem, desde já, prestar bons serviços.

O Teleauxiofono é a última palavra, a meu ver, sobre telefonia sem fio, não só pelo vigor e inteligibilidade com que transmite a palavra, mas também porque, com ele, se obtêm todos os efeitos do telefone alto-parlatore e do teatrofone, com esta notável diferença, que, tratando-se da teatrofonia, é bastante um só transmissor por maior que seja o número dos concertantes. Além disso, com o Teleauxiofono, o problema da telefonia ilimitada tornar-se-á uma realidade prática e econômica.

O Caleofono, como o precedente, trabalha também com fio, e é original porque, em vez de tocar a campainha para chamar, faz ouvir o som articulado ou instrumental. É muito apropriado para os escritórios.

O Anematofono, com o qual, sem fio, obtém-se todos os efeitos da telefonia comum, porém, com muito mais nitidez e segurança, visto funcionar ainda mesmo com vento e mau tempo. É admirável este aparelho, pelas leis inteiramente novas que revela, como, outrossim, o que segue.

O Teletiton, sorte de telegrafia fonética com o qual, sem fio, duas pessoas podem se comunicar, sem que sejam ouvidas por outra. Creio que com este meu sistema poder-se-á transmitir, à grandes distâncias e com muita economia, a energia elétrica, sem que seja preciso usar-se de fio ou cabo condutor.

Disse 'com este meu sistema' porque não faço uso de nenhum dos aparelhos ou das peças até hoje imaginadas para este fim com bem para a cabal resolução do magno problema da telegrafia sem fio.

O Editofono, finalmente, serve para dulcificar e depurar das vibrações parasitas a voz fonografada, reproduzindo-a ao natural. Este aparelho tornar-se-á o amigo inseparável dos músicos compositores e dos oradores."
(*Jornal do Commercio*, Rio de Janeiro, 16/6/1900)

**Telefone sem fio**[4]

"Saibam que, Roberto Landell de Moura, cidadão da República do Brasil, residente no distrito de Manhattan, Estado de Nova York, inventou um novo e aperfeiçoado Telefone sem fio, de que dou a seguir completa, clara e exata especificação.
O objeto de minha invenção é transmitir e receber mensagens, à distância, por meio de sons e ondas elétricas, correspondentes à palavras articuladas, sem auxílio de fios. (...)
Por esta descrição se verifica que meu invento consiste, falando de modo geral, em projetar ondas elétricas, quer de natureza ainda desconhecida, de alta força de penetração, entre estações, e imprimir na coluna assim estabelecida, as vibrações correspondentes às ondas verbais. Neste sentido, descobri que o som é perfeitamente transmissível e aparentemente receptível sem aparelhos especiais."
(Carta Patente n. 775.337, New York, 1904)

4. idem. p. 81-91.

**Utilitarismo**[5]

"Nos Estados Unidos, onde vivi três anos, consegui patentear diversos aparelhos demonstrativos de minhas teorias da transmissão do som e da voz a distância, sem ser necessário o fio condutor; não obstante isto, se fazia mister a minha volta à Norte-América. Não foi possível. Paciência. Os americanos, decorridos os 17 anos de prazo que marca a lei das patentes, puseram em execução prática as minhas teorias. Não sou menos feliz por isso. Eu vi sempre nas minhas descobertas uma dádiva de Deus. E como, além disso, sempre trabalhei para o bem da humanidade, tentando ao mesmo tempo provar que a religião não é incompatível com a ciência, folgo em ver realizado, na prática utilitária, aquilo que foi o meu sonho de muitos dias, de muitos meses, de muitos anos".
(Entrevista ao jornal *Última Hora*, Porto Alegre, 13/11/1924)

5. Fonte: ALMEIDA, B. Hamilton - O outro lado das telecomunicações - A Saga do Padre Landell, Porto Alegre, Sulina, 1983, p. 147.

**Crime e castigo**[6]

"Assim é que o que foi Santos Dumont para a navegação aérea quanto ao mais leve e aos mais pesado, foi o autor destas linhas para a transmissão sem fio tanto do sinal inteligente como da palavra articulada. Santos Dumont está bem, porém, o seu colega contemporâneo vive esquecido, porque cometeu um crime, o de querer sair da sacristia pra mostrar ao mundo que a religião nunca se opôs ao progresso da humanidade, e que o sol também passou e ainda continua a passar por estas plagas como vida. Tudo quanto tem feito o autor destas linhas obedece às suas teorias sobre a unidade de forças e harmonia do universo, outrora muito combatida, porém, hoje admitida por ele, e outros muito felizes conseguirão confirmá-la com os fatos."(Entrevista, Porto Alegre, sem data).

6. Fonte: ALMEIDA, B. Hamilton - Landell de Moura, Porto Alegre, Tchê/RBS, 1984, p. 73.

# Cientista ou feiticeiro?[7]

*Ernani Fornari*[8]

"Vencera o Padre Landell de Moura as distâncias, finalmente, sem, todavia, a despeito de toda a evidência dos êxitos alcançados, conseguir vencer, mais que a incredulidade, a má vontade de seus patrícios, que havia já algum tempo, vinham enxergando nele um feiticeiro perigoso.
E o drama de sua renhida luta contra o espírito supersticioso e rotineiro da época, ganhou de intensidade e virulência.

— Ele é um impostor, um mentiroso, um mistificador! – ganiam uns.
— Ele é um louco e um bruxo! – vociferavam outros.
— É um padre renegado, que tem partes dom o Demônio!

E, em suma, mais do que tudo isso, para um Sacerdote:
— É um espírita!

Se, a príncipio, o bondoso padre sorriu superiormente de todos esses disparates e acusações, deixou de sorrir, de repente, quando certa tarde ao regressar de uma visita a um morimbundo, a quem fora ministrar a extrema-unção, encontrou a porta da casa paroquial arrombada e seu interior em completa desordem.

**Ladrões**

Antes tivessem sido ladrões , pois o que ali se passara só encontra paralelo nas cenas bárbaras verificadas na idade Média, durante as perseguições aos feiticeiros: tendo repercutido na cidade a notícia de que havia o padre, dois antes, na capital bandeirante, conseguido, através de sua máquina infernal, conversar mais uma vez com pessoas colocadas a quilômetros de distância, meia dúzia de fiéis desvairados, como um bando de energúmenos, havia invadido seu modesto mas precioso laboratório e destruído todos os seus aparelhos, ferramentas e utensílios."

**7.** Fonte: O 'Incrível' Padre Landell de Moura, 2ª ed., Rio de Janeiro, Biblioteca do Exército, 1984, p. 44.

**8.** Jornalista gaúcho, falecido em 1964, que ocupou, durante vários anos o cargo de secretário da Comissão Nacional da Unesco.

# O mapa da mina[9]

*B. Hamilton Almeida*[10]

"Por razões que poderiam ser tributadas a um lance de sorte, dezenas de velhos documentos pertencentes ao padre Landell de Moura ficaram ocultos de todos e de tudo até 1976, quando foram descobertos, ao acaso, por alguns de seus parentes. Por algumas décadas, certamente, os documentos passaram desapercebidos, dentro de uma casa, em Porto Alegre. Guilherme Landell de Moura, sobrinho do padre-cientista, colocou o material logo à disposição do pesquisador, que arregalou os olhos: de alegria pela descoberta; e de espanto: como decifrar tudo aquilo?

Começava um longo e paciente trabalho de investigação e de interpretação. Os desenhos e certos textos careciam de uma análise técnica acurada e uma comissão de estudiosos do Centro de Pesquisa e Desenvolvimento (CPqD) da Telebrás, em Campinas, foi formada para colaborar com o projeto histórico. (...) A tarefa foi árdua. Muitos dos desenhos eram rascunhos e não tinham indicações por escrito. Uns estavam incompletos, outros sequer lograram ser identificados.

Dentro das possibilidades, o material foi analisado. Um grupo de desenhos foi interpretado como "uma tentativa de se construir um registrador telegráfico, dada a uma série de peças mecânicas móveis e engenhosas."E se isto é verdadeiro – destacou o engenheiro Feris – "Padre Landell de Moura é o precursor do teletipo ou mesmo do controle remoto via rádio".

Na história oficial, o controle remoto pelo rádio tornou-se conhecido durante a Primeira Guerra Mundial. (...) Já o teletipo, a 'máquina de escrever a distância' foi somente inventada em 1928, pelo cientista norte-americano Morkrum Kleischmidt.

Na pior das hipóteses, considerando-se que padre Landell não tenha conseguido concretizar o seu teletipo, mas apenas idealizado o aparelho, ainda assim ele teria sido o seu precursor. (...)

Outros desenhos chamaram logo a atenção. Num, estava gravado: "The Telephorama ou A visão a distância." Data: 20 de agosto de 1904. – portanto, quando padre Landell ainda estava nos Estados Unidos. O material foi analisado pelos engenheiros da Telebrás, e mereceu um parecer técnico, com uma conclusão surpreendente: padre Landell foi um dos pioneiros no desenvolvimento da televisão.

De um conjunto de quatro desenhos em forma de rascunho, que contém algumas anotações, podemos concluir que o Padre Landell estava caminhando para um processo de transmissão e recepção de imagem, ou seja, a televisão".

**9.** Landell de Moura, Porto Alegre, Thê/RBS, 1984, p. 59-60.

**10.** Jornalista paulista. Era repórter do jornal gaúcho *Zero Hora* quando pesquisou a biografia do padre Landell de Moura.

# XIV

# APÊNDICE

# Jornal da Rede Alfredo de Carvalho, 2003/2004

## Bicentenário da imprensa brasileira em 2008[1] anima estudos históricos sobre a mídia

*Luís Guilherme Pontes Tavares*[2]

O Congresso Nacional de História da Mídia Brasileira é item já definido do programa comemorativo do bicentenário da imprensa no Brasil em 2008. Acontecerão antes cinco encontros anuais preparatórios do congresso, e o primeiro deles será no Rio de Janeiro, de 1º (Dia da Imprensa) a 3 de junho de 2003 – I Encontro Nacional da Rede Alfredo de Carvalho. A Rede, de âmbito nacional, foi criada em 5 de abril de 2001, com o objetivo de "preservar a memória e construir a história da mídia brasileira".

1. Professor de História do Jornalismo da FIB, coordenador do Nehib e representante da Rede Alfredo de Carvalho, na Bahia.

2. Jornal da Rede Alcar, nº 25. 13 de janeiro de 2003.

A Rede Alfredo de Carvalho (www.jornalismo.ufsc.br/redealcar) é mais uma iniciativa do professor doutor José Marques de Melo, presidente de honra da Intercom (Sociedade Brasileira de Estudos Interdisciplinares da Comunicação). Desde a fundação em abril de 2001, o professor tem mobilizado parceiros em todos os Estados brasileiros e obtido ampla adesão. Em Salvador, por exemplo, a Rede mantém parceria com o Núcleo de Estudos da História dos Impressos da Bahia – Nehib –, criado, em 14 de maio de 2001, para congregar e estimular estudiosos da história da mídia baiana. A propósito, a Bahia, além de festejar o 2008, comemorará, em 2011, o bicentenário imprensa local.

O nome do pesquisador pernambucano Alfredo de Carvalho (1870-1916) identifica a Rede por causa do seu pionerismo, no início do século XX, de inventariar os periódicos brasileiros a partir de 1808, tarefa que realizou como sócio do Instituto Histórico e Geográfico Brasileiro. O trabalho não foi concluído devido ao extravio de parte do material coletado. A Bahia, todavia, se beneficiou desse empreendimento porque Carvalho e o secretário do Instituto Geográfico e Histórico da Bahia, João Nepomuceno Torres, publicaram em 1911, ano do primeiro centenário da imprensa baiana, o livro *Annaes da Imprensa da Bahia*, que contém verbetes dos periódicos publicados na capital e no interior desde 1811 até 1910.

A expectativa da parceria Nehib/Rede Alfredo de Carvalho é que estudiosos da mídia baiana produzam trabalhos esclarecedores de modo a ampliar a pequena bibliografia sobre esse vasto tema. Há muitas questões aguardando resposta. Os esclarecimentos, por exemplo, dos pesquisadores Renato Berbert de Castro, do casal Cybelle e Marcelo de Ipanema, e de Maria Beatriz Nizza da Silva sobre a Tipografia de Manoel Antonio da Silva Serva, a primeira da Bahia, fundada por esse empresário português em 13 de maio de 1811, data do aniversário do príncipe regente dom João, são fundamentais e valiosos, mas o tema pode e deve ser reaberto para adensar as informações sobre a produção de prelos, tipos e papel na Salvador do início do XIX.

Há muitíssimo o que se pesquisar sobre a mídia baiana, de modo mais urgente sobre a imprensa, cujo tempo é mais longo, e assim relevar novidades ou esclarecer questões obscuras, dentre as quais chamo a atenção para o prelo *Alauzet*, existente em Cachoeira, que tem gravado no tinteiro o número 1736. Essa característica do equipamento tem gerado várias lendas. Uma delas é de que esse prelo foi utilizado na Revolução Francesa (1789). O grave nessa estória é que ela tem sido registrada em livro. É preciso provar que isso não é verdade, pois não existia no século XVIII prelo como o *Alauzet* que enriquece a história e o folclore cachoeiranos.

A Bahia, que conheceu a imprensa três anos após o Rio de Janeiro, então sede da corte portuguesa, deve programar um dos encontros nacionais da Rede Alfredo de Carvalho, quiçá o de 2004, para assim animar o quanto antes mais e mais pesquisadores a dedicarem atenção e energia ao sedutor trabalho de construir a história da mídia da Bahia e do Brasil.

## IHGSP resgata memória de Alfredo de Carvalho[3]

No último dia 25 de janeiro de 2003, data da fundação da cidade de São Paulo, o Instituto Histórico, a mais antiga instituição cultural do Estado, realizou sessão solene com a finalidade de empossar os novos membros eleitos.

Ratificou, na ocasião, a escolha dos patronos indicados pelos sócios ingressantes. O historiador pernambucano Alfredo de Carvalho, pioneiro dos estudos históricos sobre a imprensa nacional, é o patrono escolhido pelo Prof. Dr. José Marques de Melo, eleito em 23 de outubro de 2002.

Alfredo de Carvalho pertenceu originalmente ao quadro do Instituto Histórico e Geográfico Pernambucano, tendo sido acolhido como sócio correspondente do Instituto Histórico e Geográfico Brasileiro, em 1905, e do Instituto Histórico e Geográfico de São Paulo, em 1906. Responsável pelo inventário relativo ao primeiro centenário da imprensa brasileira (1808-1908), ele foi homenageado pela geração que completa o seu trabalho, cem anos depois, aglutinada em torno do movimento que adotou o seu nome como fator de inspiração intelectual – a Rede Alfredo de Carvalho para a Preservação da Memória e a Construção da História da Imprensa no Brasil.

3. Jornal da Rede Alcar, nº 26, 3 de fevereiro de 2003.

### Sangue novo

Ao dar início à sessão comemorativa do aniversário de São Paulo, a presidente do IHGSP, professora Nelly Martins Ferreira Candeias, anunciou o projeto destinado a celebrar os 450 anos de fundação da cidade, previsto para o início do próximo ano. Ela empossou 25 novos membros (21 titulares, 4 correspondentes e 1 honorário), dizendo que a intenção da atual diretoria é justamente injetar sangue novo no seu quadro social.

Na saudação oficial aos novos membros, o escritor Célio Debes explicou que o IHGSP estava acolhendo representantes da nova geração que vem trabalhando em distintos territórios da historiografia, no limiar do século XXI. Manifestou a esperança de que essa nova equipe contribua para resgatar a projeção outrora desfrutada pelo IHGSP na sociedade paulista.

O ponto culminante da solenidade foi a conferência proferida pelo professor Odilon Nogueira de Matos, o mais antigo membro em atividade do IHGSP, sob o título "Sinfonia Paulista." Ele fez um percurso crítico pela História de São Paulo, enunciando acontecimentos que deveriam ser tomados como paradigmáticos pelos educadores. Reivindicou a formação histórica dos jovens paulistas, de modo a compreender a essência da sociedade edificada pelos bandeirantes, antigos e contemporâneos.

### Fundadores e pioneiros

Desde a sua criação, a centenária instituição vem assumindo papel relevante na construção da identidade cultural paulista. Esse protagonismo é resultante da presença, entre os seus membros efetivos, de renomados intelectuais, autores de obras significativas da bibliografia nacional.

Fundada por figuras emblemáticas do século XIX como Alfredo Ellis, José Eduardo de Macedo Soares, José Maria Lisboa, Prudente de Morais, Ramos de Azevedo ou Teodoro Sampaio, registrou, na primeira metade do século XX, a participação de estudiosos do porte de Affonso Taunay, Clovis Bevilacqua, Euclides da Cunha, Fernando de Azevedo, Alcântara Machado, Julio de Mesquita Filho, Mário de Andrade, Orígenes Lessa, Roberto Simonsen ou Sérgio Milliet.

**Novas gerações**

Dentre os sócios mais destacados, no panorama brasileiro do final do século passado, incluem-se Alice Canabrava, Anita Novinsky, Aziz Ab'Saber, Erwin Theodor Rosenthal, Hernani Donato, José Sebastião Witter, Miguel Reale, Nicia Vilela Luz, Odilon Nogueira de Matos, Paulo Bonfim, Samuel Pfromm Neto.

A este contingente reúne-se a nova geração empossada no dia 25 de janeiro de 2003, constituída por insignes personalidades da vida cultural paulista, como por exemplo o jurista Octavio Bueno Magano, o ambientalista Paulo Nogueira Neto, o jornalista José Marques de Melo, o empresário Ruy Altenfelder Silva, a professora Vavy Pacheco Borges.

**Patrimônio cultural**

O Instituto Histórico e Geográfico de São Paulo foi fundado no dia 1 de novembro de 1894, reconhecido com entidade de utilidade pública pela Lei Estadual 508, de 17 de novembro de 1949, e pelo Decreto Federal 59.151, de 26 de agosto de 1966. A entidade vem tendo papel relevante na preservação da memória paulista, promovendo atividades de pesquisa, conferências, seminários e mantendo publicações para divulgar os trabalhos produzidos pelos associados.

Mantém, em sua sede própria, no Edifício Ernesto de Souza Campos, Rua Benjamin Constant, 158, situada na região central de São Paulo, um precioso acervo documental, constituído por biblioteca, hemeroteca, mapoteca e museu. Para visitas ou consultas, os interessados deve agendar previamente, pelo telefone: 11-3242-3582 ou 3242-8064.

## Grupo Paraibano de Pesquisa Jornalística formaliza adesão à RedeAlcar[4]

O Grupo de Pesquisa sobre o Cotidiano e o Jornalismo, coordenado pelo Prof. Dr. Wellington Pereira, vinculado ao Departamento de Comunicação da Universidade Federal da Paraíba, em João Pessoa, formaliza sua adesão à Rede Alfredo de Carvalho. Em junho, representantes do GRUPECJ estarão no Rio de Janeiro, participando do I Encontro da Rede Alcar, apresentando os resultados preliminares das pesquisas em desenvolvimento sobre o cotidiano dos jornalistas paraibanos.

4. Jornal da Rede Alcar, nº 28, 2 de abril de 2003.

## IHGB: Memória do Seminário Pereira da Costa[5]

Está circulando a edição n. 414, ano 163, da Revista do Instituto Histórico e Geográfico Brasileiro. Editado na Rio de Janeiro, o volume corresponde ao trimestre janeiro/março de 2002. Ela contém a memória do Seminário Pereira da Costa, realizado em 2001, por inspiração da RedeAlcar, para comemorar os 150 anos de nascimento do historiador pernambucano Fernando Augusto Pereira da Costa, um dos pioneiros da pesquisa nacional sobre a história da imprensa. O evento foi coordenado pela historiadora Cybelle Moreira de Ipanema, representante do IHGB e do IHG-RJ na Rede Alfredo de Carvalho. A revista enfeixa textos escritos por Cybelle Moreira de Ipanema, Luiz de Castro Souza e Miridan Britto Knox Falci.

Os interessados em adquirir o volume podem escrever para: revista IHGB,
email: ihgbpresidencia@unikey.com.br

5. Jornal da Rede Alcar, nº 28, 2 de abril de 2003.

## PUCMinas: Memória do Jornalismo Mineiro[6]

O Núcleo Mineiro da Rede Alfredo de Carvalho, liderado pela Profa. Dra. Sandra Freitas (PUCMinas) realizou nos dias 25 e 26 de março uma Oficina de Memória Oral, destinada a vinte pessoas – entre alunos e professores de jornalismo e história da PUC. O evento contou com o apoio dos jornais Estado de Minas, Hoje em Dia, Gazeta Mercantil, Rádio Itatiaia e Rádio Gerais, além do Centro de Memória da PUC, Prefeitura de BH e Sindicato dos Jornalistas. A coordenadora da oficina foi a professora Lucília de Almeida Neves – coordenadora do Mestrado em Ciências Sociais e professora especializada nessa área pelo Departamento de História da PUC.

No dia primeiro de abril a metodologia proposta na oficina foi testada, sob a forma de uma entrevista com o jornalista José Maria Rabelo criador e diretor do jornal *Binômio* que foi importante veículo de resistência nos anos 60. Nele estavam jornalistas como o nosso querido Guy de Almeida, José Maria Mayrink, Roberto Drumond dentre outros.

Os primeiros resultados dessas incursões pela memória do jornalismo mineiro serão relatos no Rio de Janeiro, durante o I Encontro Nacional da Rede Alfredo de Carvalho.

6. Jornal da Rede Alcar, nº 28, 2 de abril de 2003.

# Ufal: homenagem ao idealizador da Rede Alfredo de Carvalho[7]

*Bleine Oliveira*
(*Gazeta de Alagoas*, Maceió, 27/2/2003)

7. Jornal da Rede Alcar, nº 28, 2 de abril de 2003.

Reconhecido internacionalmente, e uma das referências da comunicação latino-americana, o alagoano José Marques de Melo foi homenageado, ontem, pela Universidade Federal de Alagoas (Ufal). Em solenidade no auditório da Reitoria, no Campus da Ufal, Marques de Melo recebeu o título de Doutor Honoris Causa, a maior honraria da comunidade acadêmica mundial.

Natural de Palmeira dos Índios, o professor-doutor José Marques de Melo fundou a Sociedade Brasileira de Estudos Interdisciplinares de Comunicação (Intercom), a mais importante instituição científica da área da Comunicação da América Latina, e implantou a Escola de Comunicação e Artes da Universidade de São Paulo (ECA/USP).

"O título é entregue ao professor Marques de Melo por sua história. Ele formou um escola, definiu rumos para a sociedade brasileira, deu efetiva contribuição à comunicação no País"- disse o reitor da Universidade Federal, professor Rogério Pinheiro. A proposta de outorga do título de Doutor Honoris Causa a José Marques de Melo foi apresentada pelo professor-doutor Aluísio Ferreira Silva, do Departamento de Comunicação, e aprovada por unanimidade dos votos do Conselho de Reitores da Ufal.

O homenageado demonstrou alegria ao receber a honraria. Ele disse que "para um intelectual é sempre prazeiroso ser reconhecido em sua terra."Um dos responsáveis pela criação do curso de Comunicação Social da Ufal, Marques de Melo afirmou ainda que está orgulhoso por fortalecer suas raízes com Alagoas e seu mundo acadêmico, o que o estimula a continuar prestando serviço ao ensino superior no Estado.

Nesse sentido, prometeu investir no resgate do "pensamento comunicacional alagoano, para que não continuemos perdendo o sentimento de nossas raízes."O reitor Rogério Pinheiro agradeceu a colaboração que Marques de Melo sempre deu à Ufal, ajudando direta ou indiretamente a qualificar seus professores, e disse acreditar que esta colaboração se tornará mais efetiva. A meta da Universidade Federal, disse Pinheiro, é ter mais doutores e, num futuro próximo, ter curso de mestrado e doutorado.

## História da mídia brasileira: Rede Alcar inicia mutirão nacional[8]

8. Jornal da Rede Alcar, nº 29, 3 de maio de 2003.

O comitê executivo da Rede Alfredo de Carvalho reuniu-se na manhã do dia 3 de abril, na Sala Barbosa Lima Sobrinho, sede da ABI – Associação Brasileira de Imprensa, no Rio de Janeiro. Os participantes da reunião foram recepcionados pela Presidente do Conselho Administrativo da associação, Jornalista Ana Arruda Callado.

Compareceram ao evento José Marques de Melo (Unesco/Umesp), Sonia Virginia Moreira (Intercom), Marialva Barbosa (Uff), Marco Morel (Uerj), Claudia Chaves (UniCarioca), Mirane Albuquerque (Minc), além dos seguintes convidados: Ana Paula Goulart (Uff), Anna Pimentel (UniCarioca) e Thiago Basto (Folha Dirigida). Justificaram suas ausências: Esther Bertoletti (Minc) e Cybelle de Ipanema (Ihgb).

A reunião teve a finalidade de ajustar o programa do I Encontro Nacional da Rede Alcar, previsto para a primeira semana de junho deste ano, tendo como tema central: "Mídia Brasileira – 2 Séculos de História".

### Preparativos para o encontro do Rio de Janeiro

O professor Marques de Melo destacou a grande receptividade que o evento vem despertando em todo o território nacional, o que se torna evidente pela recepção de meia centena de resumos de trabalhos que os historiadores/jornalistas pretendem apresentar nos Grupos de Trabalho constituídos para resgatar a memória da mídia brasileira. Lamentou a enfermidade da Professora Carmen Lúcia Pereira (UniCarioca), almejando que sua recuperação seja imediata, de modo a garantir sua colaboração na etapa final de organização do encontro.

Por sua vez, a Jornalista Ana Arruda Callado confirmou a parceria da ABL – Academia Brasileira de Letras ao evento, comunicando a designação do Escritor Alberto Venâncio Filho para coordenar o Painel "Jornalistas Imortalizados."Mencionou ainda a boa acolhida que o evento vem recebendo da diretoria da ABI, cujo presidente Fernando Segismundo tomará parte no Painel "Jornalistas Esquecidos".

A seguir, pronunciou-se a Jornalista/Historiadora Marialva Barbosa (Uff), ratificando a adesão da sua universidade ao encontro e comprometendo-se a distribuir a todos os participantes do encontro de junho a metodologia a ser recomendada para o inventário histórico da imprensa brasileira, nos séculos XIX e XX. O documento está em fase final de revisão, devendo ser ajustado para melhor orientar os integrantes dos Núcleos Regionais, Estaduais ou Locais que farão inventários segmentados.

O historiador Marco Morel (Uerj) confirmou a programação do Seminário "História e Imprensa: Representações Culturais e Práticas de Poder", a ser realizado na seqüência do encontro principal da Rede no campus da Uerj, no bairro do Maracanã. Disse que o Instituto de Filosofia e Ciências Humanas da universidade está buscando financiamento nas agências nacionais de fomento científico, mas a realização do seminário no campus depende do desenvolvimento da greve decretada pelos funcionários da Uerj, podendo ser cogitado outro local se persistir até junho o movimento paredista.

Finalmente, ouviu-se o relato da Professora Claudia Chaves (UniCarioca), que informou sobre a disposição da sua universidade em promover a edição de um CDRom, agrupando os textos das comunicações inscritas nos GTs, garantindo o acesso do conteúdo dos trabalhos a todos os participantes inscritos. Anunciou ainda as providências que estão sendo tomadas para assegurar a infra-estrutura do evento, inclusive alojamento dos participantes e traslado dos hotéis para os locais dos seminários programados.

A presidente da Intercom, Sonia Virginia Moreira, mostrou o entusiasmo da sua instituição em copatrocinar o I Encontro da RedeAlcar, informando que faria ampla difusão entre os sócios da entidade para incrementar adesões aos GTs de mídia sonora, visual, audiovisual e digital, que contam com menor volume de trabalhos inscritos.

O comitê ratificou por unanimidade a decisão previamente tomada pelo Coordenador Nacional do I Encontro da Rede Alcar, no sentido de ampliar para os dias 22 de abril e 12 de maio, respectivamente, os prazos de inscrição de resumos e textos completos, dos trabalhos destinados aos GTs de História Midiática.

**Próximos encontros**

No encerramento da reunião, o professor Marques de Melo informou que vem mantendo contatos com instituições que possam sediar os encontros preparatórios de 2004, 2005, 2006 e 2007, tendo em vista que o Congresso do Bicentenário da Mídia Brasileira deverá ser realizado na cidade do Rio de Janeiro.

Registrou as seguintes alternativas para os próximos encontros: Salvador (BA), Florianópolis (SC), Belo Horizonte (MG), Porto Alegre (RS), Taubaté (SP), a serem oportunamente confirmadas. A decisão do próximo encontro deverá ser tomada pela plenária da Rede, a se reunir no dia 1 de junho, no campus da UniCarioca.

A proposta mais concreta para 2004 provém da Universidade Federal de Santa Catarina, cujo Curso de Jornalismo completa 25 anos no próximo ano, pretendendo sua equipe dirigente celebrar em grande estilo a efeméride.

Recorde-se que a Cátedra Fenaj de Jornalismo da Ufsc foi historicamente uma das instituições que alavancou a Rede Alfredo de Carvalho, juntamente com a Cátedra Unesco de Comunicação da Universidade Metodista de São Paulo. O site oficial da RedeAlcar está hospedado na página de jornalismo –www.jornalismo.ufsc.br/redealcar- daquela universidade. Se as negociações prosseguem favoravelmente, é possível que os integrantes da Rede venham a se reunir novamente em Florianópolis, no próximo ano. Contudo, a decisão final sobre a sede 2004 será tomada pela plenária do Rio de Janeiro, que considerará as diferentes propostas feitas pelas instituições participantes.

## Núcleo de Florianópolis desvenda facetas do jornalismo catarinense[9]

O Núcleo da Rede Alcar em Santa Catarina, informa os avanços investigativos em desenvolvimento no Curso de Jornalismo da UFSC:

1. Dentro de projeto de disciplina optativa, cinco alunas iniciaram, sob orientação do prof. dr. Fran-

9. Jornal da Rede Alcar, nº 29, 3 de maio de 2003.

cisco Karam, o processo de pesquisa de dados, fotos, capas de jornais e personagens históricos da imprensa catarinense.

A acadêmica Andressa Braum está em busca de dados sobre a primeira mulher jornalista no Estado - disputa entre algumas raras presenças em redação; Sabrina Domingos faz levantamento sobre Crispim Mira, jornalista que no início do século passado já denunciava desmandos no Poder Público e acabou, por isso, assassinado dentro de redação em Florianópolis; Lilian Mann busca informações sobre os primeiros jornais em língua estrangeira aqui no Estado – houve vários, mas o primeiro, que circulou a partir de 1862, foi o Kolonie-Zeitung; e as estudantes Janine Tavares e Paula Scheidt Manoel fazem levantamentos sobre os jornais de maior durabilidade em fins do século 19 – p. ex. Regeneração e Despertador –, bem como buscam dados sobre os primeiros jornais de origem operária, trazidos pelos italianos.

Serão cinco reportagens-pesquisa baseadas nos conteúdos dos jornais, nas capas, nos ideais, nos fundadores , nos anúncios, em locais onde funcionavam.

2. O prof. Delmar Marques, na disciplina de Grande Reportagem em Vídeo, dividiu a turma em grupos. Um deles, formado pelas alunas Paula Medeiros, Camila Paschoal, Estephani Zavarize e Marcela Campos, projeta um vídeo sobre Gustavo de Lacerda, catarinense fundador da Associação Brasileira de Imprensa. Estão em busca de fontes e devem entrar em contato com o sr. bem como com dirigentes da ABI e outras fontes. Precisam ter contato com o acervo da ABI, consultar a Biblioteca Pública Nacional. Algumas delas , talvez duas, viajem ao RJ para obter dados, filmar, fazer entrevistas, etc.

Tais projetos e possíveis novas incursões investigtivas, especialmente as reportagens que escritas que estão em andamento, serão relatados pelo prof. Dr. Francisco Karam, na sessão dos articuladores da Rede, programada para o dia 1 de junho, no encontro agendado para a cidade do Rio de Janeiro.

## História da imprensa no Brasil: metodologia para o inventário 1808-2008[10]

*Marcos Morel*
(Departamento de História – Uerj – Universidade do Estado do Rio de Janeiro)

*Marialva Barbosa*
(Programa de Pós-Graduação em Comunicação – UFF – Universidade Federal Fluminense)

### Introdução

A proposta é recuperar a história da imprensa, durante 200 anos, tendo como foco diferencial de análise o século XIX e o século XX. Isto porque os materiais disponíveis para interpretação variam muito em função do momento em que foram produzidos.

Esta proposta metodológica apresenta, pois, duas fichas de análise, com as explicações referentes ao seu preenchimento, com adaptações no que diz respeito à coleta de dados do século XIX e a do século XX.

### Princípios norteadores

A idéia central é recuperar a história dos impressos a partir dos espaços sociais considerados. Falar de um veículo de uma determinada época é, obrigatoriamente, se referir à cidade no qual estava inserido, as relações sociais e culturais determinantes nesta cidade. É importante perceber a dinâmica do veículo em relação a uma dinâmica social mais ampla.

Cada grupo deverá trabalhar, portanto, com períodos e/ou veículos de comunicação impressos (jornais e revistas) num dado espaço cultural. Por exemplo: A imprensa de Manaus no século XIX ou os jornais fluminenses do século XIX (exceto Capital).

O que se propõe é, portanto, conseguir fazer um inventário o mais vasto possível da história da mídia impressa brasileira nos séculos XIX e XX.

### Uma determinada visão de história

Na tradicional historiografia identificada como historicista, a imprensa aparecia em geral como fonte privilegiada na medida em que era vista como portadora dos "fatos" e da "verdade."Em seguida, com

10. Jornal da Rede Alcar, nº 30, 1º de junho de 2003.

a renovação dos estudos históricos e a ênfase numa abordagem que privilegiava o sócio-econômico, a imprensa passou a ser relegada à condição subalterna, pois seria apenas "reflexo" superficial de idéias que, por sua vez, eram subordinadas estritamente por uma infra-estrutura sócio-econômica. E a subseqüente renovação historiográfica, com destaque às abordagens políticas e culturais, redimensionou a importância da imprensa, que passa a ser considerada como fonte documental (na medida em que expressa discursos e expressões de protagonistas) e também como agente histórico que intervém nos processos e episódios, não mero "reflexo".

Dentro do recorte cronológico definido, trata-se então de trabalhar as relações entre os estudos históricos e a imprensa destacando dois eixos principais. De um lado as discussões teóricas e definições metodológicas do trabalho do historiador diante da imprensa e, de outro, a construção de histórias da imprensa para o período no Brasil. As referências teóricas situam-se no campo da chamada Revolução Imprensa, isto é, os estudos sobre a imprensa na Revolução Francesa moldados pela nova história cultural (Darnton e Roche), as perspectivas da historiografia da América hispânica (Guerra, Ossandón e Gargurevich) e uma leitura crítica dos textos clássicos na historiografia brasileira sobre imprensa (Sodré, Rizzini e Lima Sobrinho) servirão de fundamento para leitura e análise de jornais e revistas do século XIX e XX. Levando-se também em conta abordagens mais recentes sobre a história da imprensa no Brasil (Melo, Capelato, Morel, Barbosa etc.).

A partir das premissas e abordagens da história cultural sobre a imprensa e levando em conta a especificidades dos veículos impressos do século XIX e XX, foi elaborada a proposta metodológica que se traduz nos tópicos abaixo.

Assim, cada periódico terá este modelo de ficha que será passado para o computador no *software* de base de dados File Maker Pro, que permite a fácil manipulação das informações contidas nas fichas.

## MODELO DE FICHA

*(Ver instruções para preenchimento)*

### I - DADOS GERAIS

| | |
|---|---|
| Título do periódico | |
| Período de análise | |
| Acervo onde foi localizado | |
| Forma de conservação<br>·Papel<br>·Microfilme | |
| Referência bibliográfica | |

### II - ASPECTOS GRÁFICOS

| | |
|---|---|
| Formato (em centímetro) | |
| Número de páginas<br>·No primeiro número<br>·Nas edições subseqüentes (amostragem) | |
| SUPLEMENTOS | |
| CADERNOS | |

### III - LOCALIZAÇÃO

| | |
|---|---|
| LOCAL(IS) DE IMPRESSÃO (Endereço)<br>·Nome livraria, tipografia, loja<br>Venda avulsa? | |

| DISTRIBUIDOR<br>Nome do distribuidor | |
|---|---|

## IV - PERIODICIDADE

| | |
|---|---|
| Primeiro número (dia, mês e ano) | |
| Último número (dia, mês e ano) | |
| Período de publicação<br>(indicar interrupções) | |
| Periodicidade | |
| Total de edições anuais | |

## V - COMERCIALIZAÇÃO

| | |
|---|---|
| Publicidade<br>(Há publicidade? Sim ou não) | |
| Preço de venda | |
| Tiragem (declarada nas edições) | |
| Outras fontes de financiamento<br>·Apoio privado<br>·Apoio público | |

## VI - ASPECTOS EDITORIAIS GERAIS

| | |
|---|---|
| Principais seções | |
| Principais editorias | |
| Há seções de cartas?<br>Nome desta seção | |
| Publica fotografias? | |
| Tipologia de notícia mais freqüente<br>(política, econômica, policial etc.) | |
| Tipologia dos textos publicados (notícias, crônicas, comentários, folhetim etc.) | |
| Eventos históricos (episódios históricos veiculados com destaque) | |

## VII - ASPECTOS EDITORIAIS DA PRIMEIRA PÁGINA

| | |
|---|---|
| Edita manchetes?<br>Formato (corpo, submanchete) | |
| Edita fotografias? | |
| Edita outro tipo de imagem<br>·Desenho<br>·Charges<br>·Litogravuras | |
| Logotipo do periódico<br>Possui logotipo? Sim ou não? | |

| | |
|---|---|
| Slogan<br>Publica um slogan ou lema?<br>Qual? | |
| Edita chamadas? | |
| Matérias da primeira página continuam nas páginas interiores? | |

### VIII - OS JORNALISTAS (indique os nomes quando for o caso)

| | |
|---|---|
| Proprietário (s) | |
| Diretor (es) | |
| Redator-chefe | |
| Editores | |
| Principais colaboradores | |
| Redatores/repórteres | |

### IX - CONCLUSÕES

| | |
|---|---|
| OBSERVAÇÕES GERAIS<br>Referências sintéticas relevantes para a história do veículo | |
| VÍNCULOS INSTITUCIONAIS EXPLÍCITOS<br>O veículo está ligado a determinada instituição ou se vinculava politicamente a algum grupo? | |

## Instruções para preenchimento da ficha:

Siga as instruções abaixo para o preenchimento da ficha de pesquisa.

**Item I - Dados Gerais**

Neste item há cinco campos a serem preenchidos. Todos referem-se a aspectos gerais do periódico (jornal ou revista) a ser pesquisado.

Preencha o título completo do periódico, inclusive o subtítulo (se houver).

Detalhe o período a que se refere à pesquisa. Por exemplo: janeiro de 1880 a março de 1990.

Informe o acervo onde fez a pesquisa, isto é, onde localizou o periódico.

Em seguida, esclareça o tipo de arquivo encontrado, se papel ou microfilmes. E, por último, indique a referência bibliográfica, isto é, sob que código estava arquivado.

**Item II - Aspectos Gráficos**

Neste item foram privilegiadas as informações referentes aos aspectos gráficos da publicação. Interessa saber:

a) O formato da publicação que deverá ser, quando possível, expresso em centimetragem/coluna;

b) Quando não for possível identificar, em função da conservação (microfilmes), pode ser especificado o formato de maneira mais genérica (standard, tablóide, etc.);

c) Indique o número de páginas da publicação, no primeiro número. Faça também uma amostragem (uma edição a cada seis meses ou um ano) indicando o número de páginas que a publicação passa a ter nas edições posteriores;

d) Informe os suplementos existentes e os cadernos editados. É importante indicar o nome dos suplementos e dos cadernos. Caso haja edições comemorativas, também faça essa referência.

**Item III - Localização**

É necessário o fornecimento de três eixos de informação:

a) Local de impressão. Indique onde o periódico era impresso (endereço) e o nome da tipografia ou gráfica responsável pela edição;

b) Alguns periódicos informam também onde podiam ser encontrados, ou seja, onde eram vendidos; Informe assim o nome das livrarias, tipografias, lojas e o endereço desses locais, se for o caso;

c) E, por último, indique se o periódico era vendido avulso, isto é, em bancas ou através de pequenos jornaleiros;

d) Caso exista indicação do nome do distribuidor também forneça essa informação.

**Item IV - Periodicidade**

Em relação a este item é importante saber:

a) Dia, mês e ano do aparecimento da publicação;

b) Dia, mês e ano do último número da publicação;

c) O período em que o periódico foi publicado (por exemplo de 8 de abril de 1891 a 7 de julho de 1998). Se nesse período houve interrupções indique-as, informando as razões, quando for possível;

d) Qual era a periodicidade do veículo (diária, semanal, etc.) e se esta era fixa ou se havia ausência de periodicidade;

e) Quantifique as edições por ano.

**Item V - Comercialização**

Neste item é importante responder as questões que revelam as formas de subsistência dos periódicos, ou seja, de onde vinham as suas fontes de renda;

a) Havia publicidade?

b) Qual era o preço de capa da publicação? Quais as mudanças ao longo do período analisado?

c) Qual era a tiragem declarada nas edições?

d) O periódico possuía outras fontes de financiamento? Quais (exemplo: subvenções oficiais, matérias pagas etc.)

**Item VI - Aspectos editoriais gerais**

a) Quais eram as principais seções dos periódicos (se for o caso)?

b) Tinha editorias? Quais eram as principais?

c) Havia seção de cartas? Que nome possuía essa seção?

d) Publicava fotografias?

e) A maioria das publicações destaca um tipo de notícia (política, policial, econômica etc.), na publicação analisada qual era o tipo de notícia que aparecia com maior freqüência (se for o caso)?

f) Que tipo de textos publicavam? Opinativos (artigos de fundo, editoriais, críticas, crônicas etc.), Informativo (notícias, notas, grandes reportagens, etc.), Entretenimento (folhetins, contos etc.).

g) Episódios relatados com destaque (de caráter local/nacional/internacional). Quais dentre esses eventos nos quais o próprio periódico esteve envolvido?

**Item VII - Aspectos editoriais da primeira página**

Este item permite uma descrição sucinta da primeira página. A idéia é identificar como era editada esta primeira página:

a) O periódico editava manchetes? De que forma, isto é, qual era o corpo utilizado (48, 64 etc.). editava submanchetes?

b) Editava fotografia ou outro tipo de imagem em sua primeira página. Quais? Charges, desenhos, litogravuras?

c) Aparece na primeira página o logotipo da publicação? Descreva-o sucintamente.

d) Aparece na primeira página um slogan ou lema do periódico (exemplo: um jornal que vale pela verdade). Qual era esse *slogan*?

e) O periódico editava chamadas ou na primeira página aparecem matérias que continuam nas páginas interiores?

**Item VIII - Os jornalistas**

Este item objetiva mapear os jornalistas que aparecem nomeados na própria publicação. Assim:

a) Indique o nome do proprietário (s).

b) Quem eram os diretores. Indique os nomes?

c) Quem aparece como redator chefe? Informe as mudanças (se for o caso)

d) Quem são os editores (se for o caso)?

e) Quem eram os principais colaboradores? Indique os nomes.

f) Aparece nome de algum redator ou repórter? Se for o caso, indique.

**Item IX - Conclusões**

Por fim, acrescente outras informações – de maneira sintética – que julgar relevante para a história do veículo e que não estejam respondidas no item anterior. Um exemplo deste tipo de informação é o vínculo institucional explícito do periódico, isto é, aparece na publicação a vinculação política do periódico a algum grupo?

**Bibliografia básica**


ABREU, Márcia (org.). Leitura, história e história da leitura. Campinas: Mercado das Letras – Associação de Leitura do Brasil, 1999.

BARBOSA, Marialva. Os donos do Rio – Imprensa, poder e público (1880-1920). Rio de Janeiro: Vício de Leitura, 2000.

BELLANGER, Claude (org.). Historia générale de la presse française, 2 t. Paris : PUF, 1969.

CAPELATO, Maria Helena R. Imprensa e História no Brasil. São Paulo: Contexto/Edusp, 1988.

CERTEAU, M. A escrita da história. Rio de Janeiro: Forense, 1982

CERTEAU, M. A invenção do quotidiano. Artes de fazer. Petrópolis: Vozes, 1996.

CHARTIER, Roger. A história cultural: entre práticas e representações. Lisboa: Difel, 1991

DARNTON, R e ROCHE, D. (org.). Revolução Impressa – a imprensa na França 1775-1800. São Paulo: Edusp, 1996

DARNTON, R. O beijo de *Lamourette* – mídia, cultura e revolução. São Paulo: Cia. Das Letras, 1995.

GARGUREVICH., Juan. Historia de la prensa peruana 1594-1990. Lima: La Voz, 1991.

GUERRA, François-Xavier (org.). Los espacios públicos en Iberoamerica. Ambigüedades y problemas. Siglos XVIII-XIX. México: Fondo de Cultura Económica, 1998.

IPANEMA, Marcelo de & IPANEMA, Cybelle de. Estabelecimento da tipografia e origens do jornalismo no Brasil. In Revista Brasileira de Comunicação. Brasília: março e junho de 1968.

MELO, José Marques de. Sociologia da imprensa brasileira. A implantação. Petrópolis: Vozes, 1973.. A edição revista desta obra está contida no livro História Social da Imprensa, Porto Alegre, Editora da PUCRS, 2003

NEVES, Lucia M. B. Pereira das & MOREL, Marco (coord.). História e Imprensa – homenagem a Barbosa Lima Sobrinho – 100 anos. Anais do Colóquio. Rio de Janeiro: CCS/UERJ, 1998.

OSSANDON, Carlos B. El crepúsculo de los sabios y la irrupción de los publicistas. Santiago: Universidad Arcis, 1998.

RIBEIRO, Ana Paula Goulart. Imprensa e história no Rio de Janeiro dos anos 50. Tese de doutorado. Rio de Janeiro – ECO-UFRJ, 2000.

RIZZINI, Carlos. O livro, o jornal e a tipografia no Brasil. Rio de Janeiro: Kosmos, 1945.

SCHWARCZ, Lilia M. Retrato em banco e negro. Jornais, escravos e cidadãos em São Paulo no final do século XIX. São Paulo: Cia das Letras, 1987.

SIQUEIRA, Carla. Sexo, Crime e Sindicato: Sensacionalismo e populismo nos jornais Última Hora, O Dia e Luta Democrática no segundo governo Vargas (1951-1954). Tese de Doutorado em História. PUCRJ, 2002.

SOBRINHO, Barbosa Lima. O problema da imprensa. Rio de Janeiro: Álvaro Pinto, 1923

SODRÉ, Nelson Werneck. História da imprensa no Brasil. Rio de Janeiro: Graal, 1978.


## Rede Alcar nos 125 anos do jornal "O Fluminense"[11]

O Instituto Histórico de Niterói comemorou, no último dia 3 de maio, os 125 anos de fundação do jornal "O Fluminense", contando com o apoio e a participação de inúmeras instituições locais. A oração referencial da efeméride foi proferida pela profa. dra. Cybelle de Ipanema, sociofundadora e integrante do comitê nacional da Rede Alfredo de Carvalho.

11. Jornal da Rede Alcar, nº 30, 1º de junho de 2003.

## Rio de Janeiro sedia encontro nacional da Rede Alcar[12]

12. Jornal da Rede Alcar, nº 30, 1º de junho de 2003.

O I Encontro Nacional da Rede Alfredo de Carvallho, mutirão intelectual destinado a resgatar a memória midiática brasileira, realiza-se na cidade do Rio de Janeiro, a partir de domingo, 1º de junho (Dia Nacional da Imprensa). O evento foi planejado e estruturado sob a direção do Prof. Dr. José Marques de Melo, titular da Cátedra Unesco/umesp e idelizador da Rede Alcar, contando com a participação de Ana Arruda Callado (ABI), Marco Morel (Uerj), Marialva Barbosa (UFF), Esther Bertoletti (Minc) e Claudia Chaves (UniCarioca).

Participa do evento uma centena de pesquisadores provenientes de quase todos os Estados brasileiros, convocados para discutir o tema "Mídia Brasileira: 2 séculos de História". Cerca de 72 trabalhos foram inscritos distribuídos em 6 GTs – Grupos de Trabalho – assim constituíduos: Mídida Impressa – 21 comunicações (coordenado por Marialva Barbosa – UFF), Mídia Sonoro – 6 comunicações (coordenado por Sonia Virginia Moreira - Uerj), Mídia Visual – 12 comunicações (coordenado por Sonia Bibe Luyten – UniSantos), Mídia Audiovisual – 14 comunicações (coordenado por Marlene Blois – UniCarioca), Mídia Digital – 1 comunicação (coordenado por Antonio Brasil - Uerj) e Mídia Persuasiva - 18 comunicações (coordenado por Adolpho Queiroz – Umesp).

Além das comunicações científicas que serão apresentadas e debatidas na tarde do dia 1/6, no câmpus da UniCarioca, haverá um Colóuio de abertura, dedicado a inventariar as ações até agora desenvolvidas pelos núcleos regionais da Rede Alcar. Participam dessa atividade: Esther Bertoletti (Rio de Janeiro), Marialva Barbosa (Niterói), Luis Guilherme Pontes Tavares (Bahia), Francisco Karam (Santa Catarina), Juçara Brittes (Espírito Santo), Sandra Freitas (Minas Gerais), José Marques de Melo (São Paulo).

No encerramento do primeiro dia haverá uma sessão coletiva de autógrafos, durante a qual lançarão livros os seguintes escritores/editores: Agata Messina – Cadernos da Comunicação: Memória e Estudos (Secretaria Especial de Comunicação, Prefeitura da Cidade do Rio de Janeiro – RJ), Ana Arruda Callado – Jenny, Amazona, Valquíria e Vitoria-Régia (DL Brasil, Rio de Janeiro – RJ), Adolpho Queiroz e Dennis de Oliveira – Jornais Centenários de São Paulo (Degaspari, Piracicaba – SP), Antonio F. Costella – Breve História Ilustrada da Gravura (Editora Mantiqueira, Campos do Jordão - SP), José Marques de Melo - História do Pensamento Comunicacional (Editora Paulus, São Paulo - SP) e Jornalismo Opinativo: Gêneros Opinativos no Jornalismo Brasileiro (Editora Mantiqueira, Campos do Jordão - SP), Marialva Barbosa – Os donos do Rio: imprensa, poder e público (Vício de Leitura, Rio de Janeiro – RJ), Marco Morel – Cipriano Barata na Sentinela da Liberdade (Academia de Letras da Bahia, Salvador – BA), Marcos Matos – E o cinema invadiu Athenas – A história do cinema ambulante em São Luis (Prefeitura Municipal de São Luis, São Luis – MA), Osmar Mendes Júnior – O Despertar da TV – Memórias de um Telespectador Pioneiro (Scortecci, São Paulo – SP) e Sonia Virgínia Moreira – Rádio em transição (Mil Palavras, Rio de Janeiro – RJ).

Na dia 2 (segunda-feira), está previsto o Simpósio "Resgatando a Memória da Imprensa", coordenado por Ana Arruda Callado, com duas sessões: Manhã – sede da ABI – Associação Brasileira de Imprensa: Jornalistas Esquecidos – Sala Belisário de Souza – dedicada aos jornalistas Antonio Borges da Fonseca (Milton Coelho da Graça), J. E. de Macedo Soares, (Fernando Segismundo) e Luís Carlos de Morais Sarmento (José Argollo). Tarde: sede da ABL – Academia Brasileira de Letras – Sala José de Alencar, dedicada aos Imortais Jornalistas Hipólito José da Costa, Joaquim Serra e Austregésilo de Athayde, moderada por Alberto Venancio Filho.

Na noite do dia 2, inicia-se no câmpus da Uerj, extendendo-e até o dia 5 de junho, o evento que encerra com chave de ouro o I Encontro Nacional da Rede Alcar – História e Imprensa "Representações culturais e práticas de poder", coordenado por Lucia Maria Bastos Pereira das Neves, Tânia Maria Tavares Bessone da Cruz Ferreira e Marco Morel.

A Rede Alcar realiza na manhã do dia 1 de junho sua plenária nacional para avaliar as acões até agora desenvolvidas, bem como aprovar a proposta da Cátedra Fenaj de Jornalismo, que pretende sediar o II Encontro Nacional, a se realizar em abril de 2004, sob a coordenação de Francisco José Karam (UFSC), na cidade de Florianópolis, contando com o apoio institucional da Universidade Federal de Santa Catarina. O próximo encontro será dedicado ao tema: História do Ensino de Jornalismo e das Profissões Midiáticas no Brasil.

A programação completa do I Encontro da Rede Alcar está disponível na página da Cátedra Unesco -www.metodista.br/Unesco

## Encontro histórico no Rio de Janeiro[13]

*Osmar Mendes (São Paulo)*

A cidade do Rio de Janeiro viveu um dia histórico, no domingo primeiro de junho de 2003, com o início dos trabalhos promovidos pela Rede Alfredo de Carvalho para a Preservação da Memória e a Construção da História da Imprensa no Brasil. Logo pela manhã, o campus da UniCarioca, na avenida Paulo de Frontin, no bairro do Rio Comprido, foi tomado por um ruidoso grupo de congressistas, formado por profissionais e estudantes vindos de todo o País. Ali estavam representantes dos estados do Rio Grande do Sul, Paraná, Mato Grosso do Sul, São Paulo, Minas Gerais, Pernambuco e de outras regiões brasileiras, todos interessados em colaborar firmemente para o sucesso do evento.

13. Jornal da Rede Alcar, nº 31, 1º de julho de 2003.

Os trabalhos foram abertos por Ana Arruda Callado e Cláudia Chaves, que introduziram para a interessada platéia o professor doutor José Marques de Melo que, com palavras brilhantes e otimistas, reforçou mais uma vez a importância do resgate da memória da história da imprensa nacional. O professor Marques, num breve relato, traçou um histórico de tudo o que se tem feito no gênero em território nacional e conclamou empenho de velhos e novos pesquisadores para que o objetivo seja alcançado no menor tempo possível.

O I Encontro Nacional da Rede Alfredo de Carvalho teve como parceiros promocionais a ABI, a ABL, a Abecom, a Intercom, a UERJ, a UFF e a UniCarioca. A Prefeitura da Cidade do Rio de Janeiro entrou com apoio cultural. A Comissão organizadora foi formada por Ana Arruda Callado, Cláudia Chaves, Ester Bertoletti, José Marques de Melo e Sonia Virgínia Moreira. Fizeram parte do Comitê Acadêmico: Carmen Lúcia Pereira, Denilson Botelho, Marialva Barbosa, Marco Morel, Lúcia Maria Bastos e Tânia Bessone.

Após uma explanação sobre o "Inventário e Articulação dos projetos desenvolvidos pelos grupos integrantes da RedeAlcar", houve um intervalo de uma hora para o almoço. No retorno, a platéia foi dividida em grupos de estudos, cada qual ocupando uma sala determinada nas instalações da Unicarioca. Dos 75 trabalhos inscritos, houve a apresentação de 52 pelos respectivos autores. Seis temas foram amplamente discutidos: História da Mídia Impressa (Jornal, Revista, Livro); História da Mídia Sonora (Rádio, Disco); História da Mídia Visual (Fotografia, HQ, Cartazes); História da Mídia Audiovisual (Cinema, Televisão); História da Mídia Digital (Web e NTCs) e História da Mídia Persuasiva (Publicidade, RP).

No Grupo da Mídia Audiovisual, foram apresentados trabalhos que despertaram o interesse da platéia e geraram debates calorosos. Entre os participantes estava a professora doutora Ruth Vianna, docente da UFMS atualmente participando de programa de pós-doutorado na Universidade de São Paulo, que mostrou uma parte de sua tese de doutorado, versando sobre o telejornalismo brasileiro. Os trabalhos se prolongaram até às dezenove horas e trinta minutos, quando foram encerrados. Um coquetel reuniu os participantes no saguão principal da UniCarioca, onde acontecia também o lançamentos de alguns livros. Entre eles, "..E o Cinema Invadiu Athenas", de Marcos Fábio Belo Matos, de São Luís, Maranhão, que retrata a história do cinema ambulante na cidade, e "O Despertar da TV – Memórias de um telespectador pioneiro", de Osmar Mendes Júnior, de São Paulo, que resgata os 22 anos em que a televisão brasileira, especialmente a paulista, só transmitia imagens em preto e branco.

Na segunda-feira, dia 2, houve o Simpósio "Resgatando a Memória da Imprensa", na tradicional sede da ABI – Associação Brasileira de Imprensa, na rua Araújo Porto Alegre, na Cinelândia carioca. Os trabalhos foram abertos por Ana Arruda Callado, que introduziu para a platéia o presidente da ABI, Fernando Sigismundo. O jornalista Milton Coelho da Graça foi o moderador do Painel I , que teve como tema os "Jornalistas Esquecidos."

A julgar pelos resultados e repercussão dos dois primeiros dias, ficou claro que esse é um tipo de evento que só tende a crescer nas próximas edições. O I Encontro Nacional da Rede Alfredo de Carvalho previa, ainda, para a tarde do dia 2 atividades na UniCarioca, com a participação de imortais da ABL – Academia Brasileira de Letras e, à noite, na Uerj – Universidade do Estado do Rio de Janeiro. Nos dias 3 e 4, os trabalhos teriam prosseguimento na Uerj.

## História, imprensa e representações culturais[14]

O Seminário "História e imprensa: representações culturais e práticas de poder", realizado na Universidade do Estado do Rio de Janeiro (Uerj) entre 2 e 5 de junho, como parte do I Encontro Nacional da Rede Alfredo de Carvalho, contou com a apresentação de trabalhos de 60 pesquisadores, que analisa-

14. Jornal da Rede Alcar, nº 31, 1º de julho de 2003.

ram aspectos da história da imprensa no Brasil nos séculos XIX e XX. Compareceram especialistas de universidades (UFF, UFRJ, PUC e Uerj) e centros de pesquisa (Casa Rui Barbosa e CPDOC/FGV) do Rio de Janeiro, além de convidados de São Paulo, Minas Gerais, Pernambuco e Rio Grande do Sul.

## Pesadelos e sonhos às vésperas do bicentenário da imprensa no Brasil[15]

*Luis Guilherme Pontes Tavares*

15. Jornal da Rede Alcar, nº 31, 1º de julho de 2003.

Este breve relato tratará de pesadelos e sonhos. O primeiro pesadelo foi com *As Variedades ou Ensaios de Literatura*. Não encontrei o exemplar que serviria de original para a edição fac-símile que o Conselho Estadual de Cultura da Bahia anunciou há cerca de 30 anos. Essa foi a primeira revista literária do Brasil, impressa na tipografia de Manoel Antonio da Silva Serva nos primeiros meses de 1812 e editada por Diogo Soares da Silva Bivar, ambos portugueses.

Sobre o pionerismo desse título baiano não há o que contestar no capítulo "A primeira revista brasileira (1812)" com o qual o professor Hélio Viana inicia sua valiosa *Contribuição à história da imprensa brasileira*. Tampouco encontrei exemplar da edição fac-similar. Tive notícia, porém, dessa iniciativa em nota ao pé da página 126 do livro da professora Maria Beatriz Nizza da Silva – *A primeira gazeta da Bahia: Idade d'Ouro do Brasil* – e nos artigos que o professor Antonio Loureiro de Souza publicou e, 1972 e 1978 na *Universitas* e no *Jornal da Bahia*. Desconfio que o original desapareceu. Não retornou ao Instituto Geográfico e Histórico da Bahia, a que pertencia, e não permaneceu no Conselho Estadual de Cultura, ao qual teria emprestado para edição fac-similar. Não há outro, por exemplo, na seção de obras raras da Biblioteca Pública do Estado da Bahia. Encontrei na biblioteca da Fundação Clemente Mariani um exemplar que me deu a impressão de reunir páginas de um original e páginas fotocopiadas. A mancha está meio esmaecida, mas permite a leitura. No entanto aquele papel em que foi impressa não parece ser do início do século XIX. Em resumo: o fato é que a edição anunciada há cerca de 30 anos terá que ser feita um dia para que muitos conheçam os três únicos números dessa primeira revista literária brasileira.

Eis o primeiro pesadelo. Há outro.

Há três anos tento de várias maneiras chamar a atenção de autoridades e intelectuais para a lamentável situação da biblioteca da Associação dos Empregados do Comércio do Estado da Bahia, instituição do início do século XX que ocupa o amplo sobrado que faz fronteira, de ponta a ponta, com a Rua Tira Chapéu, no centro de Salvador. Ali apodrecem – ao exagero no verbo, peço desculpas – cerca de 10 mil volumes de livros e periódicos de origens portuguesa, francesa e brasileira, datados, sobretudo, do século XIX mas que alcançam a primeira metade do século XX. Já conversei sobre o assunto com inúmeras pessoas de órgãos públicos e de instituições privadas, gente de Salvador, gente do Rio, gente de São Paulo, gente de Lisboa... e nada. Temo que o acervo acabe adquirido por algum sebo por preço indecente e negociado depois por uma fortuna.

Os pesadelos me atormentam. Vou afastá-los com sonhos.

Lembro das atividades de 2001 em Salvador que marcaram a instalação da Rede Alfredo de Carvalho na Bahia. Graças a aquiescência dos professores José Marques de Melo, Cybelle de Ipanema e Esther Caldas Bertelotti e o apoio fundamental da diretora do Arquivo Público do Estado da Bahia naquele instante, a historiadora Anna Amélia Vieira Nascimento, foi possível realizar no período de 25 a 27 de abril o ciclo de conferências "Avaliando a imprensa brasileira nos 190 anos da primeira tipografia da Bahia."No dia 25, a professora Cybelle de Ipanema falou sobre "O empresário Manuel Antonio da Silva Serva e a implantação da tipografia na Bahia"; no dia 26, o professor Marques de Melo falou sobre "A construção da memória dos 200 anos da imprensa brasileira: o pragmatismo utópico da Rede Alfredo de Carvalho" e, no dia 27, fechando o ciclo, a professora Esther Bertoletti falou sobre "Preservação de memória da imprensa."O evento, realizado na Quinta dos Padres, o belo imóvel do século XVIII que sedia o Arquivo Público, reuniu professores, pesquisadores e estudantes. Essas palestras foram publicadas no início de 2002 no volume *Rumo ao bicentenário da imprensa brasileira*, patrocinado pela Editora da Universidade Federal da Bahia (Edufba). O conteúdo dessa publicação está no *site* da Rede Alfredo de Carvalho (www.jornalismo.ufsc.br/redelcar) e é permitido fazer *download* do arquivo em pdf.

Além de participarem do ciclo de palestra, os professores José Marques de Melo e Esther Bertoletti, na tarde do dia 28, na sede do Conselho Estadual de Cultura, explicaram os objetivos da Rede Alfredo de

Carvalho e instalaram sua representação na Bahia, numa animada sessão de que participaram, dentre outros, a presidente do Instituto Geográfico e Histórico da Bahia, professora Consuelo Pondé de Sena, o professor Cid Teixeira e o pesquisador Nelson Varón Cadena.

Dias depois, em 14 de maio, quando se comemora o aniversário da Imprensa na Bahia, a representação local da Rede Alfredo de Carvalho compareceu à Associação Baiana de Imprensa para anunciar a criação do Núcleo de Estudos da História da Imprensa da Bahia – Nehib. O pequeno grupo de pesquisadores – Kátia Carvalho, Nelson Varón Cadena e Luis Guilherme Pontes Tavares – entregou ao vice-presidente da entidade, publicitário Jorge Randan, o projeto com os objetivos do Núcleo.

Desde então o Nehib procura parceiros e adesões. Nutrimos a esperança de que a Universidade Federal da Bahia nos apoiasse, através do Instituto de Ciência da Informação – ICI. Mas isso não aconteceu, apesar da boa vontade do vice-reitor Othon Jambeiro. Adiante procuramos o apoio da Redecom – a rede de escolas de comunicação da Bahia – porém essa desde o final de 2002 caminha para a extinção.

O Nehib pretende buscar parceiros para levantar as fontes de estudo da história da imprensa da Bahia; inventariar as tipografias baianas do século XIX e respectivas publicações; elaborar o perfil dos jornalistas mais notáveis; levantar a iconografia dessa história; publicar obras fac-similares, segundas edições e obras inéditas; constituir banco de dados com todas essas informações e manter página na internet. Tudo isso é sonho realizável.

Foi também em 2001, que se utilizou na Bahia, pela primeira vez, o selo da Rede Alfredo de Carvalho, redesenhado em Salvador por uma *designer* da Edufba. Foi no livro do professor Marco Morel, da Uerj, *Cipriano Barata na Sentinela da Liberdade*, que é, segundo avaliação de Luís Henrique Dias Tavares, o estudo mais completo sobre o jornalista baiano que se notabilizou pela incansável luta em favor da independência do Brasil. Esse livro foi publicado sob o patrocínio do convênio da Assembléia Legislativa do Estado da Bahia com a Academia de Letras da Bahia. Firmado em 1998, esse convênio permitiu a edição de oito livros, três dos quais afins com a história da imprensa baiana. Os outros dois foram *A Comunicação Social na Revolução dos Alfaiates*, do jornalista Florisvaldo Mattos, e *A Bahia de outr'ora, agora*, da professora Angeluccia Bernardes Habert, baseado na coleção da revista *Artes & Artistas*, que circulou em Salvador entre 1920 e 1924. O livro, publicado em 2002, foi acompanhado do fac-símile do primeiro número da revista.

Ainda em 2001, como parte das comemorações dos 190 anos da imprensa na Bahia, a Rede Alfredo de Carvalho e o Nehib colaboraram com a Intercom – Sociedade Brasileira de Estudos Interdisciplinares da Comunicação – ao incluirem o simpósio sobre essa efeméride na programação da 53ª Reunião da SBPC – Sociedade Brasileira para o Progresso da Ciência. Dele participaram os professores Sonia Serra, da UFBA e da FTC, que tratou da história do jornal comunista *O Momento*, que circulou em Salvador de 1945 a 1957; Weliton Aragão, que tratou da formação da grande imprensa na Bahia; e Luís Guilherme Pontes Tavares, do Nehib, que advertiu para a urgência do levantamento documental sobre a história da imprensa da Bahia.

Há dois outros fatos ocorridos em 2001 que merecem menção. O contato feito pelo professor José Augusto Ventín Pereira, da Faculdade de Ciências da Informação da Complutense de Madri, e a visita que fiz ao Museu Nacional da Imprensa, do Porto, quando conheci seu diretor, Luís Humberto Marcos. Esse museu é mais uma razão para visitar a grande cidade do Porto, no norte de Portugal. Quanto ao professor da Complutense, ele nos surpreendeu com a remessa de cópia em cd-rom de seu livro *Los primeros cien años de la empresa informativa en Bahía*, obra audaciosa, pois ele a escreveu sem jamais ter visitado a Bahia. Não obstante, ela se inscreveu como valiosa na pobre bibliografia sobre a história da imprensa baiana.

O Núcleo de Estudos da História dos Impressos da Bahia é o representante da Rede Alfredo de Carvalho na Bahia e tem contribuído para animar os estudos e os trabalhos sobre a história da imprensa na Bahia. Funciono como coordenador do Nehib e as atividades que desenvolvo são felizmente afins com a natureza da instituição. De modo que em 2002 desenvolvemos três projetos que serão concluídos no ano em curso. São eles: a coletânea de artigos e ensaios que resultará no volume intitulado *Apontamentos para a história da imprensa da Bahia*, trabalho que realizo como parte das minhas atividades como professor e pesquisador da Faculdade Integrada da Bahia – FIB. Os textos escolhidos são de Octávio Mangabeira, Luiz Viana Filho, Aloísio de Carvalho, Aloísio de Carvalho Filho, Antonio Loureiro de Souza, Antonio Vianna, Honestílio Coutinho e Jorge Calmon.

Os dois outros projetos são a edição de duas pesquisas realizadas pelo bibliófilo Renato Berbert de Castro sobre as tipografias de Camillo de Lellis Masson, a primeira a publicar *Espumas flutuantes*, de Castro Alves, e de Manoel Antonio da Silva Serva, a pioneira da Bahia. Esses dois trabalhos serão mais um resultado do convênio da Assembléia Legislativa com a Academia de Letras da Bahia.

Estamos comprometidos com o propósito de concluir as iniciativas de 2002 no corrente ano. A elas acrescentamos a nova edição do clássico de Alfredo de Carvalho e João Nepomuceno Torres, *Annaes da Imprensa da Bahia*, publicado no primeiro centenário da imprensa da Bahia, em 1911. É mais uma iniciativa patrocinada pelo Núcleo de Pesquisa da Faculdade Integrada da Bahia – FIB – que buscará parceiro para a impressão do livro. Há, também, a perspectiva – porque as conversações foram iniciadas – do Instituto de Radiodifusão Educativa do Estado da Bahia – Irdeb – realizar documentário para televisão sobre a pioneira tipografia baiana, de Manoel Antonio da Silva Serva. O primeiro passo será a elaboração do roteiro, ao qual darei minha colaboração pessoal. Estou certo de que alguns dos senhores e senhoras farão parte do filme.

Incluo entre os sonhos a continuação da pesquisa que faço sobre o jornalista e editor baiano, nascido em Cachoeira, Cincinnato José Melchiades. No final do século XIX, ele imprimiu na sua Typographia Bahiana livros e mais livros de autores que alcançaram consagração nacional, a exemplo de Ruy Barbosa.

Quero, para encerrar, cumprimentar a Rede Alfredo de Carvalho e os parceiros que a apoiam neste I Encontro Nacional. Este evento que hoje começa nos anima a prosseguir trabalhando para que as comemorações de 2008 sejam assentadas em obras que revelem nosso passado e nos permitam construir melhor futuro.

**BIBLIOGRAFIA**

VIANA, Hélio. Contribuição à história da Imprensa brasileira. Rio de Janeiro: Nacional, 1945.

SILVA, Maria Beatri Nizza da. *A primeira gazeta da Bahia; Idade d'Ouro do Brasil.* São Paulo: Cultrix; Brasília: INL, 1978.

SOUZA, Antonio Loureiro de. *Apontamentos para a história da Imprensa na Bahia.* Salvador: Universidade Federal da Bahia, n. 12/13, 1972, p. 161-174; sob o título "Notícias sobre a Imprensa baiana, desde 1811: 167 anos de luta pela independência", foi republicado pelo *Jornal da Bahia* nas edições comemorativas do 20º aniversário do matutino em setembro de 1978 às páginas 6 e 7.

MELO, José Marques et al. *Rumo ao bicentenário da imprensa brasileira.* Salvador: Núcleo de Estudos da História dos Impressos da Bahia (Nehib); São Paulo: Rede Alfredo de Carvalho, 2002.

## Anais do I Encontro publicados pela UniCarioca[16]

16. Jornal da Rede Alcar, nº 32, 1º de agosto de 2003.

A equipe organizadora do I Encontro Nacional da Rede Alcar, sob a liderança de Cláudia Chaves, cumpriu o compromisso assumido com os participantes do evento, publicando em CDRom os Anais do Encontro do Rio de Janeiro. Eles foram distribuídos a todos os participantes que inscreveram trabalhos e compareceram ao evento, no período de 1 a 4 de junho de 2003.

## Parceria com o jornal *O Estado do Maranhão*[17]

17. id.

O Núcleo da Rede Alfredo de Carvalho-MA e a Associação Maranhense de Imprensa (AMI), em parceria com o jornal *O Estado do Maranhão*, publicará mensalmente, a partir do mês de julho, matérias jornalísticas que vão abordar iniciativas que buscam preservar a imprensa no Maranhão, destacando sua evolução nos últimos séculos.

A primeira matéria será uma entrevista com o professor Francisco Frazão sobre a pesquisa *As charges no jornalismo impresso maranhense no século XIX (1876 – 1880)*, apresentada no I Encontro da Rede Alcar, no Rio de Janeiro. A coordenação do trabalho será realizada pela jornalista Roseane Pinheiro.

# Rede Alcar em Minas Gerais[18]

*Sandra Freitas (PUC Minas)*

18. ibid.

Rogério Tavares, da ONG Tver-Minas, que participou da solenidade de lançamento da Rede Alcar MG, no último dia 30 de maio, gostou muito de estar conosco nessa caminhada para resgate da memória do jornalismo em nosso país. Já combinamos o formato do nosso programa televisivo, que precisará do aval e uso das marcas da Rede Alcar, da ABI e da Unesco para colocarmos na vinheta de abertura e encerramento.

Na próxima semana já começaremos as gravações das primeiras edições que terão entrevistas e reportagens sobre os seguintes colegas de imprensa: prof. José Mendonça, prof. Anis Leão e o prof. Guy de Almeida. Os programas serão de trinta minutos cada, dois blocos, com treze minutos mais ou menos, cada um deles. Teremos a entrevista mas paraprepará-la exibiremos uma reportagem contando a história de vida do entrevistado e em seguida falamos da trajetória profissional.

Será veiculado na TV Comunitária de BH( com possibilidades grandes de veiculação na Rede Minas ) e nossa idéia é também fazer um correspondente para veiculação em rádio.

# Rede Alcar no ABC paulista[19]

*Valdenizio Petrolli*

Em setembro de 2003 estamos comemorando 40 anos do jornal *O Metalúrgico de Santo André*. Este foi o primeiro jornal sindical lançado no ABC. Já entrei em contato com o Sindicato dos Metalúrgicos para comemorar esse evento. Pretendemos fazer um debate e lançar um número especial do jornal. O sindicato também comemora 70 anos.

19. Jornal da Rede Alcar, nº 31, 1º de julho de 2003.

No ano que vem comemoramos 100 anos do primeiro jornal lançado no ABC. Eu já estou revisando a minha dissertação de mestrado. Vou transformá-la em livro com o título de *Inventário da Imprensa do Grande ABC - 1994 - 2004*. Já cadastrei mais de 1.000 periódicos. Continuo visitando os arquivos no ABC e de outras cidades. Quando estive no Rio de Janeiro (durante o I Encontro Nacional da Rede Alcar) aproveitei para visitar a Biblioteca Nacional. Segui as instruções da profa. Esther Caldas. Localizei 167 títulos correspondente ao Grande ABC (todos já cadastrados). Além disso, consegui um CD com o cadastro de todos os jornais da cidade de São Paulo (mais de 11 mil títulos). O pessoal da Biblioteca nota "mil" no atendimento.

A comemoração do Centenário da Imprensa no ABC vai coincidir com o VIII Congresso de História do Grande ABC que vai ser realizado em Paranapicaba (Santo André).

Agora sou membro do Conselho de Defesa do Patrimônio Histórico, Artístico, Arquitetônico-Urbanístico e Paisagístico de Santo André. Eu sou o representante da Câmara Municipal de Santo André, aprovado em sessão pela maioria dos vereadores (21 votos a favor e nenhum contra). Também sou conselheiro da FundaçãoPró-Memória de São Caetano do Sul (o mais antigo no cargo) e do Conselho de Defesa do Patrimôno Histórico de São Bernardo do Campo (também um dos mais antigos).

## Centenário de Mário Ferraz Sampaio[20]

Através de Portaria 256, datada de 17 de julho de 2003, a Presidente da Fenorte – Fundação Estadual do Norte Fluminense, Profa. Ana Lúcia Boynard, institui o projeto "Centenário de Mário Ferraz Sampaio", destinado a festejar , através de seminários, concursos e publicações, a contribuição daquele ilustre radialista ao desenvolvimento midiático do Estado do Rio de Janeiro. Trata-se de uma iniciativa que conta com plena adesão e participação da Governadora Rosinha Garotinho.

20. id.

O Projeto Mário Ferraz Sampaio nasceu na mesma ocasião em que a Rede Alfredo de Carvalho, celebrava na capital do Rio de Janeiro, o Sesquicentenário de nascimento do fundador da ABI, Gustavo de Lacerda. Ao visitar Campos de Goytacazes, o prof. dr. José Marques de Melo lançou a idéia, que bem acolhida pelos dirigentes da Fenorte e da Fafic. O histórico do projeto e suas metas estão contidas na próxima seção deste boletim, sob o título "Centenário de Mário Ferraz Sampaio: projeto de comemoração".

Informações detalhadas sobre os eventos podem ser solicitados à assessora de comunicação da Fenorte, Linda Mara Silva, email: linda.mara.silva@bol.com.br. Fones: (22) 2726-1506- 9902-7530.

# Vice-governador prestigia instalação do Núcleo Gaúcho[21]

*Taís Pereira*
Assessoria de Imprensa - Museu de Comunicação Social Hipólito José da Costa

Instalado oficialmente no dia 1º de agosto de 2003, em solenidade presidida pelo vice-governador Antonio Hohlfeldt, no auditório do Museu de Comunicação Hipólito José da Costa, em Porto Alegre, o Núcleo Gaúcho da Rede Alcar efetuou sua primeira reunião de trabalho, definindo agenda para os próximos encontros.

21. ibid.

A sessão pública de instalação, coordenada pelo diretor do Museu Hipólito da Costa, Antônio Renato Henriques, contou com a presença do presidente da Rede Alcar, prof. dr. José Marques de Melo (Titular da Cátedra Unesco/Umesp de Comunicação), bem como dos presidentes da Associação Riograndense de Imprensa e do Sindicato dos Jornalistas Profissionais do Rio Grande do Sul, além da Representante do Secretário de Cultura do RS.

A 1ª reunião de trabalho do Núcleo Gaúcho da Rede Alfredo de Carvalho ocorreu no dia 25 de agosto, segunda-feira, às 14 horas, no Museu de Comunicação, e contou com a participação das seguintes pessoas:

Denisse Medeiros – PUCRS
Leonel José de Oliveira – Univates de Lajeado
Dauci Demétrio – Associação de Amigos do Museu de Comunicação
Cláudio Trarbach – TVE
Luciano Klöckner – PUCRS e Unisinos
Neusa Ribeiro - Feevale/Unisinos
Wilson Müller - Associação de Amigos do Museu de Comunicação
Celito de Grandi - Associação de Amigos do Museu de Comunicação
Sérgio Dillenburg – Associação de Amigos do Museu de Comunicação
João Borges de Souza – Jornalista
Núbia Silveira - Associação de Amigos do Museu de Comunicação e TVE
Maurício Estrázulas Vianna – Portal Cultural
Sérgio Endler – Unisinos
Diego Duarte Eltz – PUCRS

Na reunião, foram colocadas diversas propostas em discussão, entre elas:

• Realização de um concurso, premiando os melhores trabalhos na comemoração dos 200 anos da imprensa no Brasil
• Comemoração conjunta dos 30 anos da TVE e Museu de Comunicação em 2004
• Desenvolvimento de uma pesquisa sobre a Imprensa Italiana em Porto Alegre no início do século XX
• Publicações de livros, catálogos, revistas
• Realização do Seminário sobre Jornalismo Comunitário
• Realização do Seminário dos 500 anos da Propaganda no Brasil

Existem também, trabalhos já realizados ou em andamento que podem contribuir com a Rede:

• Pesquisa sobre o jornal O Taquaryense, desenvolvida pela Univates
• Livros e pesquisas de Sérgio Dilenburg: Imprensa e Revolução Farroupilha; Os Anos Dourados do Rádio no RS e Imprensa no RS (1845 – 1875)
• Mídia e Meios de Comunicação do Vale do Sinos – Feevale
• Pesquisa realizada pela Unisinos: Imprensa Alemã no Vale do Sinos

Foram ressaltados também, alguns eventos que serão realizados no próximo ano:

• Abril de 2004 – Folkcomunicação
• 2004 – Florianópolis: Encontro Nacional da Rede Alcar

Ficou definido, também, um calendário para as reuniões da Rede, que serão realizadas sempre na última segunda-feira de cada mês. A próxima reunião ficou marcada para 29 de setembro (segunda-feira), às 14 horas, no Museu de Comunicação Social.

O Museu de Comunicação Social Hipólito José da Costa fica na Rua dos Andradas, 959, em Porto Alegre.

Informações: Taís Pereira - Assessoria de Imprensa - Museu de Comunicação Social Hipólito José da Costa (51) 32 86 20 51 ou (51) 96 76 56 04 museuhjc@via-rs.net

## Reitor da UFSC formaliza apoio ao II Encontro da Rede Alcar[22]

O Reitor da Universidade Federal de Santa Catarina, prof. dr. Rodolfo Pinto da Luz, recebeu em audiência, na tarde do dia 17 de setembro, o prof. dr. José Marques de Melo, presidente do comitê nacional da Rede Alcar, e o prof. dr. Francisco Karam, presidente do comitê organizador do II Encontro Nacional, formalizando o apoio daquela instituição ao evento programado para os dias 15-17 de abril de 2004. Reiterou o compromisso da universidade no sentido de buscar parceiros nacionais e regionais capazes de financiar o evento.

Na mesma ocasião, o professor Marques de Melo manteve contatos com o jornalista Jair Aires Teixeira, presidente da Associação Catarinense de Imprensa, e como Historiador Jali Meirinho, secretário do Instituto Histórico de Santa Catarina, no sentido de obter a adesão daquelas instituições locais ao encontro de 2004. Da mesma forma, recebeu a adesão do jornalista e escritor Moacir Pereira, novo

22. Jornal da Rede Alcar, nº 32, 1º de agosto de 2003.

membro da Academia Catarinense de Letras, o qual prometeu sensibilizar seus confrades literários para participar do evento.

## Maranhão lança Núcleo de Memória da Imprensa[23]

A Associação Maranhense de Imprensa (AMI) lançou com êxito o Núcleo de Memória da Imprensa do Maranhão (NMIM), no auditório da Faculdade São Luís, no dia 20 de agosto de 2003, às 20h, com a presença de professores, coordenadores e alunos dos cursos de Comunicação Social.

23. Jornal da Rede Alcar, nº 34, 1º de outubro de 2003.

A presidente da AMI, Edvânia Kátia, e a jornalista Roseane Arcanjo Pinheiro apresentaram as propostas da AMI para o Núcleo e a plataforma de trabalho da Rede Alfredo de Carvalho. O professor e pesquisador Marcos Fábio Belo Matos, Mestre em Comunicação e Cultura (UFRJ), que participou do I Encontro da Rede Alcar no Rio de Janeiro, relatou sua experiência no evento, ressaltando a relevância das ações da Rede para a preservação da história da imprensa brasileira.

As seguintes deliberações foram feitas durante a reunião:

• **Comissões** – Definir as comissões que serão responsáveis pelas ações do Núcleo de Memória da Imprensa do Maranhão (científica, administrativa etc.). Os membros das comissões vão se reunir mensalmente.

• **Divulgação** – A AMI lançará, até dezembro, o Concurso Memória da Imprensa do Maranhão, que escolherá a melhor monografia sobre o tema.

• **Ciclo de palestras** – A Associação Maranhense de Imprensa realizará a cada dois meses o ciclo de palestra sobre História das Mídias do Maranhão com a apresentação de pesquisas sobre o assunto.

• **Publicações** – Compilar pesquisas sobre a história das mídias, apresentadas nos ciclos de palestras, com a finalidade de publicar o material por meio de parcerias com a Prefeitura, Governo Estadual e empresas.

• **Banco de pesquisas** *on-line* – Reunir os trabalhos realizados pelos alunos da disciplina História do Jornalismo Regional, do Curso de Comunicação Social da Faculdade São Luís, e solicitar o envio das pesquisas feitas no curso de Comunicação Social da UFMA pelos alunos e professores. O objetivo é disponibilizar os textos no site da Associação Maranhense de Imprensa, a ser lançado no final de setembro.

## Instalado o Núcleo Pernambucano da Rede Alcar[24]

O professor Marques de Melo participou da instalação do Núcleo Pernambucano da Rede Alfredo de Carvalho, em ato público realizado no Auditório do Programa de Pós-Graduação em Comunicação da Universidade Federal de Pernambuco, na tarde do dia 12 de setembro. O evento foi co-promovido pelo Chefe do Departamento de Comunicação daquela universidade, prof. dr. Alfredo Vizeu, e pela Coordenadora do Curso de Jornalismo, profa. Maria Luiza Nóbrega, contando com a participação de docentes e pesquisadores das universidades federal, rural e católica, bem como de instituições de ensino superior do Recife e de Caruaru.

24. id.

Na mesma ocasião, a cidade de Olinda (Pernambuco) comemorou o dia da imprensa (10 de setembro) homenageando seu filho ilustre, Luiz Beltrão, responsável pela fundação, há 40 anos, do primeiro instituto acadêmico de pesquisa em comunicação do Brasil. Ao fundar o Instituto de Ciências da Informação Coletiva, na Universidade Católica de Pernambuco, Beltrão deslanchava a pesquisa universitária brasileira sobre os fenômenos comunicacionais, inspirando centros congêneres que surgiriam em outras regiões do país.

A efeméride foi celebrada pelo Curso de Comunicação da Aeso - Associação de Ensino Superior de Olinda, por iniciativa da profa. Suely Figueiredo, através de uma conferência proferida para seus alunos pelo prof. dr. José Marques de Melo, titular da Cátedra Unesco/umesp de Comunicação.

## Núcleo Catarinense produz vídeo sobre Gustavo de Lacerda[25]

Mensagem recebida do prof. dr. Francisco Karam (UFSC) informa sobre a produção de um videodocumentário sobre o fundador da ABI, o catarinense Gustavo de Lacerda, cujo texto reproduzimos a seguir.

25. ibid.

Videodocumentário:
*Gustavo De Lacerda - Uma vida, uma profissão*

**Duração:** 9'30"

**Sinopse:** O documentário conta parte da história de um dos homens que marcou a imprensa brasileira, sem obter, no entanto, o devido reconhecimento por defender a dignidade da profissão. Gustavo de Lacerda dedicou sua vida ao jornalismo trabalhando em três redações ao mesmo tempo, o que não impediu que morresse de fome aos 55 anos. Mesmo assim, a luta por melhores condições de trabalho continua graças a uma de suas conquistas: a criação da Associação Brasileira de Imprensa no início do século 20.

**Produção, roteiro e reportagem**
Camila Paschoal
Estephani Zavarise
Marcela Campos
Paula Medeiros

**Imagens**
Dilson Branco
Paula Medeiros

**Edição e pós-produção**
Augusto Fornari
Camila Paschoal
Estephani Zavarise
Paula Medeiros

**Orientação**
Delmar Gularte

**Instituição**
Laboratório de Telejornalismo
Curso de Jornalismo/ julho de 2003
Universidade Federal de Santa Catarina

## Diretor do Museu da Imprensa de Portugal abrirá encontro de Florianópolis[26]

26. Jornal da Rede Alcar, nº 36, 1º de dezembro de 2003.

O jornalista e professor Luis Humberto Marcos, diretor do Museu Nacional da Imprensa, instalado na cidade do Porto, em Portugal, fará a conferência inaugural do II Encontro Nacional da Rede Alfredo de Carvalho, agendado para a cidade de Florianópolis, SC, na noite de 15 de abril de 2004. Ele falará sobre o tema "Memória da Imprensa: o papel científico e pedagógico dos museus midiáticos".

Também confirmaram sua presença ilustres pesquisadores brasileiros, convidados a falar sobre o tema central do evento – História do Ensino de Jornalismo e das Profissões Midiáticas no Brasil. O programa oficial inclui duas mesas redondas sobre essa questão:

SEXTA, 16 de abril - 9 horas:

**A história do ensino de Jornalismo e das Profissões Midiáticas (dos primórdios ao Ciespal)** – Painelistas: José Marques de Melo (USP/Umesp), Ana Arruda (ABI), Nilson Lage (UFSC), Erasmo de Freitas Nuzzi (Fac. Cásper Líbero)

Mediadora: Jornalista Beth Costa, Presidente da Federação Nacional dos Jornalistas

SÁBADO, 17 de abril - 9 horas:

**A história do ensino do Jornalismo e das Profissões Midiáticas (Do Ciespal ao Currículo Mínimo e a 2004)** - Painelistas: Adolpho Queiroz (Umesp/Unimep), Claudia Moura (PUC-RS), Eduardo Meditsch (UFSC), Sonia Virgínia Moreira (Uerj)

Mediador: Gerson Martins (Fórum Nacional dos Professores de Jornalismo)

Contudo, a parte substantiva do encontro configura-se através da apresentação dos resultados das pesquisas concluídas ou em desenvolvimento nos diferentes Núcleos Regionais da Rede Alcar. Os interessados em inscrever trabalhos deverão enviar imediatamente seus resumos aos coordenadores de GTs, podendo encaminhar os textos completos até o dia 19 de março de 2004. Reproduzimos a seguir a lista dos GTs em funcionamento:

Rede Alcar : GTs DE História da Mídia

Núcleo A – História das Profissões Midiáticas

História do Jornalismo
Coordenadora: Marialva Barbosa (Univ.Federal Fluminense) e-mail: mcbl@terra.com.br

História da Publicidade
Coordenador: J. B. Pinho (Universidade Federal de Viçosa) e-mail: jbpinho@ufv.br

História da Propaganda
Coordenador: Adolpho Queiroz (Umesp) e-mail: adolphoq@metodista.br

História das Relações Públicas
Coordenadora: Claudia Moura (PUCRS) e-mail: cpmoura@pucrs.br

Núcleo B – História dos Suportes Midiáticos

História da Mídia Impressa (Jornal, Revista, Livro)
Coordenador: Luis Guilherme Pontes Tavares (Nehib) e-mail: editor@alba.ba.gov.br

História da Mídia Sonora (Rádio, Disco)
Coordenadora: Ana Baum (Universidade Federal Fluminense) e-mail: ana.baum@ig.com.br

História da Mídia Visual (Fotografia, HQ, Cartazes)
Coordenadora: Sonia Luyten (Unisantos) e-mail: sonialuyten@hotmail.com

História da Mídia Audiovisual (Cinema, Televisão)
Coordenadora: Ruth Vianna (UFMS) e-mail: viannar@terra.com.br

História da Mídia Digital (Web e NTCs)
Coordenador: Walter Lima Jr. (UniFiam) e-mail: digital@walterlima.jor.br

Núcleo C – História dos Conteúdos Midiáticos

História da Mídia Educativa
Coordenadora: Marlene Blois (UniCarioca) e-mail: mmblois@univir.br
Coordenação nacional: José Marques de Melo (USP/Umesp) e-mail:marquesmelo@uol.com.br

Coordenação local: Francisco José Castilhos Karam e-mail: fjkaram@terra.com.br

Informações específicas sobre o evento, taxa de inscrição e programação cultural estão disponíveis no seguinte endereço: realcar@cce.ufsc.br / Telefone: 0xx48 331-9215 / Fax: 0xx48 331-9490

## Hemeroteca traz de volta Esther Bertoletti à Biblioteca Nacional[27]

Através de portaria publicada no DOU no dia 31/10/2003, o ministro da Cultura, Gilberto Gil, protagonizou ato de justiça, ao reconduzir aos quadros diretivos da Biblioteca Nacional a Jornalista. Esther Bertoletti. Criadora do Programa Nacional de Microfilmagem dos Jornais e Revistas publicados no Brasil, que desenvolveu amplamente na década de 80, salvando coleções que perigavam esfacelar-se nos arquivos de empresas e bibliotecas públicas, a dra. Bertoletti foi preterida durante os Governos Collor/Itamar e afastada de suas funções diretivas na Biblioteca Nacional.

Com a ascensão do Governo FHC, ela foi convidada pelo ministro da Cultura, Francisco Weffort, para integrar a equipe do Programa Resgate, responsável pela microfilmagem dos documentos coloniais portugueses referentes ao Brasil e que agora estão disponíveis para consultas em diversos arquivos brasileiros. Esse projeto esteve subordinado até recentemente ao gabinete do ministro da Cultura no Rio de Janeiro, passando agora à alçada da Biblioteca Nacional.

Ao ser nomeada diretora do Centro de Referência e Difusão da Biblioteca Nacional, ela tem condições de se dedicar prioritariamente ao seu projeto histórico, qual seja a instalação de uma Hemeroteca Nacional, reunindo as coleções de jornais, revistas e outras publicações periódicas, como ocorre em países como os Estados Unidos da América, França e México. Ela vem trabalhando no sentido de

27. Jornal da Rede Alcar, nº 36, 1º de outubro de 2003.

transferir as coleções da imprensa periódica atualmente concentradas em vários andares do edifício da Avenida Rio Branco para um edifício conquistado pela Biblioteca Nacional na região do Cais do Porto. Desta maneira, ampliará o espaço do edifício-sede para abrigar as coleções de livros, manuscritos e obras raras.

Sua intenção é recuperar o novo edifício, numa parceria entre o governo e a iniciativa privada, até o ano de 2006, quando o Brasil celebra 300 anos da Imprensa Clandestina, inaugurando a Hemeroteca Nacional em 2008, quando comemoramos 200 anos de instalação da Imprensa Oficial.

A busca de parcerias com a iniciativa privada será facilitada pela nova função que a dra. Esther Bertoletti exerce na Associação Comercial do Rio de Janeiro. A convite do ex-ministro e atual presidente daquela Associação, Marcílio Marques Moreira, ela integra, no biênio 2003/2005, o Conselho Empresarial de Cultura do Rio de Janeiro.

Além de suas atividades como servidora pública, Esther Bertoletti permanece como sócia ativa do Instituto Histórico e Geográfico Brasileiro e membro do comitê nacional da Rede Alfredo de Carvalho.

## Núcleo gaúcho: 500 anos da propaganda brasileira[28]

**28.** Jornal da Rede Alcar, nº 36, 1º de outubro de 2003.

A Memória da Propaganda, o Museu de Comunicação Social Hipólito José da Costa e a Secretaria de Estado da Cultura convidam para a exposição "Propaganda Brasileira - 500 anos". Estarão expostos, diversos painéis e banners que contam a história da propaganda no Brasil, desde tabuletas de ilustrações e letras desenhadas aos CD-ROOM'S e *homepages*, em um espaço colorido, moderno, com um apelo visual fantástico. Uma extraordinária mostra dos mais notáveis, incríveis, divinos e deslumbrantes anúncios criados por geniais e humildes publicitários.

A exposição é uma homenagem a estes profissionais que construíram e percorreram até aqui o caminho da propaganda brasileira, colocando-a entre as mais criativas e respeitadas do mundo. A mostra também representa a retomada da vida cultural do Museu, hoje sendo reconstruída na gestão do diretor Antônio Renato Henriques, que vem buscando apoio na iniciativa privada.

A exposição, que tem entrada franca, estará aberta para a visitação desde o dia 4 de novembro (terça-feira), ficando até o dia 31 de dezembro, de terça a sábado, das 8h30min às 18 horas e domingos das 13 às 21 horas. As visitas guiadas para escolas e grupos podem ser agendadas pelo telefone (51) 32 86 20 51.

O Museu de Comunicação, que sedia a Rede Alcar no Rio Grande do Sul, fica na Rua dos Andradas, 959, centro de Porto Alegre.

## SBPJor e TV USP prestam homenagens ao presidente da Rede Alcar[29]

**29.** Jornal da Rede Alcar, nº 37, 1º de janeiro de 2003.

### A homenagem em Brasília

Durante a Assembléia de instalação da Sociedade Brasileira de Pesquisadores em Jornalismo – SBPJor –, realizada no campus da Universidade de Brasília, na manhã do dia 29 de novembro de 2003, o professor José Marques de Melo, titular da Cátedra Unesco/Umesp de Comunicação e presidente da Rede Alcar, foi homenageado pela equipe inspiradora da nova entidade, que o escolheu para figurar como Pesquisador Número 1 no seu livro de associados.

A homenagem foi proposta pelo prof. dr. Eduardo Meditsch (UFSC), diretor científico da SBPJor, que justificou aos presentes o seu pioneirismo acadêmico. Ele explicou que o pesquisador Marques de Melo legitimara academicamente o Jornalismo como nova área de conhecimento, ao defender, há trinta anos, na Universidade de São Paulo, a primeira tese de doutorado do Brasil. A proposta foi acolhida por unanimidade, tendo o homenageado recebido uma ovação dos participantes, ao assinar, em primeiro lugar, a lista dos fundadores da SBPJor, muitos deles seus antigos alunos ou discípulos acadêmicos durante programas de bacharelado, mestrado e doutorado.

### Carreira acadêmica

A carreira acadêmica de José Marques de Melo foi iniciada, há 40 anos, na cidade do Recife, durante sua fase estudantil na Universidade Católica de Pernambuco. Ele foi responsável pelo primeiro projeto de Iniciação Científica no campo do Jornalismo, desenvolvido sob a orientação do professor Luiz Beltrão, fundador do Curso de Jornalismo daquela universidade. Com o título "A crônica policial na imprensa do Recife", esse trabalho foi publicado no volume 1, número 2, da revista "Comunicações & Problemas" (1965).

Diplomado em Jornalismo pela Unicap (1964), ele recebe bolsa de estudos para realizar estudos de pós-graduação na Universidade Central do Equador, onde estava sediado o Centro Internacional de Jornalismo para a América Latina, mantido em convênio com a Unesco. Sua dissertação intitulada "Um dia na imprensa brasileira" foi divulgada, em versão resumida, pela revista *Cadernos de Jornalismo* (n. 8), publicada pelo Jornal do Brasil (1967) e reproduzida em inglês, francês, espanhol e russo pela revista *The Democratic Journalist*, vol. XVI, n. 11 (1968), editada em Praga pela OIJ – Organização Internacional dos Jornalistas.

Ao ingressar, em 1967, no quadro de docentes fundadores da Escola de Comunicações Culturais da Universidade de São Paulo (hoje ECA-USP), ele se inscreveu no Programa de Doutorado da instituição, vindo a defender, em 1973, sua tese "Fatores socioculturais que retardaram a implantação da imprensa no Brasil", publicada em livro pela Editora Vozes, no ano seguinte, sob o título "Sociologia da Imprensa Brasileira."Uma nova edição desse livro foi publicada em 2003 pela Editora da PUC do Rio Grande do Sul, sob o título "História Social da Imprensa", restaurando a versão original da tese de doutorado defendida há trinta anos.

Logo após a conquista do doutorado na USP, o professor Marques de Melo foi agraciado com bolsa de pós-doutorado da Fapesp – Fundação de Amparo à Pesquisa do Estado de São Paulo, permanecendo na University of Wisconsin durante o ano letivo 1973-1974, onde escreve a monografia intitulada "Tendências no ensino de pós-graduação em Jornalismo nos Estados Unidos da América."Afastado das atividades acadêmicas, por ato arbitrário do governo militar, em 1974, ele somente retorna à USP, em 1979, beneficiado pela lei da anistia política. Reinicia, então, sua carreira acadêmica, dedicando-se à elaboração da tese de livre-docência, que foi defendida em 1983, sob o título "Gêneros Opinativos no Jornalismo Brasileiro."Esse estudo foi publicado sob a forma de livro pela Editora Vozes, em 1985, tendo sido reeditado em 2003 pela Editora Mantiqueira sob o título "Jornalismo Opinativo."Em 1985, ele fez concurso para a função de Professor-Adjunto, chegando ao topo da carreira acadêmica em 1987, quando se torna o primeiro docente do Curso de Jornalismo da ECA-USP a conquistar o cargo de professor-titular.

No ano seguinte, o professor Marques de Melo foi agraciado com bolsa de estudos avançados do CNPq – Conselho Nacional de Desenvolvimento Científico e Tecnológico - para realizar o projeto de análise comparativa entre o papel da imprensa na transição democrática espanhola, publicado sob a forma de livro pela Editora Summus, com o título "Espanha: sociedade e comunicação de massa" (1989). Nesse mesmo ano, foi concitado por seus colegas e alunos a se candidatar a Diretor da Escola de Comunicações e Artes da Universidade de São Paulo, tendo sido escolhido, em eleição direta, com expressiva votação da comunidade, merecendo também a confiança do Reitor José Goldenberg, que o nomeou imediatamente. Exerceu o cargo durante o triênio 1989-1993, optando por aposentar-se, logo após o seu mandato administrativo.

Em 2001 foi agraciado pela Congregação da ECA-USP com o diploma de Professor Emérito, permanecendo até os dias de hoje como colaborador voluntário da instituição, onde orienta pesquisas de mestrado, doutorado e pós-doutorado. Dirige atualmente o projeto temático "Pensamento Jornalístico Brasileiro."

### Pauta geral

Foi lançada em Brasília, durante a reunião de fundação da SBPJor, o número 5 de "Pauta Geral – Revista de Jornalismo", que celebra o seu décimo aniversário, comemorando também a criação da sociedade que vai reunir os pesquisadores da área.

Editada por Elias Machado e Tatiana Teixeira publicada pela Editora Calandra, a nova edição da revista tem como tema central "Gêneros Jornalísticos", abrindo o conteúdo com uma entrevista especial concedida pelo professor Marques de Melo a Tatiana Teixeira, intitulada 'O desafio do estudo dos gêneros".

Tanto a nova edição da revista quanto seus números anteriores podem ser obtidos através de pedido aos editores – email:paulageral@editoracalandra.com.br.

### A homenagem da TV USP

A TV USP mantém um programa quinzenal – Trajetória – destinado a homenagear personalidades vinculadas à História da instituição. O programa que vai ao ar no próximo dia 5 de fevereiro de 2004, pelo Canal Universitário, Canal 15 da Rede Net de Cabodifusão, focaliza a trajetória acadêmica do professor José Marques de Melo, docente fundador da Escola de Comunicações e Artes.

Gravado no dia 3 de dezembro de 2003, o programa celebra os 30 anos do primeiro doutorado em jornalismo no País, ocorrido no dia 26 de fevereiro de 1973 no Auditório principal da ECA-USP. Trata-se de um depoimento conduzido pelo jornalista Francisco Costa, com duração de uma hora, durante o qual o pioneiro da pesquisa jornalística brasileira narra sua trajetória, dividida em quatro blocos: 1) As raízes nordestinas; 2) A fundação da ECA-USP; 3) O doutorado em Jornalismo: 4) Carreira acadêmica e vida cotidiana.

As entidades ou pessoas interessadas em veicular o programa ou obter cópias para fins didáticos podem se dirigir à produtora Daniela Damiati Ferreira- TV USP, email:danidami@yahoo.com, Fone: 11-3091-4101.

## Núcleo paulista percorre itinerário da mídia em São Paulo[30]

Homenageando a cidade de São Paulo pelos 450 anos de fundação, a Rede Alfredo de Carvalho consorciou-se ao Instituto Histórico e Geográfico de São Paulo para promover um ciclo de estudos dedicado ao itinerário da mídia paulista. O ciclo pretende reunir os principais pesquisadores vinculados ao estudo histórico da comunicação no Estado de São Paulo, com a intenção de criar, ao final do evento, o Núcleo Paulista da Rede Alcar.

A seguir, a programação do ciclo:

**História da comunicação:**
**Itinerário da mídia em São Paulo**

Ciclo de divulgação científica promovido pelo Instituto Histórico e Geográfico de São Paulo, em parceria com a Rede Alfredo de Carvalho para o Resgate da Memória da Imprensa e a Cátedra Unesco de Comunicação da Universidade Metodista de São Paulo

Apoio cultural: Diário de São Paulo, Rádio USP, TV Mackenzie

Coordenador: José Marques de Melo

Local: Rua Benjamin Constant, 158 – São Paulo – SP

# Calendário:

### Março

Dia 08 – Historia e mídia em São Paulo
14h00: Inauguração do ciclo – Nelly Martins Ferreira Candeias
14h30: Itinerário midiático paulista – Antonio Costella
15h30: Para conhecer a história da mídia: fontes paulistas – Gisely Hime
16h30: Midiologia paulistana: autores paradigmáticos – J. Marques de Melo

Dia 15 – Proto-história midiática
14h30: Anchieta, precursor da folkcomunicação – F. de Assis Fernandes
15h30: Mídia caipira no país dos bandeirantes: luso-hegemonias, afro-resistências – Cristina Schmidt
16h30: Cordel na terra da garoa: a comunicação dos bandeirantes tardios – Joseph Luyten

Dia 22 – Itinerário da Imprensa
14h30: Biografia de um jornal paulistano – Laércio Arruda
15h30: Biografia de um jornal do interior paulista – Samuel Pfromm Neto
16h30: Trajetória da imprensa sindical no ABC paulista – Valdenizio Petrolli

### Abril

Dia 12 –Itinerário da televisão
14h30: Antenas paulistanas: imagens em branco-e-preto - Osmar Mendes Jr.
15h30: A saga de Ivani Ribeiro: folhetins coloridos – Fátima Feliciano
16h30: Imaginário paulista: do livro à telinha – Sandra Reimão

Dia 26 – Itinerário do rádio
14h30: O rádio com sotaque paulista – Antonio Adami
15h30: Paulicéia radiofônica: gêneros e formatos – André Barbosa
16h30: O rádio paulistano na era da internet – Lígia Trigo

30. Jornal da Rede Alcar, nº 39, 1º de outubro de 2003.

**Maio**

Dia 03 – Itinerário do cinema
14h30: Vera Cruz: aventura cinematográfica paulista – Antonio de Andrade
15h30: O neobandeirantismo da Caravana Farkas – Alfredo d'Almeida
16h30: Imaginário paulistano: do livro à tela – Helena Bonito

Dia 10 – Itinerário do Jornalismo
14h30: O front noticioso paulista: de Badaró a Herzog – Audálio Dantas
15h30: A vanguarda sindical – José Hamilton Ribeiro
16h30: A tribo dos caçadores de notícias - Jorge Cláudio Noel Ribeiro Jr.

Dia 17 – Itinerário da propaganda
14h30: A propaganda republicana – Célio Debes
15h30: Do reclame ao marketing – Adolpho Queiroz
16h30: Anúncio da fé: a ofensiva presbiteriana – Gilson Novaes

Dia 24 – Itinerário das relações públicas
14h30 – 90 anos de RP: as mutações profissionais – Waldemar Kunsch
15h30: Eduardo Pinheiro Lobo: a construção de um mito – Mirtes Torres
16h30: Teobaldo Andrade: a legitimação acadêmica – Maria Stella Thomazi

Dia 31 – História em processo: inovações midiáticas
14h30: Informatização da imprensa: bandeirantes midiáticos – Ruth Vianna
15h30: Quadrinhos paulistanos: de Agostini a Maurício – Sonia Luyten
16h30: Webmídia: capítulo paulista da história emergente – Walter Lima

**Junho**

Dia 07 – Encerramento do ciclo:
Instalação do Núcleo Paulista da Rede Alfredo de Carvalho
Informações complementares:
Público-alvo: Estudantes universitários ou portadores de diplomas de nível superior
Requisito para inscrição: Comprovação do vínculo universitário ou cópia xerox do diploma
Número de vagas: 100 (cem)
Taxa de inscrição: R$ 30,00 (Trinta reais)
Certificado: Terão direito ao certificado de freqüência os participantes que comparecerem a pelo menos 80 % das palestras programadas.

Inscrições:
Instituto Histórico e Geográfico de São Paulo
Rua Benjamin Constant, 158 – Centro
(Situada no trecho compreendido entre o Largo de São Francisco e a Praça da Sé)- Período da tarde
Fone: 3242-3582
Email: ihgsp2003@yahoo.com.br

## Presidente da Rede Alcar profere aula magna em universidade argentina[31]

A convite da Faculdade de Jornalismo e Comunicação da Universidade de La Plata, Argentina, o diretor titular da Cátedra Unesco/Umesp de Comunicação e presidente do Comitê Nacional da Rede Alfredo de Carvalho, prof. dr. José Marques de Melo, ministrou a aula magna destinada aos alunos ingressantes em 2004 naquela instituição.

31. Jornal da Rede Alcar, nº 39, 1º de dezembro de 2003.

O ato acadêmico, realizado na tarde de 17 de fevereiro, marcou o início das comemorações dos 70 anos de ensino de jornalismo e comunicação na América Latina, tendo em vista que aquela universidade argentina foi a pioneira em nosso continente, criando em 1934 o primeiro curso destinado a formar profissionais para a imprensa.

No dia seguinte, 18 de fevereiro, o professor Marques de Melo participou de um colóquio científico, debatendo com os professores e pesquisadores da Universidade de La Plata a situação atual da pesquisa latino-americana em comunicação e suas perspectivas neste início do século XXI.

Durante a sua permanência no país vizinho, o diretor da Cátedra Unesco/Umesp, que também preside a Associação Iberoamericana de Comunicação, participou de reuniões com as lideranças acadêmicas da Facultad de Periodismo y Comunicación, definindo diretrizes para a realização do VIII Congresso

Ibero-Americano de Comunicação, agendado para aquela cidade, no período de 11 a 16 de outubro de 2004, juntamente com o congresso da Alaic - Asociación Latino-americana de Investigadores de la Comunicación. Os congressos previstos para o mês de outubro, naquela cidade, fazem parte da programação organizada pela Universidade de La Plata para celebrar o pioneirismo argentino no campo universitário da comunicação, na América Latina.

## Encontro de Florianópolis consolida Rede Alfredo de Carvalho[32]

A Rede Alfredo de Carvalho para o Resgate da Memória da Imprensa e a Construção da História da Mídia – Rede Alcar – realizou em Florianópolis, nos dias 15-17 de abril, tendo como anfitriã a Universidade Federal de Santa Catarina, o seu II Encontro Nacional. O evento, organizado pela Cátedra Fenaj/UFSC de Jornalismo, teve a intenção de fazer um balanço das pesquisas históricas sobre a mídia brasileira produzidas por instituições de todo o país. Foram ali apresentados e debatidos os resultados de 120 pesquisas, tratando não apenas do desenvolvimento nacional das principais profissões midiáticas (jornalismo, relações públicas, publicidade e propaganda), mas também de aspectos relacionados com as indústrias midiáticas (imprensa, rádio, televisão, fotografia, quadrinhos, mídia digital etc.).

32. Jornal da Rede Alcar, nº 41, 1º de maio de 2004.

O encontro, que registrou duas centenas de participantes, foi aberto solenemente na noite do dia 15 (quinta-feira), no Hotel Praiatur, pelo prof. dr. Rodolfo Pinto da Luz, Reitor da UFSC, e encerrado na noite do dia 17 (sábado) pela Jornalista Beth Costa, Presidente da Federação Nacional dos Jornalistas – Fenaj –, que enalteceram a importância da preservação da memória dos meios de comunicação de massa, que registram cotidianamente a História da Sociedade Brasileira. A coordenação geral do evento esteve a cargo do Prof. Dr. Francisco Karam, chefe do Departamento de Jornalismo da UFSC, que assinalou a significação da II Encontro Nacional da Rede Alcar como o ponto alto das comemorações dos 25 anos de fundação do Curso de Jornalismo daquela universidade, que também iria sediar, nos dias imediatamente posteriores, o Fórum Nacional dos Professores de Jornalismo. Ele coordenou uma equipe de meia centena de voluntários, entre professores, estudantes e funcionários, que se encarregou da preparação dos eventos, bem como da sua divulgação em tempo real, através da produção de boletins noticiosos que faziam a cobertura completa dos acontecimentos ali protagonizados pelos historiadores midiáticos de todo o país.

Durante o II Encontro da Rede Alcar foi lançado o CD-ROM contendo a íntegra dos trabalhos ali apresentados e debatidos, que oportunamente estarão acessíveis a todos os interessados no do site: www.jornalismo.ufsc.br/redealcar

A conferência de abertura do evento foi proferida pelo diretor do Museu de Imprensa de Portugal, jJornalista Luis Humberto Marcos, que dissertou sobre a significação pedagógica dos museus midiáticos, lançando a idéia de se criar um Museu Virtual da Imprensa Lusófona como parte das comemorações do Bicentenário da Imprensa Brasileira, previstas para 2008. Nessa ocasião, a dra. Esther Bertoletti, Diretora da Divisão de Acervos e Difusão da Biblioteca Nacional, órgão vinculado ao Ministério da Cultura, ali também representando o Instituto Histórico e Geográfico Brasileiro, anunciou o empenho das entidades culturais sediadas no Rio de Janeiro no sentido de promover, em 2008, na antiga capital federal, um Congresso Internacional de História da Imprensa e da Mídia, culminando o roteiro das celebrações que, desde 2001, estão sendo capitaneadas pela Rede Alfredo de Carvalho. Tal compromisso foi também reiterado, na Plenária de Encerramento do Encontro de Florianópolis, pela profa. dra. Ana Arruda Callado, Representante da Associação Brasileira de Imprensa – ABI, e pela profa. dra. Marialva Barbosa, Representante da Sociedade Brasileira de Estudos Interdisciplinares da Comunicação – Intercom.

O balanço feito pelos coordenadores dos Grupo de Estudos de História da Mídia – Jornalismo (Marialva Barbosa), Publicidade e Propaganda (Adolpho Queiroz), Relações Pùblicas (Claudia Moura), Mídia Impressa (Luis Guilherme Pontes Tavares), Mídia Sonora (Ana Baum), Mídia Visual (Sonia Luyten), Mídia Audiovisual (Ruth Vianna) e Mídia Digital (Walter Lima Jr.) – sinalizavam positivamente, merecendo o endosso da plenária para a sua continuidade. Um novo Grupo de Estudos foi instituído para inventariar a História da Mídia Alternativa.

As últimas decisões tomadas pelos participantes do Encontro de Florianópolis foram a de acolher a proposta do Centro Universitário Feevale, que se candidatara para sediar e organizar na cidade de Novo Hamburgo (RS) o III Encontro Nacional da Rede Alfredo de Carvalho, no período de 14-16 de abril de 2005, bem como a oferta feita pela Universidade de Fortaleza – Unifor – para sediar o encontro de 2006. O encontro de Novo Hamburgo deverá focalizar o tema “História da Mídia Regional", enquanto o encontro cogitado para a cidade de Fortaleza poderá vir a privilegiar a "História da Censura Midiática".

O Presidente do Comitê Nacional da Rede Alfredo de Carvalho, prof. dr. José Marques de Melo, Professor Emérito da Universidade de São Paulo e Titular da Cátedra Unesco da Universidade Metodista de São Paulo, pronunciou o discurso de clausura do Encontro de Florianópolis, congratulando-se com os organizadores do evento, augurando também longa vida e profícua trajetória ao Curso de Jornalismo da Universidade Federal de Santa Catarina, instituição que tem contribuído de forma eficaz para elevar os padrões de qualidade do jornalismo brasileiro. Ele finalizou sua intervenção dizendo que a Rede Alfredo de Carvalho saia fortalecida daquele evento, otimizando os resultados no encontro pioneiro do Rio de Janeiro (2003) e projetando novas conquistas para as reuniões anunciadas para Novo Hamburgo (2005) e Fortaleza (2006). Para tanto, emulou os coordenadores e representantes dos Núcleos Regionais já estabelecidos – Maranhão, Ceará, Pernambuco, Bahia, Espírito Santo, Minas Gerais, São Paulo e Rio Grande do Sul – a mobilizarem as novas gerações de historiadores midiáticos, desvendando capítulos inéditos da aventura comunicacional brasileira, bem como a disseminar a consciência preservacionista, cultivando as fontes indispensáveis ao trabalho dos historiadores do futuro.

## O capítulo baiano na trajetória da Rede Alcar[33]

O Núcleo de Estudos da História dos Impressos da Bahia – Nehib – lançou no II Encontro Nacional da Rede Alfredo de Carvalho (15-17.04.2004, Florianópolis, SC) o livreto Marco zero da Rede Alfredo de Carvalho na Bahia, com o qual divulga os pronunciamentos feitos em Salvador no ato de instalação da Rede, ocorrido no Conselho Estadual de Cultura na manhã de 27 de abril de 2001. Um dos fundadores do Nehib, professor Luís Guilherme Pontes Tavares, que foi mantido na coordenação do GT de História da Mídia Impressa do próximo encontro, marcado para abril de 2005 em Novo Hamburgo (RS), salientou na apresentação do trabalho que a publicação contribui para documentar um dos primeiros passos da Rede a caminho do almejado êxito das comemorações do bicentenário da Imprensa brasileira em 2008.

33. Jornal da Rede Alçar, nº 41, 1º de maio de 2004.

A tiragem de Marco zero da Rede Alfredo de Carvalho foi tão pequena que a edição em papel está fadada a se constituir uma raridade. Porém a Rede Alfredo de Carvalho, em breve, disponibilizará, no seu site, o texto para *download*. A publicação foi viabilizada com o apoio do Instituto de Radiodifusão Educativa da Bahia – Irdeb –, que patrocinou a transcrição das fitas; da Faculdade Integrada da Bahia – FIB –, que ofereceu a editoração eletrônica; e da Editora da Universidade Federal da Bahia – Edufba –, que a imprimiu. Parte da tiragem foi distribuída no evento de Florianópolis.

Os pronunciamentos registrados no Marco zero da Rede Alfredo de Carvalho na Bahia são das professoras Esther Caldas Bertoletti e Cybelle de Ipanema, e do professor José Marques de Melo, todos fundadores da Rede, cuja presença em Salvador naquela ocasião se deveu ao evento comemorativo dos 190 anos da instalação da imprensa na Bahia. Há pronunciamentos também da professora Consuelo Pondé de Sena, presidente do Instituto Geográfico e Histórico da Bahia; do historiador Cid Teixeira, membro da Academia de Letras da Bahia; da professora Kátia Carvalho e do pesquisador Nelson Varón Cadena, ambos fundadores do Nehib; e, dentre outros, de Agostinho Muniz, secretário da Associação Baiana de Imprensa.

## Maranhão resgata memória do jornalismo[34]

A Associação Maranhense de Imprensa (AMI), o jornal *O Imparcial* e o Bar Antigamente estão envolvidos em grande projeto de resgate da memória da imprensa no Maranhão. A partir desta quarta-feira, dia 5 de maio, às 17h, tem início a série Memória em Pauta, uma das atividades do projeto Imprensa 200 Anos - Memória Maranhão que é desenvolvido pela AMI. A série consiste em resgatar a história da imprensa por meio do testemunho os profissionais.

34. Jornal da Rede Alcar, nº 42, 1º de junho de 2004.

O projeto integra as ações da Rede Alfredo de Carvalho, coordenada pelo professor doutor José Marques de Melo, uma articulação nacional de professores, pesquisadores e profissionais que estão envolvidos com projetos científicos e atividades voltados para as comemorações do bicentenário da imprensa no Brasil.

O Bar Antigamente concedeu o espaço, onde acontecerão as rodadas de bate-papo. *O Imparcial* dará sua contribuição criando uma série documental, em espaço privilegiado na capa do Impar, material que servirá, no futuro, inclusive para exposições, além de servir de eterna fonte de pesquisa para estudiosos da comunicação e interessados pelo tema.

A proposta da AMI é realizar, na edição 2004, dez rodadas de bate-papo. O diretor-geral de *O Imparcial*, jornalista Pedro Freire, ficou entusiasmado com a idéia. "É preciso incentivar essas iniciativas. É muito importante o resgate da história da imprensa", disse. O projeto Memória em Pauta está sob a coordenação da professora do curso de jornalismo Cristiane Morais (Faculdade São Luís e Ceuma). Para iniciar a série foi convidado o jornalista Sérgio Brito, idealizador da versão maranhense da "Guerra dos Mundos", programa que foi ao ar em 1972, inspirado em programa homônimo do cineasta e multimídia Orson Welles, exibido no início da década de 60 em Los Angeles (EUA). Ao noticiar a invasão dos marcianos a São Luís, o programa mostrou a força que tem a rádio. Para entrevistar Sérgio Brito, foram convidados o assessor de comunicação do Sindsep, Ed Wilson Araújo, os professores do Departamento de Comunicação da UFMA, Coelho Neto e Francisco Gonçalves, e um representante do grupo de pesquisas "Guerra dos Mundos: tensão, medo e pânico nas ondas do rádio maranhense." A pesquisa é do Departamento de Comunicação da Universidade Federal do Maranhão.

Ao aceitar o desafio de realizar em conjunto com a AMI o projeto, a sócia-proprietária do Bar Antigamente, Ana Lula, disse que a idéia da Associação foi bem recebida e que o Antigamente tem todo o interesse em garantir o projeto. "É um desejo antigo que nós temos de colaborar e de fazer com que temas de tão importante relevância como esse possam ser discutidos em um espaço como Reviver. Acho que vamos permitir, com o projeto uma volta ao passado, num espaço perfeito para isso", afirmou. A coordenadora do projeto, a professora Cristiane Moraes, também está contente. Ela diz que o projeto é uma maneira de compartilhar com a sociedade os grandes momentos da imprensa no Maranhão.

A coordenadora do Núcleo de Estudos do Jornalismo, Roseane Pinheiro, também comemora. "Para a associação, esta foi mais uma conquista dos profissionais da imprensa no Maranhão. Não precisamos de muita coisa quando o nosso desejo é fazer alguma coisa. A criatividade e a busca de parcerias são o nosso caminho",afirma Roseane. A presidente da AMI, jornalista Edvânia Kátia, explica que a meta da associação é envolver a maior quantidade de veículos no projeto Imprensa 200 Anos e que para cada veículo está sendo debatido um formato. "É muito importante contribuir com esse resgate. Ao integrarmos a AMI à Rede Alfredo de Carvalho estamos contribuindo para a preservação da nossa memória. Atualmente já desenvolvemos a série Memória e Imprensa com o jornal O Estado do Maranhão. O projeto Memória em Pauta será desenvolvido com *O Imparcial,* mas ainda teremos iniciativas voltadas para o resgate dos artigos e das fotografias. Também é nossa meta realizar, em novembro, o primeiro seminário da Rede Alfredo de Carvalho", diz.

## III Encontro da Rede ALCAR em Novo Hamburgo - RS[35]

O Curso de Comunicação do Centro Universitário Feevale já se prepara para receber os participantes do III Encontro da Rede ALCAR de 14 a 16 de abril de 2005, em Novo Hamburgo, conforme deliberado pela plenária de Florianópolis. O tema central do encontro é "História da Mídia Regional", e o coordenador do Grupo de Estudos de História da Comunicação da Alaic e diretor da Escola de Comunicação da Universidad Nacional Mayor de San Marcos, Juan Gargurevich confirmou sua presença na Conferência Inaugural "Historiografia Midiática: Singularidades Latino-Americanas".

No sábado, 16 de abril de 2005, vai se realizar na Feevale o I Fórum Nacional de Professores de Relações Públicas. Os dois eventos integram a programação comemorativa aos 35 anos de fundação da Feevale. O encontro da Rede Alcar está sendo organizado pela profa. dra. Paula Regina Puhl, coordenadora do Curso de Comunicação Social.

Localizada no Vale do Rio dos Sinos, Novo Hamburgo é reconhecida em todo o Brasil como a Capital Nacional do Calçado. A cidade fica no centro geográfico do Mercosul, distante 1.107 km de Buenos Aires, 930 km de Montevidéu, 1.277 km de Assunção, 2.440 km de Santiago, 1.149 km de São Paulo e 1.593 km do Rio de Janeiro.

A programação preliminar do evento está esboçada a seguir:

**III Encontro Nacional da Rede Alfredo de Carvalho**
Novo Hamburgo, 14-16 de abril de 2005

**Tema central:**
História da mídia regional
Evento promovido pela Rede Alcar
Rede Alfredo de Carvalho para a Preservação da Memória da Imprensa e a Construção da História da Mídia no Brasil

**35.** Jornal da Rede Alcar, nº 43, 1º de julho de 2004.

**Realização:**
Curso de Comunicação Social do Centro Universitário Feevale
Núcleo Gaúcho da Rede Alfredo de Carvalho
Parceria institucional:
ABI, Fenaj, IHGB
Abecom, Compós, Intercom

**Comissão organizadora:**
Paula Regina Puhl, Paula Casari Cundari, Neusa Ribeiro, Helaine Rosa, Maria Alice Bragança.

**Comitê acadêmico:**
José Marques de Melo (Unesco/umesp), Ana Arruda Callado (ABI), Esther Bertoletti (IHGB), Marialva Barbosa (Intercom), Francisco José Karam (Fenaj/UFSC).

**Secretaria-executiva:**
Paula Regina Puhl, Helaine Rosa, Neusa Ribeiro, Maria Alice Bragança.

Os participantes do III Encontro da Rede Alcar poderão inscrever trabalhos em 3 categorias:
1) CC - Comunicação Científica: Trabalhos em GTs (professores, pesquisadores, pós-graduandos) ou IC - Iniciação Científica (Estudantes de Graduação);
2) Memória (Profissionais e Empresários);
3) Produtos Audiovisuais (Filmes, Vídeos, CD-ROM'S etc.)

Período de inscrições
As inscrições estarão abertas a partir do dia 1º de novembro de 2004 pela *Internet*, encerrando-se em 19 de março de 2005.

Calendário para a entrega de resumos e textos
Os resumos e textos completos dos trabalhos serão aceitos até o dia 20 de fevereiro de 2005. O aceite dos coordenadores será divulgado até 5 de março de 2005. Os responsáveis pelos trabalhos aceitos deverão se inscrever no prazo de 19 de março.

Normas de Apresentação dos Textos
Os resumos e textos completos dos trabalhos devem versar sobre História da Mídia Regional. Devem ser encaminhados - exclusivamente por correio eletrônico - para as coordenações dos GTs em arquivo do Word, corpo 12, Times New Roman, com indicações bibliográficas de acordo com as normas da ABNT.

O tempo de apresentação de cada trabalho será de 20 minutos. Os resumos devem indicar: a) nome do/a autor/a ou equipe; b) cargo e instituição a que tem vínculo; c) GT a que se destina; d) 10 (dez) linhas com sinopse do trabalho; e) de três a cinco palavras-chave. O texto completo deverá ser enviado, sem falta, na data prevista, para que seja produzido CD-ROM com todos os textos dos GTs. Os produtos a serem apresentados deverão ser encaminhados aos cuidados da Organização do III Encontro da Rede Alfredo de Carvalho.

As propostas referentes à Memória e Produtos Audiovisuais devem ser enviadas aos cuidados de Paula Regina Puhl, paulapredealcar@Feevale.br

**GTs - Grupos de Trabalho**

História do Jornalismo
Coordenadora: Marialva Barbosa (Universidade Federal Fluminense).
Email: mcb1@terra.com.br

História da Publicidade e Propaganda
Coordenador: Adolpho Queiroz (Umesp)
Email: adolphoq@metodista.br

História das Relações Públicas
Coordenadora: Claudia Moura (PUCRS)
Email: cpmoura@pucrs.br

História da Mídia Impressa (Jornal, Revista, Livro)
Coordenador: Luis Guilherme Pontes Tavares (Nehib)
Email: editor@alba.ba.gov.br

História da Mídia Sonora (Rádio, Disco, Fitas)
Coordenadora: Ana Baum (UFF)
Email: ana.baum@ig.com.br

**História da Mídia Visual (Fotografia, HQ, Cartazes)**
Coordenadora: Sonia Luyten (Unisantos)
Email: sonialuyten@hotmail.com

**História da Mídia Audiovisual (Cinema, Televisão)**
Coordenadora: Ruth Vianna (UFMS)
Email: viannar@terra.com.br

**História da Mídia Digital (Web e NTCs)**
Coordenador: Walter Lima (UniFiam)
Email: digital@walterlima.jor.br

**História da Mídia Alternativa**
Coordenadora: Karina Janz Woitowicz
Email: karinajw@uepg.br ou kwjanz@ibest.com.br

**História da Midiologia**
Coordenador: José Marques de Melo
Email: marquesmelo@uol.com.br

## Núcleo paulista da Rede Alcar empossado no IHGSP[36]

36. Jornal da Rede Alcar, nº 43, 1º de julho de 2004.

O presidente do Comitê Nacional da Rede Alfredo de Carvalho, prof. dr. José Marques de Melo, deu posse no último dia 7 de junho, aos dirigentes do Núcleo Paulista, composto pela profa. dra. Fátima Feliciano (coordenadora), Beatriz Zaragosa, Monica Paula e Valdenizio Petrolli. O ato solene foi realizado no Salão Nobre do Instituto Histórico e Geográfico de São Paulo, na cidade de São Paulo, contando com a presença de meia centena de historiadores da mídia, vinculados a diferentes grupos de pesquisa instalados em universidades paulistas.

Tomou posse também o conselho científico do Núcleo Paulista da Rede Alcar, integrado pelos seguintes pesquisadores: profa. dra. Graça Caldas (Grupo de Campinas), profa. dra. Ciça Guirardo (Grupo de Marília), Profa. Dra. Gisely Hime (Grupo do Morumbi - São Paulo), Osmar Mendes Junior (Grupo Butantã - São Paulo), Antonio de Andrade (Grupo de São Bernardo). Também compareceu ao evento o prof. dr. Adolpho Queiroz, coordenador nacional do GT de História da Publicidade e Propaganda da Rede Alcar.

A cerimônia de posse foi precedida pela última sessão do Ciclo de História da Comunicação - Itinerário da Mídia em São Paulo, que contou com a participação dos jornalistas Carlos Alberto Di Franco (*O Estado de S. Paulo*) e José Hamilton Ribeiro (Rede Globo). O primeiro deu um depoimento sobre a transição histórica que a imprensa brasileira vem atravessando, com a substituição gradativa dos "barões midiáticos" pelas corporações empresariais, acarretando a perda da sua identidade informativa e tornando-as vulneráveis à ação do capital financeiro. O segundo enfocou, em seu depoimento, o declínio associativo das entidades sindicais do jornalismo brasileiro, cujas diretorias recentes demonstram pouca aderência aos anseios das bases profissionais, o que vem causando a desagregação corporativa dessa categoria ocupacional. Endossou a tese da criação de um conselho nacional dos jornalistas, tendo em vista a mutações das relações trabalhistas no seio da profissão.

O evento foi encerrado pela presidente do Instituto Histórico e Geográfico de São Paulo, que agradeceu a colaboração prestada à instituição pelo prof. dr. José Marques de Melo, sócio da casa, onde tem como patrono o historiador Alfredo de Carvalho. Ela disse que o Ciclo de História da Mídia por ele organizado durante o primeiro semestre de 2004 revitalizou a vida cultural do IHGSP. Entregou, finalmente, os certificados de participação aos conferencistas do ciclo, reiterando o seu agradecimento a todos os participantes.

## Unifor desencadeia ofensiva para sediar o Encontro Nacional de 2006[37]

37. Jornal da Rede Alcar, nº 44, 23 de agosto de 2004.

Durante reunião realizada, no último dia 12 de agosto, na cidade do Olinda – PE, com a Profa. Dra. Erotilde Honório, Coordenadora do Departamento de Comunicação da Unifor – Universidade de Fortaleza, o Presidente da Rede Alfredo de Carvalho, prof. dr. José Marques de Melo tomou conhecimento das iniciativas promovidas no sentido de fortalecer o Encontro 2006 da Rede Alcar. Além da disposição revelada pelo dr. Eduardo Campos, presidente do Instituto Histórico do Ceará, no sentido de apoiar institucionalmente o evento, a representante da Unifor esclareceu que está ultimando parcerias com a Acert – Associação Cearense de Emissoras de Rádio e Televisão, bem como com outras entidades representativas da mídia estadual.

Tendo em vista que o ano de 2006 simboliza o tricentenário das restrições oficiais à liberdade de imprensa no Brasil, o encontro da Rede Alcar em Fortaleza poderá adotar como tema central a História da Censura Midiática.

Com a finalidade de estabelecer uma articulação orgânica entre o encontro de Fortaleza (2006) e os que o precedem: Florianópolis (2004) e Novo Hamburgo (2005), está agendada uma reunião de trabalho, no próximo dia 2 de setembro, em Porto Alegre.

## UEPB pretende acolher seminário nordestino em Campina Grande[38]

Pesquisadores vinculados a 6 universidades nordestinas reuniram-se, no último dia 13 de agosto, na cidade do Recife, com o presidente nacional da Rede Alcar, José Marques de Melo, com a finalidade de manifestar a iniciativa de reunir em Campina Grande (PB), em outubro de 2005, lideranças das equipes dedicadas à História da Mídia. A intenção dos pesquisadores é fortalecer a participação nordestina no IV Encontro Nacional da Rede Alcar, previsto para a cidade de Fortaleza, em abril de 2006, avaliando comparativamente o conhecimento na região sobre a pesquisa histórica no campo midiático. Participaram do encontro os seguintes pesquisadores: Maria Luiza Nóbrega (UFPE), Salet Tauk (UFRPE), Betânia Maciel (Aeso - PE), Erotilde Honório (Unifor – Ceará), Magnólia Rejane dos Santos (Ufal) e Luiz Custódio da Silva (UEPB).

38. Jornal da Rede Alçar, nº 44, 23 de agosto de 2004.

A coordenação desse evento foi confiada ao prof. dr. Luiz Custódio da Silva, que se comprometeu a consultar seus colegas do Departamento de Comunicação da UEPB – Universidade Estadual da Paraíba -, transformando a cidade de Campina Grande em sede do encontro regional.

# Bahia: Coleção Cipriano Barata[39]

*Luis Guilherme Tavares*

Três razões salientes inspiraram esta proposta de criação da Coleção Cipriano Barata. São elas: a pobreza bibliográfica sobre a história da imprensa baiana; a proximidade do bicentenário da instalação da imprensa no Brasil (2008) e na Bahia (2011) e a oportunidade de homenagear o jornalista baiano Cipriano José Barata de Almeida (1762-1838).

39. id.

Há, de início, seis livros em andamento, dos quais tratarei mais adiante. Esta proposta tanto poderá ser realizada pela Assembléia Legislativa do Estado da Bahia com a Academia de Letras da Bahia como poderá incluir novos parceiros, dentre os quais peço licença para sugerir o Instituto Geográfico e Histórico da Bahia, a Editora da Universidade Federal da Bahia, a Associação Baiana de Imprensa, o Sindicato dos Jornalistas Profissionais no Estado da Bahia, a Empresa Gráfica da Bahia, que em 7 de setembro de 2005 comemorará 90 anos de existência, a Secretaria de Comunicação da Prefeitura de Salvador, a Assessoria Geral de Comunicação Social do Governo do Estado da Bahia, os cursos de jornalismo das faculdades privadas e as empresas de comunicação do Estado.

É improvável que qualquer desses parceiros pague alguma conta, mas seria valioso não só o prestígio resultante da companhia como a facilidade de acesso a textos que lhes pertencem ou a eventuais serviços complementares que possam prestar.

Pobreza bibliográfica – A instalação da imprensa em território baiano ocorreu em maio de 1811, quando o português Manoel Antonio da Silva Serva, sob a estimulante proteção do Conde dos Arcos, dom Marco de Noronha e Brito, governador-geral da capitania da Bahia, funcionou o prelo que importara da Inglaterra. Em 13 de maio, data do aniversário do príncipe regente dom João, circulou o prospecto anunciando o jornal que sairia no dia seguinte. No dia 14 de maio estreou o *Idade d'Ouro do Brazil*, o primeiro periódico baiano e o terceiro entre os brasileiros. Antes dele, em 1808, estrearam o *Correio Braziliense* (1º de junho), impresso em Londres, e a *Gazeta do Rio de Janeiro* (10 de setembro), impresso no Rio que, então, devido a transmigração da família real portuguesa, era sede da corte. O periódico baiano se distingue do periódico carioca porque foi uma iniciativa do setor privado, apesar da lealdade do empresário Serva aos interesses portugueses.

Quase 200 anos após a estréia da primeira empresa de comunicação na Bahia continuamos sem um livro abrangente que conte a história desde 1811 até os dias atuais. Sequer existe uma bibliografia completa e atualizada sobre o tema. Há textos sobre a primeira tipografia baiana, umas poucas dissertações e teses acadêmicas sobre personagens, veículos e fatos dessa história bicentenária, dois ou três livros sobre Ernesto Simões Filho, umas poucas monografias publicadas pelo Centro de Estudos Baianos da Ufba e provavelmente dezenas de artigos desconhecidos e espalhados pelos jornais e revistas publicados desde 1811 até os nossos dias cujo foco revelou aspectos da existência e da obra de pessoas e instituições afins com a história da imprensa baiana.

200 anos da imprensa – A propósito das comemorações dos 200 anos da instalação da imprensa no Brasil em 2008, as providências começaram desde abril de 2001 com a criação da Rede Alfredo de Carvalho em ato realizado na Associação Brasileira de Imprensa (ABI), no Rio de Janeiro. A iniciativa foi do professor José Marques de Melo, emérito da USP e titular da Cadeira Unesco sediada na Universidade Metodista de São Paulo. A Rede, de âmbito nacional, congrega instituições privadas e públicas de vários estados brasileiros e tem como missão "preservar a memória e construir a história da imprensa brasileira."Ela tomou emprestado o nome do pesquisador pernambucano Alfredo de Carvalho porque ele, dentre outros feitos em benefício da cultura nacional, empreendeu o projeto de identificar e divulgar a relação dos periódicos brasileiros publicados no século XIX e assim comemorar o primeiro centenário da instalação da imprensa no Brasil, em 13 de maio de 1908, com o mais completo inventário de jornais e revistas publicados no Brasil durante os primeiros 100 anos da indústria jornalística no país. Obteve, em parte, o êxito pretendido, tendo a Bahia sido beneficiada três anos depois com a publicação da relação dos periódicos publicados na capital e o no interior entre 1811 e 1911 (CARVALHO, Alfredo; TORRES, João Nepomuceno. *Annaes da Imprensa da Bahia*. Salvador: Instituto Geográfico e Histórico da Bahia, 1911).

A Rede Alfredo de Carvalho realizou seu primeiro encontro nacional em 2003 no Rio de Janeiro. Em 2004, o II Encontro Nacional foi realizado em Florianópolis (SC). Em ambos houve a apresentação de dezenas de trabalhos nos grupos temáticos que foram criados para debater a história dos meios de comunicação brasileiros. O encontro de 2005 será em Novo Hamburgo (RS) e o de 2006 está previsto para Fortaleza (CE). O de 2007 poderá ser em São Paulo... Desde de 2001, no entanto, o professor Marques de Melo cultiva a esperança de que a Bahia promova um dos encontros, o que, lamentavelmente, parece difícil de acontecer.

Os encontros nacionais culminarão com o congresso de 2008, comemorativo do bicentenário, que acontecerá no Rio de Janeiro.

A Bahia avizinha-se de duas comemorações muito próximas uma da outra. Comemorará a instalação da imprensa no Brasil em 2008 e, três anos depois, em 2011, comemorará a instalação da imprensa em seu território. Por enquanto a iniciativa mais consistente para animar as comemorações locais é o Núcleo de Estudos da História dos Impressos da Bahia – Nehib – criado em 14 de maio de 2001, em ato realizado no gabinete do presidente da Associação Baiana de Imprensa, na presença do presidente em exercício, José Jorge Randan. Na ocasião os pesquisadores Kátia Carvalho, Nélson Varón Cadena, Ionan Gallo Toscano de Brito e Luís Guilherme Pontes Tavares, encaminharam à instituição a proposta de trabalho do núcleo.

Em 27 de abril de 2001, na sala de reuniões do Conselho Estadual de Cultura, então funcionando no Palacete Martins Catarino, na Graça, houve a sessão de instalação da Rede Alfredo de Carvalho na Bahia, quando, por delegação do presidente da Rede, professor José Marques de Melo, o Nehib recebeu incumbência de representá-la em nosso Estado. O professor Marques de Melo, assim como as professoras Cybelle de Ipanema e Esther Bertoletti, também fundadoras da Rede, participavam naqueles dias da mesa-redonda "Avaliando a historiografia da Imprensa brasileira nos 190 anos da primeira tipografia baiana", comemorativa dos 190 anos da instalação da imprensa na Bahia, patrocinada pelo Arquivo Público do Estado.

Cipriano Barata – A Assembléia Legislativa do Estado da Bahia, em convênio com a Academia de Letras da Bahia, publicou, em 2001, o livro *Cipriano Barata na Sentinela da Liberdade*, do jornalista, historiador e professor Marco Morel, da Universidade do Estado do Rio de Janeiro – Uerj. Esse texto, segundo o professor doutor Luís Henrique Dias Tavares, que assina a apresentação da obra, revela "o mais completo Cipriano José Barata de Almeida que nos é dado conhecer."De modo sucinto, lembro que Cipriano Barata estudou em Coimbra, retornando a Salvador como cirurgião prático e a tempo de participar da sedição de 1798. Desde então, e até o final da vida (morreu no Rio Grande do Norte aos 76 anos de sofrida existência), Cipriano Barata dedicaria seus dias à luta pela independência do Brasil e, após a vitória, prosseguiu lutando pela consolidação da nação brasileira. Integrou a representação parlamentar brasileira nas cortes, em Lisboa, e firmou seu nome na história do Brasil por sua destemida atuação como jornalista e político. Cipriano Barata esteve preso por 11 anos, sem que tenha deixado de publicar seu *Sentinela da Liberdade*, jornal em que defendia suas posições em favor da nação livre e independente.

A obra de Marco Morel tem ajudado a redimensionar o papel de Cipriano Barata como um dos patronos da independência brasileira e também como um dos principais patronos da imprensa deste país. Esse relevo não deslustra Hipólito José da Costa Pereira Furtado de Mendonça, criador do *Correio Braziliense*, mensário editado e impresso em Londres a partir de 1º de junho de 1808, e considerado o grande patrono da nossa imprensa, tendo destronado do posto o editor da *Gazeta do Rio de Janeiro*, frei Tibúrcio José da Rocha. A *Gazeta* estreou em 10 de setembro de 1808 no Rio de Janeiro (Impressão Régia) e era o órgão de divulgação da corte portuguesa transmigrada para o Brasil por causa da ocupação napoleônica de Portugal. Tanto Hipólito, com o respeitável *Correio Braziliense*, quanto a *Gazeta do Rio de Janeiro*, não defendiam, como Cipriano Barata defendeu sempre, a independência do Brasil de Portugal. Essa é a diferença que pende em favor de Barata.

## Maranhão: encontro sobre a história midiática[40]

A Associação Maranhense de Imprensa (AMI) e a Rede Alfredo de Carvalho, com o apoio das faculdades de Comunicação de São Luís, vão irá realizar, nos dias 10 e 11 de novembro, o I Encontro sobre a História das Mídias no Maranhão, que terá como tema central "A História das Mídias: uma trajetória em construção." A abertura do evento terá a participação do presidente nacional da Rede Alcar, prof. dr. José Marques de Melo, um dos mais importantes pesquisadores da comunicação na América Latina. Também fundador do Curso de Comunicação Social da Universidade Federal do Maranhão, o professor fará uma conferência para estudantes, professores e pesquisadores abordando o jornalismo e a escolas de comunicação. O professor Sebastião Jorge, hoje o mais importante pesquisador da história da imprensa do Maranhão, foi convidado para fazer uma explanação sobre a relevante atuação do professor Marques para a preservação da memória dos meios de comunicação no Brasil. Lisonjeado pelo convite, Sebastião Jorge o aceitou prontamente. "O professor Marques é um ícone dos estudos da Comunicação", afirmou. Ainda na abertura será lançada a Rede Estadual para a preservação da história das mídias maranhenses, integrada pela AMI, instituições de ensino, organizações da sociedade civil e empresas convidadas. "O objetivo é somar esforços para que possamos conjuntamente empreender ações para alcançar o objetivo maior. Consideramos que a história dos veículos de comunicação é um patrimônio coletivo", analisou a coordenadora do Núcleo de Estudos da Imprensa Maranhense/AMI, jornalista Roseane Pinheiro.

40. Jornal da Rede Alcar, nº 45, 13 de setembro de 2004.

### GRUPOS DE TRABALHOS

No dia 11 de novembro serão apresentadas pesquisas em quatro GTs: Mídia Impressa, Mídia Sonora, Mídia Audiovisual e Relações Públicas, Publicidade e Propaganda. Todo o material fará parte do acervo do projeto *Imprensa 200 Anos - Memória Maranhão*. As inscrições estão abertas e os resumos podem ser enviados até o dia o dia 5 de outubro. O aceite será encaminhado até dia 10/10 e a data final para o envio dos textos completos é 25 do mesmo mês. A Comissão Científica adotou as mesmas regras de apresentação de trabalhos utilizadas nos encontro nacionais da Rede Alfredo de Carvalho. A Comissão Organizadora está buscando o apoio dos meios de comunicação de massa e dos profissionais da comunicação para a divulgação do Encontro. Outra frente é a sensibilização dos profissionais, dos estudantes e da sociedade para a apresentação dos trabalhos.

### I MOSTRA DE PRODUÇÃO MIDIÁTICA

Além dos grupos de trabalhos, ocorrerá a I Mostra de Produção Midiática, que reunirá reportagens, livros, vídeos, programas radiofônicos, spots ou vinhetas, campanhas publicitárias, exposições de fotografias e outros produtos elaborados pelos profissionais da comunicação. A Mostra tem como objetivo valorizar atuação profissional e o empreendedorismo dos jornalistas, relações públicas, publicitários e radialistas que estão no mercado de trabalho.

### MEMORIAL DA IMPRENSA

A Comissão Organizadora do I Encontro sobre a História das Mídias do Maranhão também deflagrou, durante a I Feira de Comunicação, realizada no final de agosto no Multicenter Sebrae/São Luís, a campanha pelo Memorial da Imprensa. Uma edição especial do projeto Memória em Pauta foi feita tendo como convidados Kátia Bogea (Iphan), Marcelo do Espírito Santo (Instituto de Planejamento do Município), Adirson Veloso (Fundação Municipal de Cultura) e os jornalistas Pedro Freire (diretor do jornal *O Imparcial*) e Ribamar Corrêa (chefe de redação do jornal *O Estado do Maranhão*). "O Memorial da Imprensa será um marco para a comunicação no Maranhão", afirmou a presidente da

AMI, jornalista Edvânia Kátia, ressaltando que a Associação está realizando um trabalho permanente de mobilização e articulação das autoridades e dos meios de comunicação para concretizar o projeto. Para Pedro Freire, a iniciativa contribuirá para a construção e a preservação da história da imprensa no Estado. Ele cita um dos endereços mais cotados para abrigar o Memorial: a antiga sede de *O Imparcial*, no Centro de São Luís, na rua Afonso Pena, 46, prédio do município. "Somos hoje o jornal mais antigo em circulação e por muitos anos aquele endereço foi uma referência de jornalismo. Por lá passaram importantes nomes como José Sarney, Odylo Costa Filho e José Louzeiro", ressaltou.

## Memória do rádio capixaba[41]

A história da primeira rádio capixaba é contada em livro lançado em 25 de agosto, na Universidade Federal do Espírito Santo (Ufes). O livro, *Rádio Club do Espírito Santo - Memórias da Voz de Canaã*, faz parte do projeto Comunicação Capixaba (Coca), de recuperação da memória da Imprensa no Estado. Vincula-se, ainda, ao Comitê Capixaba da Rede Alfredo de Carvalho, rede de pesquisa nacional, sob a coordenação da Cátedra Unesco de Comunicação para o Desenvolvimento Regional, com vistas a resgatar a história do jornalismo brasileiro, que comemora 200 anos em 2008.

41. Jornal da Rede Alcar, nº 45, 13 de setembro de 2004.

O projeto local foi proposto pelo mais novo docente do curso de Comunicação Social da Ufes, José Antônio Martinuzzo, aos alunos da disciplina Administração e Mercadologia em Jornalismo, ofertada no sexto período. A matéria prevê discussões sobre comunicação, capitalismo e mercado de trabalho e, como forma de praticar e avaliar o conteúdo, os alunos não só escreveram um livro, como também participaram de todo o processo de produção do mesmo. O resultado é um livro que conta um período da trajetória da Rádio Espírito Santo, desde seu surgimento, até 1964. Toma por base principal as entrevistas com personagens que viveram a época e protagonizaram esta história. Dividido em oito capítulos, o livro traz o contexto sócio-político capixaba e nacional no qual a emissora foi fundada. Conta como foi seu desenvolvimento político-administrativo e sua programação; descreve os locutores e ouvintes da emissora; os cantores, cantoras e músicos que fizeram sucesso; as radionovelas que envolviam o público, o jornalismo, o esporte e, ainda, histórias curiosas e divertidas dos bastidores da Rádio. A Rádio Espírito Santo foi a primeira emissora do Estado. Foi fundada oficialmente em 1940. A Voz de Canaã como anunciavam os locutores, logo se transformou no principal veículo de comunicação regional, responsável pela difusão e movimentação cultural da época. Seus programas, os musicais em especial, levavam os ouvintes ao auditório da emissora ou aos teatros Carlos Gomes e Glória, onde aconteciam espetáculos promovidos e transmitidos pela Rádio. Toda esta história estava sem registro, assim como a trajetória de outros veículos de comunicação do Espírito Santo. Para suprir esta necessidade de informação sobre a Imprensa no Estado, surge o projeto Comunicação Capixaba, idealizado e organizado pelo professor José Antônio Martinuzzo. A próxima obra a ser lançada, ainda este ano, contará a história dos 30 anos do curso de Comunicação Social da Ufes. A seguir, a trajetória da Rádio Espírito Santo, da década de 60 até os dias atuais, será contada no terceiro livro da série. Este projeto não seria possível sem recursos. O apoio foi oferecido pelo Governo do Estado, via Superintendência de Comunicação e Diário Oficial. Os mil exemplares da obra serão distribuídos gratuitamente em escolas, bibliotecas públicas, núcleos de pesquisa e veículos de comunicação. O lançamento foi na sede da Associação dos Docentes da Ufes (Adufes), no campus da Universidade. O evento recebeu apoio da Companhia Siderúrgica de Tubarão – CST.

**Ficha Técnica:**

Coordenadora do Comitê Capixaba da rede Alfredo de Carvalho: Juçara Brittes

Livro: *Rádio Club do Espírito Santo – Memórias da Voz de Canaã*

Editor e organizador: José Antônio Martinuzzo

Autores: Almir Alves, Amanda Negreiros, Ana Paula Fassarella, Camila Torres, Camilo Hemerly, Cláudia Lopes, Elaine Vieira, Felipe Rébuli Procópio, Flávia Monteiro, Fran Bernardes, Geraldo Ramos, Helena Santos, Hellen Kaniski, Jorge Stein, Julia Fregona, Ligia Maria Fiorio, Luciano Coelho, Marcelle Altoé, Marialina Antolini, Roberta Nunes, Roger Santana, Rosana Figueiredo, Samantha Lievore, Suen de Andrade, Tiago Zanoli.

Capa e projeto gráfico: Roberta Nunes (aluna e autora) e Keka (aluno de publicidade e propaganda da Ufes)

Revisão Técnica: Danilo Souza (Rádio Espírito Santo)

Revisão: José Antonio Martinuzzo, Helena Santos e Marialina Antolini (alunas e autoras)

Impressão: Imprensa Oficial do Estado do Espírito Santo

## Getúlio Vargas nas ondas do rádio[42]

As passagens de Getúlio Vargas pelo poder foram marcadas por um intenso uso político do rádio. Ao mesmo tempo em que dava grande estímulo (político e econômico) ao veículo, também comandava a censura e perseguia jornalistas e intelectuais. Sua identificação com o meio foi tão grande que, por muitas décadas, os oradores nos comícios trabalhistas continuavam a tremer a voz para imitar a forma como chegava a palavra do Pai dos Pobres através das precárias ondas médias e curtas de sua época: *"Tra-ba-lha-do-res-do-Bra-sil..."*

42. Jornal da Rede Alcar, nº 45, 13 de dezembro de 2004.

Esse homem inexpugnável, capaz de planejar a própria morte para obter uma espetacular ressurreição política, certamente tinha consciência de que puxava o gatilho para que o tiro ecoasse em cada longínquo recanto do país ainda naquela madrugada... A carta-testamento, uma das mais belas peças de retórica política produzida em nossa língua, é absolutamente radiofônica. Foi escrita para ser lançada ao éter pelos locutores, impregnada de oralidade e emoção.

A população soube da morte de Vargas no dia 24 de agosto de 1954, por meio do rádio. Os jornais matutinos ainda traziam informações do pedido de licença do presidente, e a televisão era um artigo caro. Por sua capacidade de informar com rapidez, o rádio teve papel decisivo na crise política que teve como desfecho o suicídio de Getúlio. Cinqüenta anos depois, o ouvido atento de uma pesquisadora sintonizou com enorme precisão os ecos daquele acontecimento. A jornalista Ana Baum foi por sua vez ao microfone, e auxiliada pelas facilidades que as telecomunicações têm agora, conseguiu chegar quase em tempo real, a partir do mesmo Rio de Janeiro do Palácio do Catete, a muitos dos lugares onde foi ouvido o disparo que matou o Presidente da República em 1954. Sua pergunta para a História – qual o protagonismo do rádio no dia do suicídio? – foi amplificada por uma competente e sempre animada rede de pesquisadores, apaixonados pelo meio como foi Getúlio, e os resultados estão no livro *Vargas, agosto de 54, a história contada pelas ondas do rádio.*

Este livro, lançado no Museu do Catete, no dia 24 de agosto, na cidade do Rio de Janeiro, investiga como foi a cobertura radiofônica da crise político-militar que atingiu o Brasil na primeira metade da década de 1950. Seu objetivo é refletir sobre o papel social do rádio num período em que o veículo tinha a hegemonia entre os meios de comunicação, contribuindo assim para a história da cultura brasileira e, evidentemente, para a própria história do país.

Com 13 artigos de professores de radiojornalismo e história midiática de diversas universidades e dois CDs (*compact disk*) que trazem material sonoro da época, a obra foi editada pela Garamond e patrocinada pelo IRB-Brasil Resseguros, empresa criada por Getúlio há 65 anos. A publicação pode ser encontrada nas principais livrarias. Os autores pertencem ao Grupo de História da Mídia Sonora da Rede Alfredo de Carvalho, coordenado pela profa. Ana Baum (UFF).

## Novo livro de Francisco Karam[43]

Livro aborda temas fundamentais para o jornalismo e a sociedade e provoca a reflexão sobre os limites éticos da atividade jornalística. O autor, vice-presidente da Rede Alfredo de Carvalho, mostra ainda que a informação diária de qualidade, produzida por profissionais íntegros e competentes, é essencial para a democracia e para a consolidação e a manutenção da cidadania.

43. id.

O papel social e político da atividade jornalística é o objeto de estudo do livro *A Ética Jornalística e o Interesse Público*", de Francisco José Karam, lançado pelo Summus Editorial. Jornalista e ex-membro da Comissão Nacional de Ética da Federação Nacional de Jornalistas, Karam faz uma defesa enfática da profissão, mas ressalta a importância de parâmetros éticos para exercê-la. Em 280 páginas, o autor mostra ainda como o interesse particular pode suplantar o interesse público, comprometendo o sentido social da profissão.

Para Karam, o século 20 foi aquele em que a profissão jornalística mais se consolidou e disseminou em todo o mundo. Os princípios que regeram a atividade nesse período buscaram estabelecer um estreito vínculo entre a ética profissional e o interesse público. Hoje, no entanto, este vínculo estaria seriamente comprometido, em grande parte devido ao surgimento de novas e crescentes sociedades de mídia, que resultam em poderosos conglomerados.

No livro, o autor aborda, sempre priorizando a ética e a limpidez, as conseqüências dessa concentração de poder sobre os meios de difusão. Ele trata especificamente de temas que dizem respeito ao Brasil – como o processo de privatizações dos anos 1990 que o discurso empresarial jornalístico embalou muitas vezes na retórica e no cinismo.

"A concentração limita as fontes, as diferentes narrativas e as diferentes linguagens, contribuindo para o chamado "pensamento único."Dessa forma, o campo da isenção e da independência fica minado.

Quanto mais meios de comunicação houverem, melhor para a informação e, consequentemente, para o público", diz Karam. Com base nessa avaliação, o autor levanta uma questão sobre o futuro da profissão, que precisa ser defendida e reafirmada tanto pela categoria quanto pela sociedade. O principal risco, segundo ele, é saber se a atividade jornalística continuará de fato atrelada ao interesse público ou se vai transformar-se em um híbrido de publicidade e marketing.

"As conseqüências sociais da atividade jornalística são grandes e evidentes. Pensar a prática é uma forma de contribuir para que ela, pela intervenção da crítica teórica, adquira novos procedimentos, confirme alguns, melhores outros", conclui Karam

## Centenário de Mário Ferraz Sampaio[44]

44. Jornal da Rede Alcar, nº 46, 13 de outubro de 2004.

A programação comemorativa do centenário de Mário Ferraz Sampaio (MFS), realizada em Campos (RJ), no dia 27 de setembro de 2004, foi um sucesso. Com o auditório lotado, tivemos inúmeros pronunciamentos sobre a vida e a obra do homenageado, além da apresentação de veteranos artistas da Rádio Cultura de Campos que trabalharam com ele na PRF-7 e na Campos Difusora, também fundada por ele.

A reunião foi presidida pela diretora do Centro Universitário Norte Fluminense, professora Regina Sardinha, que transferiu o comando ao professor Andral Nunes Tavares, coordenador do Curso de Comunicação Social e também ex-funcionário da Rádio Cultura, na qual exerceu as funções de produtor de programas, apresentador de auditórios e, por último, chefe do departamento de reportagens.

A Academia Campista de Letras, de que MFS foi um dos integrantes, transferiu a sua reunião semanal para o auditório do Centro Universitário Fafic. Inúmeros de seus membros, inclusive sua presidente, a professora dra. Arlete Sendra, lá estiveram. A Associação de Imprensa Campista, de que MFS foi sócio, também prestigiou a festa, tendo comparecido o seu presidente, jornalista Herbson Freitas, e diversos associados.

Durante o show com o pessoal da velha-guarda da PRF-7, foram apresentados números musicais e esquetes. Foram momentos de grande emoção, inclusive homenagem aos radialistas falecidos. Houve também a apresentação do coral infantil "*Recreando*", patrocinado pela Fenorte, cuja presidente, professora Ana Lúcia Boynard Sanguêdo Mendonça, fez o lançamento oficial da segunda edição do livro de Mário Ferraz Sampaio, *História do Rádio e da Televisão no Brasil e no Mundo (memórias de um pioneiro)*, patrocinada pela FENORTE (Fundação Estadual Norte Fluminense) para distribuição gratuita com as escolas de comunicação do Brasil.

Também foi pago o prêmio de R$ 5.000,00 à estudante Marla dos Santos Cardozo, da Feevale (Centro Universitário do Vale dos Sinos), de Novo Hamburgo, RS. A professora Ana Lúcia anunciou o relançamento do prêmio, para o próximo ano, que continuará a ter o nome de Mário Ferraz Sampaio mas proporá um novo tema ligado à comunicação social.

Ao final, o professor Andral fez um agradecimento especial ao professor José Marques de Melo pelo apoio e incentivo que deu às comemorações do centenário de MFS, um dos pioneiros da radiodifusão no Brasil, inclusive prefaciando a segunda edição de seu livro.

## Pensamento jornalístico uspiano[45]

45. Jornal da Rede Alcar, nº 47, 8 de novembro de 2004.

O Museu de Arte Contemporânea da Universidade de São Paulo - MAC – USP – realizou, durante o segundo semestre de 2004, o multievento "Os Caminhos Cruzados do Jornalismo", em sua sede da Cidade Universitária, bairro do Butantã, cidade de São Paulo.

Trata-se de iniciativa da diretora do museu, profa. dra. Elza Ajzenberg, que vem realizando, desde o início deste ano, o programa "Arteconhecimento", comemorativo dos 70 anos da USP. Mostras individuais, exposições coletivas e seminários acadêmicos constituem o programa que, neste segundo semestre, homenageia o campo do Jornalismo. Esse ramo de estudos foi ali iniciado há 37 anos, logo após a fundação da Escola de Comunicações Culturais, hoje denominada Escola de Comunicações e Artes – ECA.

"Os Caminhos Cruzados do Jornalismo" foram organizados pela equipe técnica do MAC, mas contando com a assessoria do Grupo de Estudos "Pensamento Jornalístico Brasileiro" - PJ:Br - Núcleo de Jornalismo Comparado – Departamento de Jornalismo e Editoração da ECA-USP. Eles foram percorridos através de três diferentes roteiros:

1 – A exposição temática "ArteJornalismo", instalada no Espaço Anexo do MAC, Edifício da Reitoria, Cidade Universitária Armando de Salles Oliveira, onde serão expostas obras de arte produzidas por três docentes fundadores do Curso de Jornalismo da ECA-USP. A mostra reuniu obras fotográficas e cinematográficas de Thomaz Farkas; xilogravuras de Antonio Costela e trabalhos gráficos de Hélcio Deslandes. A curadoria do salão foi confiada às pesquisadoras Marcia Furtado Avanza e Helouise Costa. A entrada será gratuita.

2 – A galeria virtual "Jornalismo: Caminhos Cruzados com as Artes, Ciência e Tecnologia." A intenção é reconstituir, de forma iconográfica, no MAC Virtual, os perfis intelectuais e as histórias de vida da geração pioneira do Pensamento Jornalístico Uspiano. A curadoria da exposição foi confiada aos pesquisadores Marcelo Januário, Osmar Mendes Jr. e Fátima Feliciano. O acesso gratuito está disponível na rede mundial de computadores: www.mac.usp.br

3 – O Seminário acadêmico "Gênese do Pensamento Jornalístico Uspiano", organizado como um Curso de Extensão Cultural, realizado semanalmente, nas tardes de segunda-feira, no Auditório do MAC - Cidade Universitária, entre 16 de agosto e 29 de novembro de 2004. Coordenado pela profa. dra. Fátima Feliciano, o curso, através de palestras e depoimentos, focalizou as idéias jornalísticas seminais da ECA-USP, resgatando as trajetórias acadêmicas e profissionais da primeira geração dos professores do Departamento de Jornalismo. Foram revisitadas as carreiras de Antonio Costella, Cremilda Medina, Flávio Galvão, Francisco Morel, Freitas Nobre, Gaudêncio Torquato, Gileno Marcelino, Hélcio Deslandes, Jair Borin, José Marques de Melo, Juarez Bahia, Thomaz Farkas e Walter Sampaio. A programação completa pode ser consultada no site: macjor.cjb.net

## História da mídia na América Latina[46]

O Grupo de Estudos de "Historia de la Información y de las Comunicación", coordenado pelo professor Juan Gargurevich – Pontifícia Universidade Católica do Peru, reuniu-se na cidade de La Plata, Argentina, no dia 14 de outubro de 2004, durante o VII Congresso Latino-Americano de Ciências da Comunicação, promovido pela Alaic – Asociación Latinoamericana de Investigadores de la Comunicación. Nessa oportunidade, foram debatidos trabalhos recentes produzidos em vários países da região, inclusive o Brasil, cujos representantes estão aglutinados na Rede Alfredo de Carvalho. O programa seguinte permite conhecer a variedade dos trabalhos debatidos:

46. Jornal da Rede Alcar, nº 47, 8 de novembro de 2004.

**Mesa 1 - Historiografia**

1. TV Imembu: O surgimento da TV local nas Terras de Fronteira do Brasil Meridional.
Micheli Seibt, Ada Machado da Silveira. Universidade Federal de Santa María. Brasil.
2. Narraciones del pasado: entre el documental y el testimonio. A propósito de "Los Rubio" y de "Papá Iván".
Paula Rodríguez Marino. Universidad de Buenos Aires. Argentina.
3. Dez anos de pesquisa sobre o rádio no Brasil (1991-2001).
Doris Fagundes. Pontificia Universidad Católica de Rio Grande do Sul. Brasil
4. Historia de la televisión: aproximación a la comprensión de la televisión y su función pública en Colombia (1953-1957),
Julio Benavides. Universidad Autónoma de Bucaramanga. Colombia.
5. Escrevendo a história cultural da TV no Brasil: questões teóricas e metodológicas.
Joao Freire Filho. Universidade Federal do Rio de Janeiro. Brasil.
6. Reconfiguração do observador no século XIX – aparelhos ópticos, visibilidades e fantasmagorias.
Cristina Miranda da Silva. Universidade Federal do Rio de Janeiro.

**Mesa 2 - Periodismo, historia y modernización**

1. Candomblé: o embate entre a Paris Match e a Revista O Cruceiro.
Fernando de Tacca. Universidade de Campinas. Brasil.
2.A imprensa carioca nos anos 1950-1970: modernização e concentração.
Ana Paula Goulart. Universidad Federal do Rio de Janeiro. Brasil.
3. Pregoneros y campanas en el Perú virreinal.
Juan Gargurevich. Pontificia Universidad Católica del Perú.

**Mesa 3 - Medios y Gobierno**

1. Las relaciones entre los poderes Ejecutivo y Legislativo durante las presidencias radicales desde la perspectiva del diario bonaerense "La Nueva Provincia" de Bahía Blanca (1916-1930).

Laura Llul – Universidad Nacional del Sur, Bahía Blanca, Argentina.
2. Teatro y prensa norpatagónicos en el pasaje de la dictadura a la democracia. Representaciones del Teatro del Bajo en el discurso del diario Río Negro.
Griselda Fanese. Universidad Nacional del Comahue. Argentina.
3. Del idilio a la desilusión. Los medios durante el "proceso" (1976-1981).
César Díaz, María Passaro, Mario Jiménez. Universidad de La Plata. Argentina.
4. Una mirada comunicacional sobre los inicios de la modernidad rioplatense (1776-1810).
César Díaz. Universidad de La Plata. Argentina.
5. Medios y golpe de Estado: el derrocamiento del presidente Illía.
Juan Carlos Bergonzi. Universidad Nacional del Comahue. Argentina.

**Mesa 4 – Formación, proceso e interrogantes**
1. Un pasado que no pasa: violencia y lenguaje en el macrorrelato de los hechos en Argentina.
Osvaldo Baigorria, Mónica Swarinsky. Universidad de Buenos Aires. Argentina.
2. Los inicios de la constitución del campo de estudios de la Comunicación en Bolivia y su relación con el presente.
Erick Torrico, Esperanza Pinto. Universidad Andina Simón Bolívar. Bolivia.
3. Escuelas de comunicación: ¿Formadoras de todólogos o especialistas?
María Estela Martínez. Universidad de Guadalajara. México.
4. Prensa y cultura escrita en el diseño de una esfera pública. Neuquen, fines del siglo XIX.
Mirta Kircher. Universidad Nacional del Comahue. Argentina.

**Mesa 5 – Cultura de masas**
1. Modernización y cultura de masas en Chile a principios del siglo XX: el origen del género magazine.
Eduardo Santa Cruz. Universidad de Chile, ARCIS. Chile.
2. La Voz del Estadio.
Josefina Bargas. Universidad Nacional del Centro de Buenos Aires. Argentina.
3. Primórdios de mídia impressa brasileira voltada ao público jovem: criticidade e politização na revista Pop.
Luis Fernando Rabello Borges. Universidade Comunitária de Chapecó. Brasil.
4. História da propaganda: memoria e identidade do mercado publicitário campineiro.
Claudia Lucia Trevisan. Pontifícia Universidade de Campinas, Brasil.

**Mesa 6 – HOMENAJE ESPECIAL**
Presentación: José Marques de Melo
1. Octavio de la Suaréé, semblanza biográfica.
Octavio de la Suaree, hijo. Universidad de Paterson, New Jersey. EE.UU.
2.- La ética académica del periodista
Orlando Saa. Universidad de Paterson. New Jersey. EE.UU.

Os interessados em obter cópias dos trabalhos apresentados podem escrever para: alaic@edu.usp.br

| | |
|---|---|
| Título | **Imprensa Brasileira**<br>**Personagens que Fizeram História - vol. 2** |
| Organizador | **José Marques de Melo** |
| Capa | **Guen Yokoyama** |
| Projeto Gráfico | **Guen Yokoyama** |
| Revisão | **Amancio do Vale** |
| Formato | **20,5 x 27,5 cm** |
| Tipologia | **Minion** |
| Papel | **Cartão Supremo 250 g/m² (capa)**<br>**Pólen Rustic Areia 85 g/m² (miolo)** |
| Número de páginas | **272** |
| Tiragem | **2.000** |

editoração, ctp, impressão e acabamento
imprensaoficial
Rua da Mooca, 1921 São Paulo SP
Fones: 6099-9800 - 0800 123401
www.imprensaoficial.com.br